勤皇の志士たちの虚像と幕臣たちの実像

遥かなる日本の真実　幕末編

木葉久寿雄
Kusuo Konoha

花伝社

はじめに

江戸時代は、長屋でご隠居や熊さん、八さんがいて、和気あいあいとした幸福感にあふれる平和な時代だったと言われています。落語の話のような冗談かと思いきや、幕末に来た外国人たちの多くが日記や日本滞在記なる著書などで、日本人は世界のどこの国民よりも幸福感に包まれていると書いています。これは、徳川幕府の治世が優れていたことの証《あかし》です。

しかし、幕末の話となると、幕府が悪者で勤皇の志士が正義の味方となるのは何故《なぜ》でしょうか。これを解明した著書が近年、多数出版されています。そこには、江戸は一流で明治は三流だとか、長州はテロ組織だとか書かれていますが、具体的な記載が少ないせいか、創作で溢《あふ》れた時代小説に書かれている内容を根拠にネットなどで反論されています。それにしても、真実を書いた歴史書よりも創作された小説の方が正しいとは、まさしく本末転倒と言わざるを得ないことです。

近年の教科書には、江戸時代では、松前藩はアイヌ、対馬藩は李氏朝鮮、薩摩藩は琉球王国、幕府は長崎で清国《しんこく》とオランダとの貿易を行なっていたことが書かれています。そんな中で、一八世紀の末頃から何十年もの間、欧米の国々からたびたびの開国要請により、開明的な幕府は日本の将来性を鑑《かんが》みて熟慮の末に開国し、長崎の上に横浜と箱館を開港して近代化を進めていったことが分かります。

しかし、私が学校で日本史を習った頃には、幕府軍は火縄銃を使っていたのに対し薩長軍は最新兵器を使っていたので、鳥羽伏見の戦いでは一方的に薩長軍が勝利したと教えられていました。近年の研究によると、薩長軍の銃器に対して幕府軍の方が最新式だったことが判明しています。要するに、幕府がどこの藩よりも近代化を進めて開明的だったのです。

その一方で、勤皇の志士たちは料亭などに集まり尊皇攘夷《そんのうじょうい》運動の会談をして、暗殺テロなどを画策《かくさく》、後は酒と女でした。彼らに国政の経験はなく、ましてや外交を行なったこともなく、それどころかほとんど藩政も行なったことのない下級藩士や浪人で、金銭的余裕もないため洋学を学んだこともほとんどないのが現実でした。

そうなると、無学で経験不足の勤皇の志士が開明的な幕府を倒せたのが疑問です。これを解く鍵は、当時の日本の特殊な政治体制にあります。それは、多くの国では王が国の第一人者で国を治めている、つまり権威と権力がセットになっているのに対し、日本の第一人者は天皇で、天皇が任命した将軍が国を治めているという、権威と権力が分かれた特殊な政治体制だったことです。要するに、天皇を味方につければ天下が取れるわけです。

長い封建社会に嫌気がさしていた公家《くげ》の多くは、貴族が国を治めていた古《いにしえ》の時代に戻したいと願っていました。そこで、幕府を倒して天皇の御代《みよ》に戻すべきと唱《とな》えると、多数の賛同が得られたのです。あとは天皇が了承《りょうしょう》し、各藩兵を上洛させ皇軍となれば、天下に号令を発することが出来るのです。

そのため、勤皇の志士たちは朝廷を牛耳《ぎゅうじ》ると、天皇を玉《ぎょく》と呼んで、将棋の駒のごとく動かそうとしていました。ところが、孝明天皇は攘夷を切望し幕府の開国政策に異を唱《とな》えるも、佐幕派で国政の実務は幕府が担《にな》うのがベストと思っていました。これでは討幕は到底叶《かな》いそうにありませんが、孝明天皇が疱瘡《とうそう》に罹《かか》り崩御《ほうぎょ》しました。しかし、暗殺説もあり意味深です。

これで、皇太子の祐宮睦仁《さちのみやむつひと》親王が天皇に践祚《せんそ》されます。彼が明治天皇となるのですが、現在の中学二年生と同年令でした。大変革の時代、国政に関わったことのない皇族や公家《くげ》の中で育ったこの若輩《じゃくはい》では、取り巻きに従うしか仕方のない状態でした。要するに、取り巻きにいいように操《あやつ》られていたのです。


以上のような歴史観に対し、明治天皇は立派だったし、維新で活躍した人たちは優秀だったと反論される人もいらっしゃると思います。そこが歴史の妙で、テレビドラマや映画ではほとんどが最後には正義が勝ちますが、歴史では勝った方が正義なのです。

なぜなら、勝者が政権を握ると、自分たちの都合のいいように歴史書を改竄《かいざん》してしまうからです。これは日本だけでなく世界中の国でみられることで、国が作った歴史書だから間違いないと思うのは、もってのほかなのです。

それよりも、日記や書簡などの方が信憑性《しんぴょうせい》は高いのですが、これも書いた人の主観が入っていることを考慮しなければなりません。そんな真実を調査研究した人の著書も多くみられるようになってきました。そのような書籍より、信憑性の高いと判断したものを拾い集め、紙面の許す限り多くの事象を綴《つづ》って幕末の物語に仕上げましたので、一読頂ければ幸いです。

勤皇の志士たちの虚像と幕臣たちの実像――遥《はる》かなる日本《にっぽん》の真実　幕末編◆目次

第一章　和親条約と安政の改革

一―一　ペリー来航までのプロローグ

幕末を書くにあたり、外国船の来日が多くなった一八世紀末頃からの外国人との関わりについて、代表的なものだけでも概略を述べておこう。

多くの外国船の中のロシア船来航

ロシアのエカチェリーナ二世は、日本との通商交渉と漂流民の大黒屋光太夫《だいこくやこうだゆう》、小市、磯吉の引き渡しのため、遣日《けんにち》使節アダム・ラクスマンを派遣した。ラクスマンは、一七九二年一〇月二〇日(寛政四年九月五日)に根室に来港した。

幕府はロシア来港の報告を一七九二年一二月二日(寛政四年一〇月一九日)に受けて、老中首座の松平定信は、漂流民は引き取るが交易については長崎廻航を指示し、オランダを通じての間接交易ならば許可する考えに至《いた》った。それで、目付・石川忠房と村上義礼《よしあや》を宣諭使《せんゆし》に命じ、二人は一七九三年三月四日(寛政五年一月二二日）に松前に向けて江戸を発《た》った。

ラクスマンが一七九三年七月二七日（寛政五年六月二〇日）に根室より松前に到着したので、翌日より日露交渉が開始された。根室に上陸した時に小市が病死したため、宣諭使《せんゆし》の二人は、大黒屋光太夫《だいこくやこうだゆう》と磯吉を引き取り、ラクスマンに長崎入港のための信牌《しんぱい》を渡した。信牌とは、オランダや清《しん》が長崎入港の許可証として幕府が発行しているものである。それが、ラクスマンは信牌を受け取ると満足し、長崎に行かず帰国してしまった。

その信牌を持参したロシアの外交官ニコライ・レザノフが、長崎に軍艦ナデジュダ号で来航したのは一八〇四年一〇月七日（文化元年九月四日）だった。信牌を受領してから一一年も経過してしまったのは、ヨーロッパ全域に及んだフランス革命戦争の影響だろう。

日本では、間接交易を認めた老中・松平定信は既《すで》に解任され、祖法《そほう》を重んじる老中・土井利厚が海岸防御《かいがんぼうぎょ》御用掛《ごようがかり》（略して海防掛）となっていた。そのため、ロシアが連れてきた漂流民の津太夫、儀兵衛、左平、太十郎の四名をすぐには引き取らなかった。しかし、信牌を持参していたため、二ヶ月後には上陸を許され幕府の用意した滞在所に宿営した。

ロシア人たちは幕府の高官がなかなか来ないことで、ヨーロッパの文明を見せつけるため熱気球を作って飛ばしたりして、長崎の町民を楽しませた。

そんな折、目付・遠山景晋《かげくに》が幕府の代表としてロシアの使節と会談するため一八〇五年三月三〇日（文化二年二月三〇日）に長崎に到着した。遠山景晋は、遠山の金さんのモデルとなった遠山景元の実父である。六日後、日露会談が長崎奉行所で行なわれた。遠山景晋は、幕府の方針を正式に伝え、漂流民は引き取るが、交易については頑《かたく》なに拒否した。そのため、ロシア使節は四月一八日（三月一九日）に長崎を出港した。

これによって、レザノフは日本には武力をもって開国を迫るしか道はないと考え、日本への報復を計画し、一八〇六年（文化三年）には樺太に、一八〇七年（文化四年）には択捉《えとろふ》に訪れ、日本の拠点を攻撃した。ここで日本は、武器の性能が貧弱で一方的に敗退する。

そのため、幕府は一八〇七年一一月（文化四年一〇月）に箱館奉行所を松前に移し、松前奉行を司令官にして津軽藩、南部藩、秋田藩、庄内藩より三〇〇〇名の兵を徴集《ちょうしゅう》させ、宗谷（現在の稚内市付近）や斜里（現在の知床半島付近）など蝦夷《えぞ》地の要所の警護にあたらせた。

しかし、レザノフの軍事行動はロシア皇帝の許可なく行なっており、一八〇八年（文化五年）に撤退命令《てったいめいれい》が出て、日本は留飲《りゅういん》を下げることができた。その後ロシアの脅威《きょうい》がなくなると、一八二一年（文政四年）に松前奉行所を廃止した。

欧米各国の動きと来日

フランス革命戦争は日本にも影響していた。ヨーロッパ唯一の交易国オランダがフランスに占領された。王族たちがイギリスに亡命したことで、オランダの革命派によるバタヴィア共和国が成立し、新政府によりオランダ東インド会社が一七九九年（寛政一一年）に解散させられた。その上、ナポレオン・ボナパルトが革命を起こして皇帝に就任すると、弟のルイ・ボナパルトを一八〇六年（文化三年）に国王に任命して、ホラント王国へと移行し、世界中のオランダ領がフランス領となってしまった。

亡命してきたオランダ最後の総督のオラニエ公ウィレム五世の依頼で、イギリスがオランダ領を接収していた。長崎の出島にもイギリス軍艦フェートン号が一八〇八年一〇月四日（文化五年八月一五日）に来港し、オランダ商館員二名を拉致《らち》して、薪《まき》、水、食料などを要求した。

そのため、長崎奉行・松平康英は福岡藩と佐賀藩にイギリスの襲撃に備《そな》えて、フェートン号を抑留《よくりゅう》し焼き討ちする準備を命じた。長崎の警備は福岡藩と佐賀藩が一年交代で行なっており、この年は佐賀藩が担当だった。幕府からは一〇〇〇名の兵を命じられていたが、太平の世に慣れていたことと、藩財政の窮乏《きゅうぼう》により、兵を減らして一〇〇名ほどしか在番していなかった。

これにより大田尾、神崎、女神、白崎、高鉾島、長刀岩、陰ノ尾の七ヶ所の台場も活用出来ない状態で、九州諸藩にも応援の出兵を求めたが、徒歩《かち》での行軍ではすんでのところで間に合わなかった。

松平康英は、この現状で人質を取られた以上は要求を受け入れるしかなく、食料や飲料水を準備し、オランダ商館から提供された豚と牛と共にフェートン号に届けた。すると、フリートウッド・ペリュー艦長は商館員を解放して出港の準備をはじめ、一八〇八年一〇月六日（文化五年八月一七日）に出港していった。実質的な被害はなかったが、この屈辱を恥じた松平康英は、自ら切腹して果てた。

その後もイギリスの軍艦が来港したが、オランダ商館長ヘンドリック・ドゥーフの働きもあり何とか追い払った。しかし、オランダ領は長崎の出島を除いて全て閉ざされ、オランダ商館の者たちは一八一六年（文化一三年）までは本国の支援もなく、バタヴィア（現在のジャカルタ）経由でチャーターした中立国のアメリカ船の来航のみとなった。

ちなみに、長崎はオランダ貿易のみではなく清《しん》とも貿易をしていた。それも清のほうがメインで、貿易量もオランダの二倍以上は取り扱っていた。その他に、薩摩口からは琉球を通じて、対馬口からは李氏朝鮮を通じて中国製品が輸入されていた。少量だがアイヌ人を通じても中国製品は入ってきていた。輸入の総数量では清のほうが圧倒的に多かったのである。

幕府の国防の変貌

それにもまして各国の商船が浦賀など各地にたびたび貿易を求めて来港するようになり、捕鯨船などが来港して上陸し、戦闘に発展することもあった。そのため、幕府は一八二五年四月七日（文政八年二月一九日）に無二念打払令《むにねんうちはらいれい》を発した。この法令により外国船に攘夷《じょうい》打ちを行なうこととなり、報復されれば大変なこととなるが、この頃は欧米列強の怖さを知らなかったのだ。

アメリカは、一八三二年（天保三年）には先住民を駆逐《くちく》して当初の一三州より二四州まで領土を広げていたが、近代化は後《おく》れを取り、対アジア貿易についてもお粗末だった。そのため、第七代大統領アンドリュー・ジャクソンは、エドマンド・ロバーツを派遣して、清国《しんこく》や日本などアジアの国々との条約交渉を命じていたが、エドマンド・ロバーツはシャム（タイ王国）とマスカット・オマーン（オマーンのマスカット市）との条約を締結したのみで帰国した。

アメリカ政府は一八三五年（天保六年）、二つの条約の批准書を届けるため再びエドマンド・ロバーツを派遣し、日本との交渉も命じた。しかし、一八三六年（天保七年）にマカオに到着したロバーツの突然の死によって、日本との条約交渉は断たれた。

その後、アメリカ商船モリソン号が一八三七年七月三〇日（天保八年六月二八日）に浦賀に近づくと、幕府は無二念打払令により沿岸より砲撃した。モリソン号はやむを得ず退去したが、翌年のオランダ風説書《ふうせつがき》により、モリソン号が漂流民七名を届けに来たことが判明した。幕府は、一六四一年（寛永一八年）よりオランダと清《しん》に命じて、国際情勢を知るために風説書《ふうせつがき》を提出させていたのである。

これにより、三河《みかわ》田原藩家老・渡辺崋山《かざん》や仙台藩士で蘭方医・高野長英《ちょうえい》らが、幕府の政策を批判する著書を書いたことで、無人島渡航計画のメンバーに一八三九年六月二四日（天保一〇年五月一四日）に北町奉行より召喚状《しょうかんじょう》が届き、このメンバー全員が逮捕され伝馬町に投獄された。これを蛮社《ばんしゃ》の獄《ごく》という。

蛮社とは、蛮学社中《ばんがくしゃちゅう》の略で、蛮学は西洋の学問、社中は集団、集まりということである。無人島渡航計画とは、小笠原諸島などに外国人が移住したとの風聞《ふうぶん》に興味を持った人々の調査研究の計画で、幕府の許可など具体的進捗《しんちょく》はまだ先の話だったが、南町奉行・鳥居耀蔵《ようぞう》が、これを逮捕理由にして洋学者たちを弾圧したものである。

アジアの雄である中国がアヘン戦争でイギリスとフランスにいとも簡単に敗北した報が届くと、幕府は外国人の狼藉《ろうぜき》に対抗するための無二念打払令《むにねんうちはらいれい》を改めて、一八四二年八月二六日（天保一三年七月二三日）に薪《しん》水給与令《すいきゅうよれい》を発令した。これは、戦端《せんたん》を開くこととなる打払いをやめ、外国船渡来の際は薪《まき》や水、食料などを与えて穏便《おんびん》に退去させるよう命じたのである。

その上に、幕府は海防強化策の一環として武蔵国荏原郡羽田村（現在の東京都大田区羽田）に羽田奉行所を一八四四年二月一二日（天保一四年一二月二四日）に設置した。ちなみに、水野忠邦の天保《てんぽう》の改革における新田開発や水運航路の開発を目的とした印旛沼開拓は、外国船により江戸湾を封鎖された時に、運河より利根川に脱出する計画も含まれていたと言われている。

そうしていると、オランダ国王の親書を携《そな》えた軍艦パレンバン号が一八四四年八月一五日（天保一五年七月二日）に長崎に来港した。オランダ国王の親書は、アヘン戦争による中国の悲惨な現実とイギリスの脅威《きょうい》を示し、日本に対して開国を勧めるものだった。それでも幕府は熟慮《じゅくりょ》の結果、これを丁重《ていちょう》に断った。

アメリカによる条約締結の求め

今度は、アメリカ東インド艦隊司令官ジェームズ・ビドルがコロンバス号とヴィンセンス号の二艦を率《ひき》いて一八四六年七月一九日（弘化三年閏五月二六日）に浦賀に現れた。幕府はオランダ風説書によりこの情報を得ていた。

そこで、黒船が城ヶ島に現れたとの漁民の報せで、江戸湾警備の浦之郷陣屋（現在の横須賀市浦郷町）にいた川越藩士はヴィンセンス号に多数の小舟でこぎ寄せ、川越藩士・内池武者右衛門が腕木《うでぎ》の鎖《くさり》に飛びついて艦上によじ登り、川越藩の船印を船首に立て一番乗りの名乗りを上げた。あっけに取られているアメリカ兵たちを尻目に、藩士たちは船尾にも旗印を立てた。

藩士らは、面白がっているアメリカ水兵と身振り手振りで交渉し、乗船していた中国人船員を通じて漢字での筆談を行い、酒を飲み交わし腕相撲もした。これは、日米の兵士による初の交流と言われている。それが、幕府より通信、通商をしないと通告されると、ジェームズ・ビドルは、通商条約締結を諦《あきら》めて一八四六年七月二九日（弘化三年六月七日）に両艦を率いて浦賀を出港した。

ここで明らかになったのは、コロンバス号には八六門、ヴィンセンス号には二四門の大砲が掲載されており、江戸湾の砲台の大砲より数も性能も数段上だったことである。

一八五一年五月二九日（嘉永四年四月二九日）、東インド艦隊司令官ジョン・オーリック代将は、アメリカ大統領ミラード・フィルモアより日本の将軍宛の親翰《しんかん》を授かった。オーリックは、国務長官ダニエル・ウェブスターに、救助されてサンフランシスコに滞在している日本人を本国へ届けて交渉に臨《のぞ》めば良い結果が得られると提案し認められた。これが、栄力丸の漂流民一七名である。オーリックは六月一〇日（五月一一日）に日本に向けてサスケハナ号で出港した。

そんな中、土佐の半農半漁で一八四一年（天保一二年）に遭難してアメリカの捕鯨船に救助され、その船長の養子となりアメリカに滞在していた万次郎（一八二七〜九八）が帰国を決意する。ハワイに在住していた仲間二人と共に琉球に上陸し、薩摩藩により長崎に送られて一八五一年一〇月二五日（嘉永四年一〇月一日）、長崎奉行所に召し出された。

ここで万次郎らを合計一八回に渡って取り調べたのは長崎奉行の牧義制《よしのり》だったが、幕閣に対して、万次郎はすこぶる怜悧《れいり》にして国家の用となるべき者なりと報告した。怜悧とは賢いということで、遭難したとはいえ国禁を犯してアメリカに滞在したために罰するべきとは思っていないことである。

同じ頃、オーリックがリオデジャネイロまで同行していたブラジルの外交官と問題を起こしたことと、旗《き》艦《かん》サスケハナ号のフランクリン・ブキャナン艦長と対立したことを理由に、香港到着後の一八五一年一一月一八日（嘉永四年一〇月二五日）に更迭されることとなった。マシュー・ペリー（一七九四〜一八五八）大佐がオーリックの後任として打診され、いったんは拒否したが、一八五二年三月二四日（嘉永五年閏二月四日）に東インド艦隊司令長官兼遣日米国特派大使《けんにちべいこくとくはたいし》に任命され代将となった。

長崎では、オランダ船が七月二一日（六月五日）に一隻入港し、新商館長ヤン・ドンケル・クルティウスが来航、長崎奉行・牧義制に風説書《ふうせつがき》を提出した。そこには、アメリカが日本との条約締結を求めて艦隊を派遣したこと、司令官がオーリックからペリーに代わったこと、日本人の漂流民を連れて来るが出航は四月下旬以降と伝えていた。その上に、オランダ領東インド総督ファン・トゥイストの六月二五日（五月八日）付の書簡も提出された。それは、開国を示唆《しさ》する内容だった。

老中首座・阿部正弘（一八一九〜五七）は、トゥイストの書簡を溜間詰《たまりまづめ》の譜代大名に閲覧《えつらん》させ、海防掛《かいぼうがかり》にも意見を聞いて、通商条約は結ぶべきではないとの回答を得た。また、長崎奉行もオランダ人は信用できないと回答したため、江戸湾の防備を強化するために、江戸湾警護の四藩の内の川越藩と彦根藩の兵を増やした程度に留《とど》めた。

そうしていると、土佐の役人たちが八月八日（六月二三日）に長崎滞在の万次郎らを引き取りに来て、その後土佐に帰ったが、万次郎らは日本語をまともに話せなかったのである。そこで、長崎留学の経験を持つ土佐藩士・河田小龍《しょうりゅう》（一八二四〜九八）が、藩命により万次郎を自宅に連れ帰り、日本語を教えると同時に河田小龍自身も英語を覚えた。

万次郎の言葉の上達につれて二人の間に信頼と友情も生まれてきて、河田小龍は少しずつ鎖国日本の現状と異国の発展ぶりとの落差に驚いた。蒸気で動く船、大砲を備《そな》えた巨大な軍艦、地上に鉄の道を敷き、その上に沢山の箱をつらねて沢山の人と荷物を積んで何百里も走破する汽車、離れたところから手紙を送る電信（モールス信号）の話に、そのつど布団を蹴《け》って飛び起きては胸《むな》ぐらを掴《つか》んで詰問《きつもん》する河田小龍だったが、中でも一番驚いたことは、アメリカでは殿様（大統領）は世襲ではなく入札《いれふだ》（選挙）によって選ばれるということで、さすがにこの時ばかりは万次郎の話を疑った。

そんな中で、オーリックが香港まで連れて来ていた栄力丸の漂流民・彦太郎（一八三七〜九七）と他二名が、一八五二年一〇月（嘉永五年九月）頃に再渡米のため出航した。日本に興味を示し同行していたトーマス・トロイ伍長が、ペリーが来ないことで帰国を決意し、彦太郎に渡米して勉強しないかと熱心に誘い、栄力丸の仲間は、ペリー艦隊を待つよりも早く帰国できるかもしれないと送り出してくれたのである。

ここでの注目は、幕末から明治にかけて活躍した万次郎が帰国した頃に、もう一人の彦太郎が再渡米したことである。江戸時代では外国から帰った者は危険視されたが、幕末には彼ら以外の帰国者も結構な人数がいて近代化に徴用《ちょうよう》されていた。

浦賀奉行・水野忠徳（一八一五〜六八）が一八五三年六月四日（嘉永六年四月二八日）に長崎奉行に異動した。これは、ペリー来航を見越しての人事で、水野忠徳は優秀だが強情《ごうじょう》な性格で、平時ならば出世は難しいが交渉には最適と阿部正弘が見込んだのである。

水野忠徳は長崎に赴《おもむ》くに当たり、浦賀奉行・戸田氏栄《うじよし》（一七九九〜一八五八）よりペクサン砲購入を依頼された。

当時、和砲の弾丸は鉛の球で飛距離は一キロメートル程度、被害は着弾地点だけだが、ペクサン砲は三キロメートル以上飛び、弾丸は炸裂弾《さくれつだん》で被害が広範囲に及び威力は絶大だった。しかし、炸裂弾は高初速の平射で使用すると自爆する可能性が高く、技術的な見通しは立ってなかったため、陸戦においては使用されていたものの、大角度かつ低初速での使用に限られており、弾丸は放物線を描いて飛んでいた。

放射線状に飛ばせば距離は稼《かせ》げるが、方向と距離が合わなければ命中しない。双方が移動する海上での砲戦で命中率を上げるには、直接照準による平射が必須だった。平射だと、射程範囲内であれば方向さえ合えば命中するという理屈である。それが、ペクサン砲は炸裂弾でも水平打ちが出来るため、船にも搭載され容易に敵艦を沈没させることが出来るのである。

たびたび来航する外国船と交渉するため、奉行所の役人が多くの小舟で沖に停泊する外国船に接近し、乗り込んでいたが、戸田氏栄は、来航に則した検査の一環として船や大砲などの武器の詳細を調査させて色々と学び、海岸防御のあり方を研究していたのである。

一─二　ペリーとプチャーチン来航による海防政策

ペリー来航

ペリーが七月八日（六月三日）に浦賀沖に来航した。「大平之《たいへいの》ねむけをさます上喜撰《じょうきせん》たった四《し》はいで夜《よ》るもねられす」という狂歌があるが、旗艦《きかん》サスケハナ号とミシシッピー号の二艦が木造蒸気外輪《がいりん》フリゲート艦で、他の二艦は木造帆船《はんせん》だった。

それよりも大砲が、サスケハナ号には一五門、ミシシッピー号には一〇門、サラトガ号には二二門、プリマス号には二六門の、合計七三門が掲載されていた。江戸湾と浦賀のお台場の大砲の数が二〇門に及ばないことで、アメリカ船の大砲が数も性能も数段上で戦わずして結果は明らかだった。このことを浦賀奉行所の役人たちは、これまでのたび重なる外国船入港の経験で十分に理解していた。

来航後、ペリー艦隊は江戸湾の測量などを始め、号令や合図の目的で数十発の空砲を発射した。これにより江戸の町は大混乱したものの、やがて空砲とわかると、砲撃音が響くたびに花火の感覚で楽しんだと伝えられている。

翌日、浦賀奉行を装った与力の香山栄左衛門が旗艦サスケハナ号を訪れて、ブキャナン艦長と参謀ヘンリー・アダムス、副官ジョン・コンティとの交渉が始まった。香山栄左衛門は、長崎回航を要求したが、アメリカ側は頑健《がんけん》に、国書は浦賀で渡すと言って白旗二流を渡し、日本が鎖国を墨守《ぼくしゅ》するならアメリカは武力を以て天理に背《そむ》く大罪を糾《ただ》すから日本は防戦せよ、日米開戦となればアメリカが勝つ。もしそうなってから和睦を乞《こ》いたければ、この白旗を掲げよと言い放った。

この三日後、老中首座・阿部正弘は前水戸藩主・徳川斉昭《なりあき》（一八〇〇〜六〇）を訪ねて水戸藩邸に赴《おもむ》いた。徳川斉昭は、皆が了解するなら幕府が国書を受け取っても自分は反対しないと言った。この時、国防上の見識において徳川斉昭の右に出る大名はいないと言われていた。阿部正弘は、徳川斉昭の回答より幕閣を説得させ、書翰《しょかん》は浦賀において受け取るよう通達を出した。

そんな中で、仙台藩士・大槻磐渓《ばんけい》（一八〇一〜七八）が七月一三日（六月八日）に、門下生として昌平黌《しょうへいこう》の林復斎《ふくさい》（一八〇一〜五九）の内意に答えた報告をした。

その主な内容は、「黒船四隻の戦力は強大だが、彼らに交戦の意図はない。わが国には自国の戦いだが、彼らには補給線がないから、戦争にはならない。渡来の意図《いと》は、蒸気船用の石炭補給基地として一島を拝借《はいしゃく》することにあり、異国船薪施待所《まきしたいしょ》について、伊豆下田や志州鳥羽の案があり、下田の場合には韮山《にらやま》代官の江川英龍《ひでたつ》（一八〇一〜五五）を登用すべきだ。万里の波濤《はとう》を越え、断固たる決意で渡来したからには、少しは御聞届《おききとどけ》の必要がある」などで、今だから言えるが、なかなか的《まと》を得ていると思われる。大槻磐渓は海外事情も学び国際情勢にも明るかったのである。

幕府はペリー一行の上陸を許し、浦賀奉行の戸田氏栄《うじよし》と井戸弘道が七月一四日（六月九日）にペリーと会見して国書を受け取った。ペリーは、条約締結のために来年四月か五月に再来すると告げて、ミシシッピー号で浦賀より北上し江戸が明瞭に望めるところまで進んで、七月一七日（六月一二日）に去っていった。

井戸弘道がアメリカ大統領の国書を持って七月一九日（六月一四日）に帰府《きふ》すると、阿部正弘は腹心の西丸留守居役・筒井政憲（一七七八〜一八五九）と海防掛《かいぼうがかり》で勘定奉行の川路聖謨《としあきら》（一八〇一〜六八）を徳川斉昭のもとに遣《つか》わした。二人はアメリカ大統領の国書を示し開国を要望する内容について意見を聞いたが、賛成とは言わなかった。

登城した二人は阿部正弘と会談し、四日後に徳川斉昭を再度訪問して、日本ではまだ防備が整ってないため、俗に「ぶらかす」というように、五年も一〇年もの間、アメリカの開国要求を認めるとも拒絶するとも言わず、そのうちに防備が固まった上で拒絶するという案を披露した。徳川斉昭もさすがに打払いの自信を持たなかったため、ぶらかし策に同意した。

翌日、阿部正弘は蒸気軍艦の購入を決定し、長崎奉行・水野忠徳に命じた。これは、海防を充実させるための軍艦の購入で、これまで海防掛や勘定方《かんじょうがた》に反対されてきたが、江戸湾深くまで来航したペリー艦隊により扉が開かれてきたのである。

そうしていると、一二代将軍・徳川家慶《いえよし》（一七九三〜一八五三）が、七月二七日（六月二二日）に亡くなった。徳川家慶は、幕政にほとんど口を出さず、上申すれば「そう、せい」と一言があり、〝そうせい様〟とも呼ばれていた。それが、阿部正弘にしてみれば、特に信頼されていることを示す、大事な後ろ盾だったのである。

五日後、長崎ではオランダ船が一隻入港した。オランダ商館長クルティウスが長崎奉行の大沢秉哲《のりあき》に提出したオランダ風説書《ふうせつがき》には、ペリー派遣の目的は通商を結ぶことであると記載されていた。また、ロシア海軍は日本海域に赴《おもむ》く予定で、プチャーチンが総督でその艦隊のディアナ号が香港に着いたことや、清《しん》の太平天国の乱はますます激しくなったことも伝えていた。

アメリカ大統領の国書は、昌平黌《しょうへいこう》の林復斎《ふくさい》に渡されて、天文方翻訳掛の箕作阮甫《みつくりげんぽ》(一七九九～一八六三)と協力して和訳された。阿部正弘は八月五日(七月一日)に国書の和訳文を諸大名に回覧し、幕府が忌《い》み嫌うような意見でも良いから思うことを述べるよう求め、更に、幕臣や諸藩士のみならず一般庶民のものでも良い意見があれば申し出るよう告げた。

二日後、阿部正弘は、将軍を中心とした譜代大名、旗本らによる幕藩体制の慣例を破り、親藩の徳川斉昭《なりあき》を海防参与に推戴《すいたい》した。老中・松平忠固《ただかた》らの反対にも、将軍・徳川家慶《いえよし》の遺言であるとして押し切った。しかし、尊皇攘夷派《そんのうじょういは》の巨頭・徳川斉昭を幕政に参与させたことは、後の尊皇攘夷運動に大きく影響したと思われる。

この五日後、徳川斉昭は回覧されたアメリカの国書についての意見書を提出した。その内容は、オランダより軍艦や銃砲を購入し造船技師と職工を招聘《しょうへい》して、一方で、槍剣砲術《そうけんほうじょう》を奨励《しょうれい》し沿岸要地に防備を設《もう》けて、徴兵《ちょうへい》の制を布《し》くなどを建議していた。徳川斉昭は開国には反対だが、海防のための武器輸入や技術導入には賛成だった。

京都に話を移すと、京都所司代・脇坂安宅《やすおり》がペリー来航を告げる書簡とアメリカ大統領の国書の訳文を八月一六日(七月一二日)に朝廷に提出した。この時には朝廷に意見を求めておらず、形式上の報告のみで決定権は幕府が握っていたのである。

プチャーチン来航とアメリカ大統領の国書

するとと、ロシアの全権使節エフィム・プチャーチン海軍中将が八月二二日（七月一七日）に四隻の艦隊を率《ひき》いて長崎に入港し、ロシア来航の報が九月一日（七月二八日）に江戸に届いた。これは早飛脚によるもので、早ければ江戸長崎間は九日で届いた。幕府は、長崎に入港したロシア軍艦の措置《そち》について海防参与・徳川斉昭に諮問《しもん》した。徳川斉昭は、本音は攘夷だが、長崎奉行に国書を受け取るよう回答した。これは、アメリカとの先例に倣《なら》ったものだろう。

それで、プチャーチンの報が早いかどうか判明しないが、阿部正弘は、浦賀奉行・戸田氏栄《うじよし》に軍艦の計画案の上申を命じた。自国でも建造しようとは幕府も大きく動き出した。

それから幕府は九月一七日（八月一五日）に、佐賀藩に三六ポンドキャノン砲二五門と二四ポンドキャノン砲二五門の鋳造を要請した。鉄は青銅より強く強力な火薬が使用可能で砲弾を遠くに飛ばすことができるが鋳造は容易ではなく、この頃の日本の大砲は青銅製だった。しかし、佐賀藩は前年に鉄製の大砲の鋳造に成功していたのだ。

この翌日、戸田氏栄は、大船による江戸湾防衛策を展開した書付け二通に、西洋式外洋船四隻の建造費の見積帳、大型艦の仕様書と絵図面二枚を添《そ》えて提出した。軍艦の計画案を命じられて、詳細な書類を素早く提出とは、戸田氏栄は早くから準備していたと思われる。

その上に、井戸弘道との連名で大船建造解禁の上申書を提出した。江戸時代には、一六〇九年（慶長一四年）に制定された大船建造禁止令で五〇〇石船を上限とし、商船は緩和されたものの二〇〇〇石を超える船は造れなかった。二〇〇〇石船は約三〇〇トンである。

長崎では、長崎奉行の大沢秉哲《のりあき》は九月二一日（八月一九日）に、長崎奉行所の西役所でロシア使節と会い、国書を受け取るとすぐに江戸表《えどおもて》へ送った。七日後、長崎奉行・水野忠徳が長崎に着任した。プチャーチンとしては幕府からの全権使節が到着したと思ったが、そうではなかった。

幕府は、伊豆韮山《にらやま》代官・江川英龍《ひでたつ》の指揮のもと、九月二六日（八月二四日）に一一基の品川沖台場の築造を開始した。この時点では、幕府は開国よりも海防に力を注いでいたことが理解できる。

アメリカ大統領の国書の翻訳版を各方面に見聞させてから二ヶ月の間に、諸大名からは約二五〇通、幕臣からは約四五〇通、更に庶民からも意見書が提出され、一〇月二日（八月三〇日）に締め切った。

意見書の多くは、「アメリカの要求は断然拒絶すべきだが、戦争となれば対抗するだけの軍備は整ってないので、なるべく確答しないで時間を引き延ばすが良い」「条件付きでひとまずアメリカの要求を受け入れるのも仕方ない」「戦争になれば勝利は覚束《おぼつか》ないから、年限を切って交易を許すのもやむを得ない」というようなものだった。

長州藩主の毛利慶親《よしちか》は、アメリカの要求は断固拒否すべしと述べた。また。開明的な佐賀藩主の鍋島斉正《なりまさ》も打ち払うべきと進言した。鍋島斉正は、外国の脅威《きょうい》に備《そな》えるための技術導入で軍事力をつけ攘夷を考えていた。薩摩藩主の島津斉彬《なりあきら》も同様だった。福井藩主の松平春嶽《しゅんがく》（一八二八〜九〇）も攘夷論を披露していたが、後に藩士の橋本左内《さない》（一八三四〜五九）らに開国論を進言されて考えを改めた。

彦根藩主の井伊直弼《なおすけ》（一八一五〜六〇）は、初度存寄書と別段存寄書を提出した。これは、藩の儒学者の中川漁村（一七九六〜一八五五）の助言により纏《まと》められたもので、まず開国して交易を行ない国力を付けた後に攘夷を決行するというものだった。

幕府小普請組の勝麟太郎（一八二三〜九九）は、人材を登用し交易の利益で武備を整え、大船を造って海外に出貿易すべしと、少しはまともな意見を述べているが、海防については軍艦のことは考慮せず、台場を築く程度だった。しかしこれを見た大久保忠寛（一八一八〜八八）の訪問を得ることとなる。大久保忠寛は老中首座・阿部正弘に目をかけられて大出世するが、これに伴って引き揚げてもらうのである。

浦賀奉行所与力・中島三郎助は、日米の戦力の格差を考えれば打ち払いの不可能なこと。彼らの求める交易を許容しなければ戦端《せんたん》を開く元となること。諸外国は絶えず戦争して兵法を開き、蒸気船で万里の波濤《はとう》も一瞬の間に航海している状況で、我が国でも数艘《すうそう》の軍艦を造って海外に行き、諸外国の形勢を探索することが肝要《かんよう》であること。国防においては台場《だいば》の強化と数ヶ所に分けて戦艦数十艘を待機させることなどと、現場を預かるものとして的確な意見を述べている。

儒学者の古賀謹一郎（一八一六〜八四）は、「今は徳川家定が将軍職を継いだばかりで貴国が要求した開国については各藩と協議しなければ結論は出ず数年かかるため、それまで待ってほしい」と言って急場をしのぎ、その間に大船を製造してこちらから諸外国に貿易に出かけ、国益を得るくらいの意気込みを示すべきだと開国派らしい意見を述べている。

仙台藩士・大槻磐渓《おおつきばんけい》は、幕府が諸藩に対応の助言を求めたことに応じ、藩命で黒船見学のため二度浦賀へ行き、その後に開国論をまとめた、米利幹議《めりけんぎ》と魯西亜議《ろしあぎ》の二つの外交建白書を著している。下総《しもうさ》佐倉藩主の堀田正睦《まさよし》（一八一〇〜六四）も開国論を唱《とな》えていた。

面白い説では、江戸新吉原の遊女屋の主人の藤吉が、漆器《しっき》等を贈って異国船に入り込み、酒盛りをして油断させ、鮪《まぐろ》包丁で異人を斬り捨てると述べている。

しかし、すべての国民が意見書を提出したわけではなく、長州藩士・吉田松陰《しょういん》（一八三〇～五九）は、師匠の佐久間象山《しょうざん》（一八一一～六四）と兄弟子の伊予大洲藩士・武田斐三郎《あやさぶろう》（一八二七～八〇）に伴って浦賀で黒船を遠望し、同志である熊本藩士・宮部鼎蔵《ていぞう》に書簡を送っていた。それには、「聞くところによれば、彼らは、来年、国書の回答を受け取りに来るということです。その時にこそ、我が日本刀の切れ味をみせたいものであります」と記されていた。

吉田松陰は、現在では大学を卒業したばかりの新入社員と同年齢で、近代戦争は鉄砲対鉄砲、大砲対大砲と進化しているが、国際情勢を理解出来ていない様子がうかがえる。それに比べて、武田斐三郎は三浦見聞記を著し、その才能を認めた幕府の命により旗本格として出仕《しゅっし》することとなった。

土佐藩士・坂本龍馬（一八三六～六七）は、国元の父に送った手紙の中で、「異国船が来たので戦争が近いうちに起こるだろう。その時には、異国人の首を討ち取って帰国します」と伝えている。坂本龍馬は現代の高校三年生と同年齢で、全く欧米列強の怖さを知らないようだ。

そうしていると、ロシアの書簡と国書が一〇月一三日（九月一一日）に江戸表《えどおもて》に届いた。すると、昌平黌《しょうへいこう》教授・安積艮斎《あさかごんさい》と古賀謹一郎が返書の起草を命じられた。プチャーチンは江戸に来て老中と直接面談したいと書簡に書いていた。これに対して古賀謹一郎は、我が国が狼狽《ろうばい》して彼らに軽蔑を招く《まね》ようなことがあれば、それによる禍《わざわい》はかえって大きい。今回の使節はロシア帝国の重臣である。こちらも礼儀正しく江戸に招き《まね》会見しても日本の面目《めんもく》を潰《つぶ》すことにはならないと言ったが、採用には至《いた》らなかった。

時をほぼ同じくして、幕府は大船建造禁止令を一〇月一七日（九月一五日）に解除し、水戸藩と浦賀奉行に洋式船の建造を命じた。すると、薩摩藩主・島津斉彬《なりあきら》が琉球大砲船を洋式船に造り直すと届け出た。いよいよ国内で大型洋式船を建造できることとなった。

長崎では、長崎奉行・水野忠徳と大沢秉哲《のりあき》が一一月一日(一〇月一日)に、清国《しんこく》とオランダ以外の国と条約を結ぶことは祖法《そほう》に反するが、どのように対処したらよいか質問すると、オランダ商館長クルティウスは、試しに一つ港を開いてみたらどうか提案している。その根拠は清が外国の要望に反して開港を一切認めなかったことから戦争が起こり敗戦した結果、広東《かんとん》を始めとした五港を強引に開かせられたからである。

また、交易により日本に利益がもたらされることは好ましいとは思ってないが、交易を行なうことはほんとうに必要なのかとの問いに対して、産業革命を経《へ》て資本主義を体現している外国人には通用しない理論であると断じている。その後、質問は何日にも及んだが、まだ水野忠徳は国際情勢が理解できていない。

ロシア来航による川路聖謨の対応と吉田松陰

さて、ロシア来航で幕府は一一月八日(一〇月八日)に、大目付格・筒井政憲、勘定奉行・川路聖謨《としあきら》、儒者・古賀謹一郎、目付・荒尾成允《しげまさ》らをロシア使節応接掛に任命し長崎派遣を命じた。古賀謹一郎は、処罰されそうな意見をしていたが、これに選ばれていた。

そんな中で、土佐藩士となっていた万次郎が老中首座・阿部正弘に呼び出された。これは、漢学者の大槻磐渓《ばんけい》が、万次郎は天文、測量、砲術まで習得してアメリカ事情に通じている。今後アメリカ人渡来の時に役立つだろうといった意見書を林復斎《ふくさい》に提出し、林復斎が阿部正弘に万次郎を推薦《すいせん》したことで、万次郎を江戸に呼び寄せるよう土佐藩留守居役・広瀬源之進に命じていた。

万次郎は一一月一四日(一〇月一四日)に登城し、幕府幹部たちが出席した中でアメリカの事情を尋ねられ、アメリカの国情、政治、経済、海軍の実態、国民性など詳細に説明すると、応答が明快で要を得ていたため一同は感服《かんぷく》した。

その後も川路聖謨《としあきら》は万次郎と何度も会って話を聞き、その内容を糾問書《きゅうもんしょ》として記録した。それよりも、江川英龍《ひでたつ》は海外事情に詳しい人材の登用が必要と考え、万次郎を自分の片腕として配慮するよう幕府に願い出て許可され、自分の屋敷に住まわせた。万次郎は普請役格《ふしんやくかく》として直参《じきさん》旗本となり、故郷の中浜を名乗って中浜万次郎とされている。

そんな中で、吉田松陰《しょういん》はロシア艦隊に乗り込むための長崎への途上で一一月一九日（一〇月一九日）に熊本に入り、翌日には同志である熊本藩士の宮部鼎蔵《ていぞう》に伴って熊本藩士の横井小楠《しょうなん》（一八〇九～六九）を訪問し三日間も終日対話した。

それが、ロシアのプチャーチンは一一月二三日（一〇月二三日）に上海へ向かった。三ヶ月も滞在したことで食糧や燃料の補給と、クリミア戦争中で情報収集もあったと思われる。

そして、吉田松陰が熊本を発《た》って一八五三年一一月二七日（嘉永六年一〇月二七日）に長崎に到着したが、ロシア船は出港した後だった。この頃の横井小楠は攘夷論者だったが、なぜ吉田松陰はすぐに長崎へ行かず熊本でぐずぐずしていたのだろうか。

プチャーチンが一八五四年一月三日（嘉永六年一二月五日）に長崎に再来航すると、翌日、ロシア使節応接掛の川路聖謨らは田代（現在の鳥栖市田代上町）を出立《しゅったつ》した。昼休みを神埼（現在の佐賀県神埼市）で取っていると、長崎より一月三日（一二月五日）付の急便が来て、ここに、三日以内に来ないとロシア船が浦賀に行くと書かれてあった。

まずは佐賀に止宿《ししゃく》し夜中の〇時頃に出立して、一月五日（一二月七日）になると彼杵《そのぎ》（現在の長崎県東彼杵郡東彼杵町）に泊り夜中の一一時頃に起きて、また〇時頃に出立して歩き詰めに歩き、矢上（現在の長崎市矢上町）で食事をし、一月六日（一二月八日）の午後六時頃に中島（現在の長崎市新大工町）にある長崎代官の高木貞四郎宅に到着した。川路聖謨は最大限努力して間に合った。この当時の移動は徒歩である。心身ともに大変な状態だったと思うが、川路聖謨の長崎日記には愚痴《ぐち》一つ書いていない。

そもそも川路聖謨は、日田代官所の現地採用の役人の内藤吉兵衛の次男で、現地採用の役人とは農民である。それが、内藤吉兵衛は御家人株を取得して徒歩組に編入された。御家人株を取得したということは裕福だったことが伺《うかが》えるが、川路聖謨は御家人の小普請組の川路家の養子となり、下級吏員《かきゅうりいん》資格試験である筆算吟味《ひっさんぎんみ》に及第《きゅうだい》して勘定奉行所に出資し出世した。川路聖謨は勘定吟味役まで出世していたが、ここに至《いた》るまでは紆余曲折《うよきょくせつ》があった。

川路聖謨は、西洋事情に興味を持ち蛮学社中《ばんがくしゃちゅう》の面々と接触していたことで、蛮社の獄では容疑をかけられた。罰せられなかったものの、左遷人事として佐渡奉行に命じられた。その後小普請奉行に命じられて江戸に戻ると、奉行所内の業者との癒着《ゆちゃく》を改革した。

これは、老中首座の水野忠邦に大いに褒められた。水野忠邦が失脚すると関係者も連動したが、川路聖謨は関係性がないにもかかわらず連座して奈良奉行に左遷させられてしまった。しかし、左遷先でも手柄を挙げて大坂東町奉行に栄転し、その後、勘定奉行に任じられたのである。

川路聖謨はユーモアセンスのある人間味あふれる人で、貧民救済にも尽力し庶民からも慕《した》われていた。努力したことを幕府に評価してもらい五百石取の旗本にもなった。この恩に報《むく》いるため幕府の命令には何一つ文句を言わず黙々とこなしたのである。

川路聖謨《としあきら》らは、一月一二日（一二月一四日）に長崎奉行所の西役所でロシア使節を応接した。日本側は、ロシア使節応接掛と長崎奉行らで、ロシア側は全権使節プチャーチン中将、秘書官イワン・ゴンチャロフ、オランダ語通訳官でもあるコンスタンチン・ポシエット少佐ら三一名である。

その一方で幕府は、ペリー再来航に際して一八五四年一月一四日（嘉永六年一二月一六日）に、儒学者・林復斎《ふくさい》、松崎柳浪《りゅうろう》、大目付・井戸弘道、北町奉行・井戸覚弘《さとひろ》、浦賀奉行・伊沢政義、目付・鵜殿長鋭《うどのながとし》、堀利熙《としひろ》らをアメリカ特使応接掛に命じた。

長崎に話を戻すと、第六回日露会談を一八五四年二月一日（嘉永七年一月四日）にロシア艦パルラダ号で行なったが、条約締結には至《いた》らなかった。その後、晩餐会《ばんさんかい》が開かれた。三日後には、長崎奉行所の西役所で別れの晩餐が催《もよお》され、翌日、プチャーチンが出港した。

ペリーに対しては国書を受取っただけだが、ロシアとは六〇年以上の経緯から、プチャーチンとは北方領土の画定交渉《かくていこうしょう》も含めて何度も会談を行なった。しかし、条約に関しては、徳川斉昭《なりあき》に説明したぶらかし策を用いたもので、ひとまずは成功した。

一―三　日米和親条約、日英和親約定、日露和親条約締結の経緯

浦賀奉行・戸田氏栄《うじよし》は二月八日（一月一一日）に、外国船七隻の伊豆沖通過を幕府に報じた。これを受けた幕府は、江戸在勤の浦賀奉行・伊沢政義を浦賀に赴《おもむ》かせた。そうすると、ペリーが浦賀へ入港してきた。

早速、浦賀奉行支配組頭・黒川嘉兵衛と参謀長アダムス中佐の間で打ち合せ場所について折衝《せっしょう》が始まった。後に二艦が加わり九艦となった。

そんな中で、中川宮《なかがわのみや》が全国の僧を集めて二月二〇日（一月二三日）に夷狄《いてき》を遠ざけるための祈祷《きとう》を行なった。この噂を聞いた古賀謹一郎は、現在は神風に頼る時代ではなく、夷狄の侮辱に対抗するには西洋技術による武備の充実が必要と日記に感想を記載した。もっともな指摘である。

話を浦賀に戻すと、日米双方は二月二七日（二月一日）に会合場所を横浜に決定した。日本側は浦賀を、アメリカ側は江戸を希望したため、中を取ったものだろうか。すると、江戸町奉行所は黒船見物禁止令を三月一日（二月三日）に出した。これは、町民たちが横浜に繰り出してお祭り騒ぎとなったためである。庶民たちは物珍しい黒船を見たいだけで、中には小舟を出してアメリカ人と接触する者もいた。

幕府は三月六日（二月八日）に横浜村字駒形（現在の横浜市中区）へ応接所を完成させた。この二日後、ペリー艦隊は横浜沖に投錨《とうびょう》して上陸し、日米条約交渉が横浜応接所で始まった。アメリカは通商条約の締結を強く望んでいた。これに対して日本側は、薪《まき》、水、食料の供与および難破船と漂流民救助の件は了承するが通商は承諾《しょうだく》できないと回答し、林復斎とペリーの応酬が行なわれた。

その後、交渉は横浜応接所と旗艦《きかん》ポーハタン号で随時行なわれ、林復斎らは交渉の内容が煮詰まってきたことで、三月一九日（二月二一日）には一度江戸に戻って老中に相談することとした。

日米交渉が小休止となり、蒸気機関車模型の試運転が三月二一日（二月二三日）に横浜で行なわれた。蒸気機関車の大きさは現物の四分の一の雛形《ひながた》で機関車だけの長さが約三・五メートル、これに炭水車と客車が連結されていた。客車に抱き着いて乗車した輩《やから》までいて大盛況だった。翌日には、横浜の弁天境内《べんてんけいだい》でアメリカ技師によって日本初の電信実験が行なわれた。

日米条約交渉は横浜応接所で三月二四日（二月二六日）に再開された。それから、全一二ヶ条からなる日米和親条約を締結し三月三一日（三月三日）に調印した。日米和親条約は、ペリーは通商条約を望んでいたが、林復斉《ふくさい》がペリーの主張を退《しりぞ》け、交易に関しては結ばれておらず、開港された下田と箱館に入港し休憩と薪《まき》、水、食料などの供給を受けることが出来る程度の条約だった。

そんな中で、吉田松陰《しょういん》が、今度はアメリカ船へ乗り込む前に、京橋にある酒楼で四月二日（三月五日）に送別の宴を催《もよお》した。この話を聞いた弟子の金子重之輔《しげのすけ》が同行を申し出て認められた。翌日、吉田松陰と金子重之輔は、横浜村へ調査に行き、佐久間象山《しょうざん》の陣屋に泊まり、四月五日（三月八日）には朝から酒を飲んで過ごし、午後から本牧まで行くが、横浜ではアメリカ船に近づくことさえ出来なかった。

二人は、四月一〇日（三月一三日）に下田へ向かって横浜を出発した。八日後、ペリーが下田に入港して、何度か軍艦への接近を試みたが失敗に終わっていた。それが、四月二四日（三月二七日）の昼間に上陸していたアメリカ士官に出くわし、用意していた投夷書《とうい》を手渡すことが出来た。

これで二人は、弁天島の祠《ほこら》で夜まで過ごし、海岸に繋《つな》いであった漁民の小舟を盗んでポーハタン号に漕《こ》ぎ寄せ、乗せてくれと叫ぶと縄梯子《なわばしご》が降ろされ、刀や荷物を小舟に置いて縄梯子に飛びつくとその勢いで小舟が流されてしまった。それでも乗船すると、中国研究家のサミュエル・ウィリアムズと漢文による筆談で交渉は出来たが渡航は拒否され、海岸に送り返されてしまった。

さて、小舟はどこへ行ったのか、荷物の中には佐久間象山から贈られた詩などもあり、刀まで流される始末で、見つかれば累を他に及ぼすことにもなる。結局、刀と荷物は下田奉行所に届けられていたため探しても見つからず、翌日自首して下田奉行所で取り調べを受け、五月一一日（四月一五日）に伝馬町牢屋敷に投獄された。

これを知った儒学者の古賀謹一郎は「愚人《ぐじん》愚謬《ぐびょう》の行い、人をして憤惋《ふんえん》已《や》まざらしむ」と日記に書いている。吉田松陰は一八五一年（嘉永四年）に古賀謹一郎に会って教えを乞《こ》うていた。現在で言えば大学教授の古賀謹一郎に対して学生レベルの吉田松陰だが、古賀謹一郎は開国して正々堂々と渡航すべきで、こそこそと密航を企《くわだ》てるのは愚《おろ》かな行為と戒《いさ》めたのである。

そして、佐久間象山が、五月一日（四月五日）に江戸町奉行所から呼び出しがあり、吉田松陰の渡航の相談に乗ったことは明白として揚屋《あがりや》に入れられた。その後は一八六二年（文久二年）まで国許《くにもと》の信州松代の自宅で蟄居《ちっきょ》させられるが、この間に本を読み漁《あさ》り西洋事情を詳しく学び、開国派として幕府に招聘《しょうへい》されることとなるのである。

そうしていると、幕府が浦賀奉行に命じていた国内製造初の洋式帆船《はんせん》の鳳凰《ほうおう》丸が六月五日（五月一〇日）に竣工した。鳳凰丸は、二本マストで推定六〇〇トン、江戸時代ふうに言えば四〇〇〇石船である。

しかし、浦賀奉行・戸田氏栄《うじよし》の命で来航してきた外国船の調査をして洋式船の研究をしてきたとはいえ、日本人だけで造ることが出来たのだろうか。私の想像だが、幕臣となった中浜万次郎のアドバイスがあったのではなかろうか。万次郎は、アメリカで捕鯨船の船乗りになるため専門学校で航海術や造船技術を学び首席となった秀才である。

下田に話を戻すと、日米和親条約の細則を定めた一三ヶ条になる下田条約を六月一七日（五月二二日）に締結した。七日後、ペリーは下田を出港し、七月一一日（六月一七日）に琉球と修好通商条約を那覇で締結し香港へと出航していった。

幕府は、日米和親条約による箱館開港のために箱館奉行所を再び設置し、勘定吟味役・竹内保徳と目付・堀利熙《としひろ》を七月二四日（六月三〇日）に箱館奉行に任命した。ペリー艦隊の箱館来港時、外国船を観察するため磯舟で近づいてアメリカ兵に見つかり番所に突き出され投獄されていた元船大工の続豊治《つづきとよじ》は、箱館奉行に就任したばかりの堀利熙にその情熱が認められて異国船応接方従僕を命じられ、外国船に自由に出入りできる身分となった。これは、洋式船の建造を命じられたのである。

この頃、箕作阮甫《みつくりげんぽ》と塩谷宕陰《しおのやとういん》が、清《しん》の魏源《ぎげん》の著した『海国図志』の翻訳本を出版した。これは、川路聖謨《としあきら》が紅葉山文庫にあった原本を読み、阿部正弘の許可を得て日本語版を制作するため二人を責任者にしていたからである。

この本は、清が西洋諸国より受けた出来事などが書かれており、諸大名らが買い求めて藩校にも納められ、松代藩士・佐久間象山《しょうざん》、熊本藩士・横井小楠《しょうなん》、福井藩士・橋本左内《さない》ら知識人が競って読んで幕末期の政治思想に大きな影響を与えた。西洋のことは蘭書からしか学べないと思いきや、中国の書籍からでも学べたのである。

長崎に話を移すと、オランダ軍艦スンビング号の艦長ヘルハルドゥス・ファビウス中佐が八月二一日（七月二八日）に来航した。これは、オランダが各国に先んじて日本を開国させ権益を守るための情報収集の派遣《けん》である。西欧文化の優位性を理解させることで開国を促《うなが》したいオランダ商館長クルティウスは、ファビウスの滞在中に日本で海軍教育を行なわせ、スンビング号を幕府に寄贈するよう提案した。

そうすると、ファビウスたちの海軍の講義が始まり、幕臣や長崎奉行所の役人だけでなく佐賀藩士、福岡藩士など多数が伝習した。ファビウスは日本海軍創立の意見書を九月九日（閏七月一七日）に提出した。水野忠徳はファビウスの意見を聞いて、開国を考えるようになったのである。

そんな中で、イギリス東インド艦隊司令官ジェームズ・スターリングが四隻の軍艦を率《ひき》いて九月七日（閏七月一五日）に長崎に入港してきた。スターリングの来日目的は、イギリスがロシアとオスマン帝国のクリミア戦争で、オスマン帝国と同盟を結んで参戦しているため日本に局外中立を求めるためだった。

しかし、モリソン号で帰国を試みたが果たせなかったうちの一人で、イギリスの通訳として同乗してきた音吉の誤訳もあり、長崎奉行所では外交交渉のため来航したと捉《とら》えてしまった。幕府に許可を得ると、水野忠徳と目付・永井尚志《なおゆき》（一八一六〜九一）が、スターリングと一〇月一四日（八月二三日）に日英和親約定を締結した。六日後、スターリングは出航していった。

幕府は長崎奉行・水野忠徳の意見書により、軍艦購入とその軍艦の乗組員を養成するための長崎海軍伝習所設立を一一月一一日（九月二一日）に決めた。軍艦は六隻注文したが、クリミア戦争の影響で兵器を他国に輸出することが困難なため、オランダが二隻に変更してきた。ファビウス中佐はクルティウスの意向と艦船発注の報告のために長崎を出港し、帰国の途についた。水野忠徳も江戸に向けて長崎を出立した。

日露和親条約と安政の大地震

今度はロシアのプチャーチンが一〇月二一日（八月三〇日）にディアナ号単艦で箱館に来航した。箱館奉行所は交渉の権限がないことを伝えると、プチャーチンは、それならば長居《ながい》は無用と七日後に出航し、日本海に出て瀬戸内海経由で摂津の天保山沖に停泊、一一月八日（九月一八日）には岸和田を通り安治川口《あじがわぐち》に達した。すると、大坂や近隣の町が大騒ぎとなった。日本では大きな船でも三〇〇トンだが、ディアナ号は約二〇〇〇トンで大砲を五二門も搭載していた。大坂は天皇のいる京都に近いため、軍艦で乗り込めば交渉に消極的な幕府も驚いて要求に応じると考えたようである。

最終的には大坂町奉行が、大坂は開港場ではないため長崎か下田に行くよう促《うなが》して治まったのだが、この時、イギリス艦が貴艦を狙っていると脅《おど》していた。クリミア戦争でロシアに対してイギリスとフランスが参戦した情報をオランダ風説書《ふうせつがき》より得て、一発かましたのである。その後、下田に行けば全権の川路聖謨《としあきら》がいると言われ、プチャーチンは、長崎での条約交渉で人間性に魅了された川路聖謨がいるのであればと、素直に下田に移動したという。

プチャーチンは一二月四日（一〇月一五日）に下田に入港、幕府全権との面会を要求し、まだ到着してないことを知ると江戸に行くと言い放った。これに驚いた下田奉行・都築峯重《つづきみねしげ》は、ただちに江戸へ使いを飛ばした。これを受けた幕府は一二月六日（一〇月一七日）に、大目付・筒井政憲、勘定奉行・川路聖謨、下田奉行・伊沢政義、目付・松本十郎兵衛、儒者・古賀謹一郎らをロシア応接掛に命じた。

翌日、川路聖謨らは登城して御朱印を頂戴し四、五日中に出立《しゅったつ》する旨《むね》を伝えると、阿部正弘より直ぐに下田へ向かうよう命じられた。慌てて出立し一二月一一日（一〇月二二日）に下田の仮奉行所の宝福寺に到着、第一回目の日露会談が一二月二二日（一一月三日）に玉泉寺でスタートした。

翌日の一二月二三日（一一月四日）、安政東海地震と言われる熊野灘、遠州灘沖から駿河湾を震源とする推定マグニチュード八・六の巨大地震が起きて、津波も発生した。幕府のロシア応接掛一同も命からがら山へ避難したが、帰らぬ人もいた。

その翌日には、安政南海地震と言われる紀伊半島から四国沖を震源とする推定マグニチュード八・七の巨大地震が発生した。この日の下田ではポシエット少佐が上陸し、津波で破損したディアナ号は早急に修理しないと沈没の恐れがあり、下田は波が高く、波静かな良港で修理したいため場所の指示を願いに来た。

さらにこの二日後、豊予海峡地震と言われる豊予海峡を震源とした推定マグニチュード七・四の巨大地震が発生した。震源が西へ移動しているが、この日の下田では、日露和親条約に至《いた》る第一回目の予備折衝《よびせっしょう》が勘定組頭・中村時万《ときかず》らと、ロシア側はポシエットが出席し長楽寺で行なわれた。被災して三日しかたってないのに、予備とはいえ動き出していたのである。

すると江戸より一八五四年一二月二九日(嘉永七年一一月一〇日)に、米一五〇〇石、金二〇〇〇両が届いた。江戸も震度五だったが、被災してから六日後で非常に早い対応と言える。

これまでに、日露会談を一回と予備折衝を三回行なっていた。そして、地震と津波騒ぎが落ち着いたことで、玉泉寺で会談を再開することとし、一八五五年一月一日(嘉永七年一一月一三日)に第二回目、翌日には第三回目の会談が行なわれた。

そうしていると、ディアナ号が一八五五年一月一九日(安政元年一二月二日)、改修場所に決めていた戸田《へだ》村までもう少しの曳航《えいこう》の途中、駿河国富士郡宮島村三軒屋浜(現在の静岡県富士宮市)の沖で沈没した。江川英龍《ひでたつ》は、ディアナ号を引き上げて戸田港で修復すると提案したが、プチャーチンは、苦労して引き上げても修復不可能と断り、代艦建造を思い立ち許可を申し出た。

そこへ、アメリカ使節アダムス中佐が日米和親条約の批准書交換のため一月二六日(一二月九日)に下田に来港した。そこで、ポシエット少佐はアメリカ艦を訪ねて艦長のマク・クルーニに一連の事態を話すと、食糧を分けて貰《もら》うこととなった。

二日後、フランス商船のナポレオン号が、漂流民二名を連れて下田に入港した。幕府は漂流民を引き取ったが、プチャーチンは、アメリカ艦の食糧を受け取りに戸田《へだ》村滞在のロシア兵八〇余名を呼びつけて、彼らを密かに武装させフランス船を奪わせようとした。

しかし、通詞の森山栄之助がフランス船に事の次第《しだい》を知らせて出港させ、プチャーチンの企《たくら》みは果たせなかった。もし、ロシア兵がフランス船を奪い、そのことがフランス軍に伝わり報復にやってくれば、クリミア戦争が下田で勃発していたことになろう。

条約締結後に川路聖謨《としあきら》は、我が国に累《るい》を及《およ》ぼす行為を計画するのは道理に悖《もと》ると非難した。プチャーチンは、あの時は軽率だった。条約が成った今は決して日本領内で類似の事件は起こさないと誓《ちか》った。川路聖謨はロシア人たちに慕《した》われたが、言うべきことははっきりと発言していた。

そして、日露和親条約が一八五五年二月七日（安政元年一二月二一日）に締結された。この条約で、日本とロシアは初めて両国の境界を確定した。北方四島は日本の領土とされ、樺太については、ロシアは全てロシア領だと主張した。

しかし幕府は、ロシア人が最近になって樺太にやって来て占領しようとしているだけで、樺太南部にはアイヌ人が、北部にはオホーツク人がずっと住んでおり、少なくとも南半分は日本の領土であると主張していた。これについては話がまとまらず、樺太の国境は決めず折半で使用すると理解して良いようである。

日露和親条約については地震と津波にロシア艦ディアナ号の沈没によるロシア兵の世話など苦労が多かったが、これをやり切った幕府の役人たちはあっぱれであったといえよう。

日米和親条約の批准書の交換が一八五五年二月二一日（安政二年一月五日）に下田の長楽寺において行なわれた。アメリカ使節アダムス中佐は翌日に帰国の途についたが、出港前にはプチャーチンに、上海に向かうのでプロイセン船などに声をかけることを約束した。プチャーチンたちはディアナ号が沈没したため帰国できないわけで、幕府としても悩みの種である。

一―四　安政の改革と日米和親条約の食い違い

幕府は、洋学所設立に向けて小普請組《こぶしんぐみ》で実質的に無役の勝麟太郎と小田又蔵を三月六日（一月一八日）に異国応接掛附蘭書翻訳御用に任じた。と言っても二人の蘭学の能力は日常会話程度だったようで、箕作阮甫《みつくりげんぽ》や森山栄之助の手附として採用されている。

古賀謹一郎は祖父が寛政の三博士の一人の古賀精里《せいり》、父が古賀侗庵《どうあん》で三人は昌平黌《しょうへいこう》の儒官である。儒学は哲学に分類されると思われているが、宇宙や地球の謎を扱った内容も多く、それらを含めた科学的要素も記載されている。ここも研究した侗庵は洋書の漢訳本を読み西洋事情を習得したが、表立っては幕府の許す範囲に留めていた。それが、古賀謹一郎は漢訳本を読み漁《あさ》って西洋事情を習得し、日本の学問状況に危機感を抱いていた。

その上に、長崎出張で出島に赴《おもむ》き化学実験などを見せられて更に西洋事情に通じ、老中首座・阿部正弘にたびたび建白書を提出して洋学所設立を求めていた。阿部正弘も洋学受容の必要性を痛感していたため、古賀謹一郎を蕃書翻訳御用《ばんしょほんやくごよう》の責任者とし、その準備を命じた。これは、安政の改革の一つである。

ロシア兵の帰国と外交経験の蓄積

そんな中、アメリカ商船カロライン・フート号が来日し、三月一五日（一月二七日）に下田港に立ち寄った。プチャーチンはこれを大いに喜び歓迎したことで、両者の間に同船の傭船《ようせん》契約が成立し、カロライン・フート号で残留ロシア兵一五九名をロシアに届けることとなった。

五月八日（三月二二日）、新造帆船《しんぞうはんせん》ヘダ号がロシア兵六二名を乗せて戸田《へだ》港を出港した。ヘダ号は沈没したディアナ号の代船として、後に飛行機を製作したロシアの技術者アレクサンドル・モジャイスキーらの下で日本の船大工により戸田村で造られたことでヘダ号と名付けられた。これにより、残るロシア人は二七八名となった。

三日後、勘定奉行・川路聖謨《としあきら》、水野忠徳、目付・岩瀬忠震《ただなり》（一八一八～六一）が、伊豆半島の防備計画や外国人の動静の監視などのために再度下田に赴《おもむ》いた。この二日後、アメリカ測量艦隊司令官ジョン・ロジャーズが、下田に来航して沿海測量を始めた。

この時、会合していた川路聖謨らは製作した地図の精細緻密な様子に驚き、ロジャーズに散歩区域の指定と無断上陸の禁止などの掟書《おきてが》きを突き付けた。しかし、開国していると思っていたロジャーズは、下田奉行・井上清直（一八〇九～六八）に権利主張して沿海測量の許可を要請した。

長崎に話を移すと、長崎奉行・荒尾成允《しげまさ》らがフランスインドシナ艦隊司令官ルイ・モンラベル大佐と五月二五日（四月一〇日）に会談した。モンラベルは長崎港を対ロシアの軍事基地に所望し、後に入港する同盟国艦船の停泊の許可と必需物資の供給を求めた。しかし、フランスとは条約を交わしていないため、幕府の返答はロシアと戦うための物資補給は許さないが、自己の物品の欠乏ならば、長崎、箱館、下田に限って許可するというものだった。

要するに、和親条約締結を打診したのである。それでもモンラベルは、条約締結の権限を持ってないためこの提案を断った。後にフランス政府が正式に任命した全権委員の承認に服《ふく》させる条件付きでも良いと言ったが、これにも応じなかった。それにしても、幕府は条約締結に積極的になっている。

それよりも、イギリスとフランスの艦船がロシアの軍港の攻略を目論《もくろ》んで日本の開港した三港に入港し、食料や水などの補給と情報収集に勤《いそ》しんでいて、開国したと勘違いした各国の商船を合わせると相当数の艦船が入港していたのである。

下田に話を戻すと、下田奉行が五月二六日（四月一一日）にアメリカ測量艦に赴き、幕府からの返答がなかなか来ないことで出港を言い渡した。これによりロジャーズは二日後に下田を出港した。この翌日、カロライン・フート号がロシア兵を無事届けて戸田に帰港した。残留ロシア兵たちは、夢よもう一度と傭船《ようせん》契約の交渉をしたが折り合いがつかず、カロライン・フート号は一時止宿《ししゅく》許可で上陸していた船員たちの家族の待つ下田へ出港していった。

その一方のロジャーズは、日本列島の太平洋岸の測量を続けながら六月五日（四月二一日）に箱館に来航した。九日後、カロライン・フート号が箱館に入港した。アメリカ商人ルイーザ・リードは箱館で酒場を開業するつもりだったが、箱館奉行・竹内保徳は彼らの箱館止宿を拒否した。

これにはロジャーズが中に入って交渉したようで、漂流民扱いとしての一時止宿を許可し家一軒を提供した。その際、一時止宿はせいぜい五、六日と伝えていた。そこでロジャーズは竹内保徳に書を送り、日本は条約に違反しているため、アメリカ政府に上申して日本の悪習を矯正させる準備をすると述べた。アメリカにとって日米和親条約は日本の鎖国政策に終止符を打たせた条約だと思っていたのである。

この食い違いの原因は何なのか。実はロジャーズは下田奉行に同じ内容の書簡を渡していて、後にこの書簡の和訳文が箱館に到着し、これを詳しく検証すると日米和親条約の条文の解釈に違いがあることが分かった。竹内保徳は老中に条文の解釈とルイーザ・リードたちの要求に対する具体的な方法を早急に指示するよう要望したのである。

それにしても、何事もいきなりうまくいくはずはなく失敗や間違いは付き物で、このような経験を積むことが大切である。箱館、下田、長崎奉行所の役人たちは、外国人との接触を通じて日々成長していくのである。

カロライン・フート号は六月二七日（五月一四日）に箱館を出港した。ルイーザ・リードたちは一時止宿《ししゅく》はしたがこれは開国とは言えないもので、日本が間違っているのか、それともペリーが嘘をついたのか、不満の塊《かたまり》で帰国の途についた。

下田では、プロイセン商船グレタ号が七月四日（五月二一日）に来港、戸田《へだ》村に残留するロシア兵を送還するので、船の積荷と荷主のリュドルフ他一名を仮滞在させて欲しい旨《むね》を下田奉行の井上清直に願い出た。井上清直は幕閣に上申し、許可が出てロシアの残留者全員が戸田を出港したが、その際、掛川藩士の橘耕斎《たちばなこうさい》が潜り込んで密出国していた。

箱館では、フランスインドシナ艦隊司令官モンラベルが七月二〇日（六月七日）にシビル号で来港したが、フランスとは条約締結していないため上陸は出来なかった。だが、同艦には多くの病人がいて、治療のための上陸許可を要請した。これに対して箱館奉行・竹内保徳は、人命に関わる問題として独断で許可し、実《じつ》行寺《ぎょうじ》に病人三〇名と医師を収容した。あれほどアメリカ商人を寄せ付けなかったものが、病人となると切り替えが早い。これこそ名奉行である。

長崎では、フェデー号の艦長ファビウス中佐が、スンビング号の艦長ヘルハルト・ペルス・ライケンを率《ひき》いて七月二一日（六月八日）に再来日した。翌日、スンビング号はオランダ国王ウィレム三世から将軍・徳川家定に贈呈《ぞうてい》されて、日本最初の蒸気船となり観光丸と改名され、幕府海軍の練習艦として使用されることとなった。その上に、ゲーペル銃六〇〇〇挺が届き、二〇〇〇挺は伝習用に使用することとし、残りの四〇〇〇挺を江戸に送った。そして、ファビウスらは再度海軍伝習を行なった。

箱館に話を戻すと、フランス艦ヴィルジニー号が、七月二七日（六月一四日）に来港した。これも病気治療が目的で、翌日には三四名が上陸して実行寺に赴《おもむ》いた。続いて、コンスタンチヌ号が九月一一日（八月一日）に入港したが、肝心の実行寺が満杯状態となり、六、七名ずつ収容した。

翌日、コンスタンチヌ号の艦長が竹内保徳に、軍艦や大砲の製造方法などのフランスの技術を伝えたいと言ってきた。竹内保徳は大いに喜び幕府に上申して、武田斐三郎《あやさぶろう》らに学ばせた。これが、滝野川反射炉や五稜郭に発展していくのである。

幕府は、長崎奉行所の西役所に長崎海軍伝習所開設を九月一〇日（七月二九日）に決定し、目付・永井尚志《なおゆき》を長崎海軍伝習所総取締に命じ兼帯させた。その上に、甲府徽典館学頭・矢田堀景蔵、勘定格徒目付・永持亨次郎、異国応接掛附蘭書翻訳御用・勝麟太郎を船将候補として長崎行きを命じた。これは、オランダから贈呈《ぞうてい》された観光丸と、すでに注文した二隻の軍艦の三隻の船将が必要と考えての人事である。

三日後、幕府は洋学所を江戸九段下に設立した。洋学所は、一八一一年（文化八年）に設置した蛮書和解《ばんしょわげ》御用《ごよう》が基本だが、翻訳だけでなく広い分野での洋学研究教育機関で、開成所の前身であり東京大学の源流諸機関の一つである。約半年前より準備していたものの、肝心の儒者・古賀謹一郎が下田御用などで停滞しており、ここで本格的に始動した。

そうすると、薩摩藩主・島津斉彬《なりあきら》が九月二四日（八月一四日）に洋式帆船を幕府に献上した。幕府の鳳凰《ほうおう》丸に遅れること一年三ヶ月だったが、幕府に昇平丸と命名された。昇平丸は三本マストの木造パーク型帆船《はんせん》で推定三七〇トンだった。これは、老中首座・阿部正弘に琉球を通じての密貿易を指摘されたことによる温情付きの罰金のようなものではなかろうか。

一〇月二八日（九月一八日）、幕府はアメリカ、ロシア、イギリスとの和親条約書の写しを朝廷に提出し、京都所司代・脇坂安宅《やすおり》と禁裏付《きんりづき》・都築峯重《つづきみねしげ》がその経緯を説明した。都筑峯重は、最近まで下田奉行だったため、交渉の経緯を具体的に関白・鷹司政通に口述した。関白がこれを孝明天皇に報告すると、天皇は幕府の労をねぎらったという。条約締結に反対していなかったことがうかがえる。

安政江戸地震と攘夷運動台頭の兆し

安政江戸地震が一一月一一日（一〇月二日）に発生した。これは、江戸湾北部を震源とした推定マグニチュード七・四で、江戸で震度六、死者は約五〇〇〇名、倒壊家屋一万五〇〇〇戸弱とされている。水戸藩邸も倒壊し、水戸の両田《りょうでん》と言われた藤田東湖《とうこ》と戸田忠太夫《ちゅうだゆう》が死亡し、徳川斉昭《なりあき》は優秀な腹心を失った。

幕府人事も揺れており、下総《しもうさ》佐倉藩主・堀田正睦《まさよし》が一一月一八日（一〇月九日）に老中に再任し老中首座となった。これは、攘夷派で一橋派の徳川斉昭の圧力によって、日頃より意見の合わない開国派で南紀派の老中・松平乗全《のりやす》と松平忠固《ただかた》を罷免したことが、南紀派の彦根藩主・井伊直弼《なおすけ》らの怒りを買い、孤立を恐れた阿部正弘は、老中首座を南紀派で開国派の堀田正睦に譲り、自らは勝手掛次席老中として閣内に残って実権は握っていた。

一三代将軍・徳川家定に世継ぎが望めそうもないことより、一四代将軍には、順当に考えれば、徳川家定の従弟《いとこ》で血統が近い紀州藩主の徳川慶福《よしとみ》（家茂《いえもち》、一八四六～六六）を推挙していた人たちを南紀派と呼び、これに対して、この時節に鑑《かんが》み聡明と言われている一橋家当主の徳川慶喜《よしのぶ》（一八三七～一九一三）を推挙していた人たちを一橋派と呼んだ。

長崎では、幕府は一二月三日（一〇月二四日）に長崎海軍伝習所を設立、長崎海軍伝習所総取締・永井尚志《なおゆき》が開所式を行なった。これも安政の改革の一つである。この時に教師団として参加していたペルス・ライケンは勝麟太郎に、「中年より学ぶ者は幼年より学ぶ者に及ばず、恐らく実地に用立つ者は少ないだろう」と漏らしたという。勝麟太郎の数え年は三三歳で、君は用なしと言っているようなものである。

総取締となった永井尚志は、幕府に大型船造修所の必要性を説いていたが、待てど暮らせど幕府からの返答がない。そこで、ファビウス中佐が帰国すれば話が大幅に遅れる恐れがあると判断し、独断で建設要員の派遣要請《はけんようせい》と資材や機械類の発注書にサインした。これで、ファビウスは発注書を持って一八五五年一二月二三日（安政二年一一月一五日）に長崎を出港した。

そして、長崎奉行・川村修就《ながたか》とオランダ商館長クルティウスが、一八五六年二月五日（安政二年一二月二九日）に日蘭和親条約を締結した。これまでオランダは通商のみで国交はなく、日本がアメリカ、イギリス、ロシアと和親条約を結んだことで条約締結を強く望んでおり成就《じょうじゅ》した。これによりオランダ人の長崎町内での遊歩が自由となった。

そんな中で、幕府が水戸藩に建造を命じていた旭日丸が、幕府の鳳凰丸《ほうおう》に遅れること約二年、一八五六年六月（安政三年五月）頃に石川島で竣工した。旭日丸は、約七五〇トンで三本マストのシップ型帆船《はんせん》だった。

長崎では、ファビウス中佐が八月八日（七月八日）に再々来日した。

二日後、オランダ商館長クルティウスがイギリス使節の渡来を予告し、幕府に外国との通商条約締結を勧告した。そこで、川村修就《ながたか》、永井尚志《なおゆき》、目付・岡部長常らが、幕府にこの章程を受け入れるよう上申したが、まず海防掛《かいぼうがかり》が反対したことで幕閣も決断しなかった。

しかし、日米和親条約の十一条にアメリカは下田に領事を置くことが出来るとあり、タウンゼント・ハリス（一八〇四〜七八）が、これによって領事館を設置して開国を迫ることとなる。

その一方で幕府は、日本が外国の戦力に太刀打ちできないことは十分理解していた。そこで、外国に対抗できるよう安政の改革を断行し、洋式軍艦の製造と鉄製の大砲製造のための韮山《にらやま》反射炉の建設を決め、洋学所と長崎海軍伝習所を設立して近代化を進めていたのである。

第二章　安政五ヶ国条約とその影響

二－一　ハリス来航と開国政策

　アメリカ総領事タウンゼント・ハリスが八月一二日（七月一二日）にサン・ジャシント号で香港を出港した。ハリスは香港滞在中にイギリス香港総督ジョン・ボーリングと会見し、清《しん》とのアロー戦争が片付けば日本に通商要求のため艦隊を派遣《はけん》する考えであることを知った。これは、新興国のアメリカにとっては脅威《きょうい》だった。

　九日後、ハリスは下田に来航し、下田奉行に上陸を拒否されたが、通訳のヘンリー・ヒュースケンと清国《しんこく》人《じん》の従僕五名を従えて九月三日（八月五日）に上陸、玉泉寺《ぎょくせんじ》を仮の宿舎とし総領事館と定めた。ハリスは、翌朝早く玉泉寺の前庭に星条旗を揚げた。ちなみに、この当時の星条旗の星の数は三一個だった。ハリスは下田が開港場として不適当だと思ったが、ここを足がかりとして江戸へ上って通商条約を結び、世界に先駆けて日本を名実ともに開国させようと考えていた。

　どうやらアメリカだけでなくオランダも動き出したようで、ファビウス中佐が九月一三日（八月一五日）

に軍艦メデューサ号で箱館に来航した。ここで箱館奉行・堀利熙《としひろ》は、通商や法律などについて話し合い、メデューサ号に乗船して軍艦の機関や小銃演習などを見学した。堀利熙は開明的な人物で、開国に向けて実りある会談になったものと思われる。

そんな中、目付・岩瀬忠震《ただなり》が九月二二日（八月二四日）に下田出張を命じられた。そこへ、ファビウス中佐が、九月二九日（九月一日）に下田に来航し、この三日後、岩瀬忠震と下田奉行・井上清直が下田奉行所で会談した。

会談内容は、開国すればどうなるか、関税や中継貿易や輸出品について具体的に話し合われた。箱館はロシアとアメリカの中継貿易港として有望なこと、それに比べて下田港が良港でないこと、そして、領事が買いたい物を奉行所に届け出て日本側が買い与えていることについて、領事が買いたい物を買いたい時に買えるようにすることが敬意を払った取り扱いであり、ハリスのような領事は高級官吏《かんり》として敬意をもって接しなければならない、といったことも話し合われた。

また、長崎奉行所で行なわれている踏絵こそが名誉を傷つける慣習であり、止めるべきだとも話し合った。そして、メデューサ号の内部と小銃演習も見学したことから、二人は、開国こそが日本のとるべき道であると確信したのである。

それにしても、ファビウスは視察とはいえ開港している箱館と下田を廻り開国を進めているが、この時に幕臣の中でも開明的な人材として、長崎に川村修就《ながたか》、永井尚志《なおゆき》、岡部長常、箱館に堀利熙、下田に井上清直と岩瀬忠震らがいたのは、老中・阿部正弘の人選である。

ハリスは滞在中、何度も両替を要望していた。ファビウスが言うように自由に買い物が出来るようにするには両替が必要で、貨幣交換レートを決める必要が出てきた。これについて下田奉行は、一〇月七日（九月九日）にハリスと協議した。ハリスは、アメリカの一ドルに対して日本の一分が同価とされていたが、アメリカ側の検査結果で一ドル銀貨の銀の重量は一分銀の三倍あることで不審を表した。幕府は、日本では貨幣の価値は政府の極印《ごくいん》で決まるため、外国のような重量比ではないと説明した。

一八三七年（天保八年）に初めて発行された天保一分銀は、銀貨でありながら額面が記載された表記貨幣で、銀の含有量がかなり少量であるも一分の価値があるとされ、一分銀四枚は小判一枚と両替できた。幕府は、取引を金貨で行なえば問題ないと言ったが、この当時の貿易は銀による取引が主流だった。

一ドル銀貨の銀の含有量と小判の金の含有量を金銀の価格差から計算すると、小判一枚と一ドル銀貨四枚が同等となる。銀の含有量から計算すると、一ドル銀貨は一分銀三枚と同等で、四枚の一ドル銀貨は一二枚の一分銀と交換でき、日本の貨幣制度より一二枚の一分銀は三枚の小判に両替できる。

これを海外市場で取引すると、三枚の小判は一二枚の一ドル銀貨を得ることとなり、四枚の一ドル銀貨が両替によって三倍の一二枚になるという現象が起きるのである。これでは小判、要するに金が海外に流出することとなり、長崎出島貿易で金銀銅の流出に長年悩まされていた幕府は敏感だった。

そうしていると、勘定奉行・川路聖謨《としあきら》、水野忠徳、目付・岩瀬忠震が一〇月一五日（九月一七日）に海防参与・徳川斉昭《なりあき》を訪問し、通商許可を説得した。幕府は、徳川斉昭に了解してもらい一気に開国しようと考えたが、徳川斉昭は藩の執政で尊皇攘夷派の武田耕雲斎《こううんさい》により尊皇攘夷運動を支持され、この頃より朝廷に書簡を頻繁《ひんぱん》に送って攘夷論を説き、幕閣には開国反対の意見書を提出していた。

そんな折、尊皇攘夷派の小浜藩浪士の梅田雲浜《うんぴん》はペリー来航の頃より上京し、公家《くげ》を周旋して攘夷運動を行なっていた。その中での徳川斉昭《なりあき》の攘夷論の書簡は、パンドラの箱を開けることとなったのかもしれない。

一八五六年一一月二日（安政三年一〇月五日）、目付で長崎海軍伝習所総取締・永井尚志《なおゆき》は海外留学生派遣を上申した。これは、伝習所の生徒達から海外渡航を嘆願《たんがん》され、この上申により失脚するまでは自分が、失脚したら海防掛《かいぼうがかり》の勘定奉行・水野忠徳や目付の岩瀬忠震《ただなり》や木村喜毅《よしたけ》（一八三〇〜一九〇一）に託してでも行なうと断言していた。

岩瀬忠震は一八五七年一月一五日（安政三年一二月二〇日）、江戸城内で宇和島藩主の伊達宗城《むねなり》（一八一八〜九二）に、「今の情勢では日本から積極的に乗り出さざるを得ない。条約も通商も武備も航海術もこちらから海外に出て実地検分し、諸藩からもどんどん行くようにならなくては我国の国威振興は覚束《おぼつか》ない。不《ふ》肖《しょう》ながら自分はその鏑矢《かぶらや》となって海外渡航を申し立てるつもりである」と述べている。

このように、開明的な幕臣たちは海外渡航を望んでいた。私は、岩瀬忠震は鎖国日本を開国に導いた中心人物だと思っている。彼は、木村喜毅とは昌平黌《しょうへいこう》に同期入学し、目付から箱館奉行になった堀利煕《としひろ》とは、共に同年に昌平黌の学問吟味で乙種及第《きゅうだい》した秀才で、甲種及第の永井尚志とは大親友だった。そして、彼らを異例の速さで目付に抜擢《ばってき》したのが阿部正弘で、開国を密かに準備していた。慧眼《けいがん》の一言である。

幕臣たちの開明的態度

そして、長崎海軍伝習所第一期生の卒業式が一八五七年三月二六日（安政四年三月一日）に行なわれた。三日後、卒業生たちは海路組と陸路組に分かれて江戸に向けて長崎を出発した。海路組は船将に矢田堀景蔵を指名し、観光丸で江戸に向けて長崎を出港した。

船将候補の永持亨次郎は、願い出て二月六日（一月一二日）に長崎奉行支配吟味役に任命されていた。永持亨次郎は優秀な成績だったようだが、実務を選んだのである。

もう一人の勝麟太郎は、佐久間象山《しょうざん》に宛てた手紙で「算数に弱く、航海術が理解できずに大いに困っている」と記載していた。航海術には三角関数や微分積分などの高等数学が必要だが、勝麟太郎は掛け算、割り算すら出来ない数学音痴だった。それに、すぐに船酔いする体質で船乗りとしては不適格だったため、成績不良により残された。

どうやら勝麟太郎は、阿部正弘のブレーンとなった大久保忠寛に気に入られたため、この引きによって抜擢されただけだった。しかし、本人は断ったと言っているが、徒目付《かちめつけ》となり長崎伝習所で諜報活動をしていたため成績は問題視されなかったのではなかろうか。

また、長崎海軍伝習所総取締・永井尚志は卒業生とともに江戸に戻り勘定奉行に就任した。その後は目付・木村喜毅が長崎海軍伝習所総取締に就任した。

四月一日（三月七日）、アメリカ総領事ハリスが三度目の出府の要求書を幕閣に提出した。幕府は、ハリスの意思を抑えがたいと観念して出府を許すこととし、要望について従来のぶらかし的な態度を改めて誠意をもって交渉にあたるよう下田奉行に訓令した。

ハリスの出府を決めた幕府は、政事を大変革すべき時期だが国内には反対意見もあり、人心一致は大切で衆議を尽くし良い方向に持っていきたいため、考えのある者は腹蔵《ふくぞう》なく意見を述べるよう言い放った。

老中首座・堀田正睦《まさよし》は、欧米列強と戦争をすれば勝ち目はなく、武備を整えて強くするにはどうすれば良いのか。それは、国力を養《やしな》い人民の士気を振るわせることで、強兵の基礎は富国であり、富国のためには貿易であると述べた。

目付・岩瀬忠震《ただなり》のものと思われる答申書が提出された。それは、「西洋事情探索の者を派遣し、国内諸港の法令を整備して、関税を決定し、外国貿易を開始し、各大名にも藩の特産品を輸出させて利益を得させ、在留外国人の出府を許し、彼らの言説《げんせつ》の真偽を見抜いて見分《けんぶん》を広め、和親の国々に官吏《かんり》を常駐させる。

それと供に留学生を学ばせ、我国からも万国に航海して輸出の利益を収め、世界で信義のある強国と交際を深め、孤立弱力の国を助け、国内では文武を練《ね》り道徳を教え、蝦夷地《えぞち》開拓に一層の努力を注ぎ、天帝に代わって忠孝信義《ちゅうこうしんぎ》の風を以て貪婪《どんらん》虎狼《ころう》の欲を改めさせ五大洲《ごだいしゅう》中の一帝となる。

このような覚悟で事に当たって頂き、追々《おいおい》金銀銭の品位を上げて、外国に対していささかも恥じるところのないように致したいと存じます。堀田様には、以上の事を右顧左眄《うこさべん》なく実行して頂き、後々まで明君、賢相と仰がれるようになって頂きたい。今、日本全国の安危は堀田様にかかっております。御英断をお願いします」というものである。

こうした意見に触れれば、日本の夜明けが近づいていると感じられたのではないだろうか。開明的な賢者は、幕閣や幕臣たちの中に多数いたのである。

下田では、ハリスと下田奉行・井上清直、中村時万《ときかず》の間で薪水給与《しんすいきゅうよ》や回比率などの問題を巡り日米和親条約を修補するための交渉が行なわれ、六月一七日(五月二六日)に下田協約が調印された。

その一方で、長崎の外国人待遇の改革、貿易の調査のため勘定奉行・水野忠徳と目付・岩瀬忠震が七月二〇日(閏五月二九日)、長崎に到着した。早速、オランダ商館長クルティウスと国際情勢など多岐《たき》にわたって会談することとなる。

すると三日後、長崎造船所の資材がオランダより到着した。これは、永井尚志《なおゆき》が幕府に無断で注文したものである。そこで、水野忠徳は勘定奉行宛てに、岩瀬忠震は大小目付宛てに、八月一〇日（六月二一日）に書簡を送った。岩瀬忠震の書簡に、永井尚志が無断で発注したことなど訴《うった》えるどころか、長崎よりも江戸か箱館近郊に造船所建設を希望する上申書となっていた。

これと同時に、岩瀬忠震による香港渡航申請が届き、将軍及び評定所に上申され、一〇月五日（八月一八日）に大評議が行なわれた。ここで、海防掛の勘定奉行たちは渡航に反対したが、岩瀬忠震をよく知る大小目付の面々は彼の熱意に感動し、老中たちに「行かせてやってほしい」とさんざん掛け合ったが、老中・阿部正弘が亡くなっていたことで、上手く話をまとめる人物がいなかった。

岩瀬忠震は、ここで認められなかったからといって密航するような愚か者ではないが、何とか合法的に海外渡航できるにはどうすべきか熟慮することとなるのである。

そんな中で、幕府は七月二日（閏五月一一日）に、海軍士官の養成のために築地の講武所内に軍艦操練所を設置した。軍艦操練所の教授陣は長崎海軍伝習所で優秀な成績の卒業生が中心で、矢田堀景三が教授頭となり、小野友五郎（一八一七〜九八）などが教授となった。長崎海軍伝習所の在校生が卒業すれば廃校とし、全面的に江戸で行なうこととなる。これは、長崎は江戸から遠く経費節減が一因である。

二―二　長崎、箱館の近代化と日蘭、日露追加条約

幕府は洋語伝習所を八月（七月）頃に長崎に設立した。頭取はオランダ通詞の楢林《ならばやし》栄左衛門と西吉十郎で、

教師として海軍将校などオランダ人二名とイギリス人が招待され、翌年に長崎英語伝習所と改められた。

そして、幕府がオランダに注文していた三本マストの木造蒸気船で六二〇トンのヤーパン号（咸臨丸《かんりん》）が、九月二二日（八月五日）に長崎に入港した。そこに、艦長カッテンディーケ海軍大尉を隊長とする第二次海軍伝習所教官三七名と軍医のヨハネス・ポンペや海軍機関将校のヘンドリック・ハルデスら長崎造船所の建設要員一一名も同乗していた。

ハルデスの指導の下《もと》、海軍伝習所の対岸にあたる浦上村淵字飽《あく》の浦（現在の長崎市飽の浦町）の約九〇〇〇坪の土地を建設用地として一〇月一〇日（八月二三日）に長崎造船所の建設が着工した。

箱館では、幕府は箱館奉行支配組頭・河津祐邦《すけくに》、調役並・鈴木孫四郎、下役元締・山口顕之進、諸術教授役・武田斐三郎《あやさぶろう》らを一八五六年一二月（安政三年一一月）に台場並亀田役所土塁普請掛に任命していた。箱館奉行所は、五稜郭の入札を行ない松川弁之助らが落札して、築造を一八五七年一〇月四日（安政四年八月一七日）に開始したのである。

長崎では、水野忠徳、荒尾成允《しげまさ》、岩瀬忠震《ただなり》とオランダ商館長クルティウスが一〇月一六日（八月二九日）に四〇ヶ条からなる日蘭追加条約に調印した。これは、水野忠徳と岩瀬忠震が長崎に到着して約三ヶ月の間に何度も会談して成立したものである。

この条約は、自由貿易への移行を前提とした貿易規制の緩和、出島への自由な商人の出入と取引の許可、輸入品に対する三五％の関税規定、箱館においても同様の市場を設置する許可、輸出禁制品は会所取引ほか商人から売渡《うりわたし》を受けない旨《むね》を定めた。その上に、密貿易やアヘン貿易の禁止なども定められた。これは、日本が外国と結んだ最初の通商条約だった。長崎と箱館での交易を許可する条約だったが、横浜や下田での交易については含まれていなかった。

八日後には、水野忠徳、荒尾成允、岩瀬忠震とロシア使節プチャーチンが日蘭追加条約に準じた形で日露追加条約に調印した。これらは、開明的な老中首座・堀田正睦《まさよし》と次席老中・松平忠固《ただかた》が主導して開国へと舵を切っていたのである。

それから、ヨハネス・ポンペの西洋医学の講義が一一月一二日（九月二六日）に長崎奉行所西役所内の一室で始まり、松本良順《りょうじゅん》や司馬凌海《りょうかい》ら一二名が医学伝習生となった。ここでポンペが作った講義時間表により、物理学、化学、包帯学、解剖学、組織学、生理学、治療学、調剤学、内科学、外科学、眼科学の順に、時間があれば法医学、医事法制、産科学の講義が進められ、近代医学教育がスタートしたのである。

下田では、ハリスが陸路で江戸に向けて一一月二一日（一〇月五日）に下田を出発して、七日後に江戸に到着して蕃所調所《ばんしょしらべしょ》に入った。

これに先立って、下田奉行・井上清直が江戸に来て蕃書調所の座敷をハリスの宿舎に当てることとして改修していた。ハリスが各部屋を案内されると、寝台や椅子、食卓、それに便所や浴室までもが、下田のアメリカ総領事館のものに似せて作ってあったという。蕃書調所とは、幕府は洋学所を約二年前の一八五六年二月（安政二年一二月）にこう改名していたのである。

箱館では、箱館奉行・堀利煕《としひろ》が続豊治《つづきとよじ》に命じていた箱館丸が竣工し進水式が行なわれた。箱館丸は二本マストの洋式帆船で、設計は続豊治による外国船調査のデータと、箱館商人の渋田利右衛門所蔵の洋書を参考にしたが、外国人の協力を受けないで行なわれた。幕府は、開国に向けて大きく舵を切ったのである。

二—三　日米修好通商条約と朝廷折衝

アメリカ総領事タウンゼント・ハリスが一二月七日（一〇月二一日）に江戸城に登城して将軍・徳川家定に謁見し、アメリカ大統領フランクリン・ピアースの親書を読みあげた。ハリスは風邪を押して登城したのがたたり、夜に高熱を出し侍医《じい》・伊東貫斎《かんさい》の診察を受けた。

翌日、ハリスは堀田正睦《まさよし》に対し、日本の利害に関わる重大事項について閣老に伝えたいという手紙を書き、病気見舞いにやってきた井上清直に託した。すると、堀田正睦は全快したハリスを一二月一二日（一〇月二六日）に自邸へ引見し、使節御用掛の林復斎《ふくさい》、筒井政憲、土岐頼旨《ときよりむね》、川路聖謨《としあきら》、井上清直、鵜殿長鋭《うどのながとし》、永井尚志《なおゆき》、塚越元邦の面々も同席した。

ハリスの演説は二時間を超える長いものだったが、堀田正睦は深い関心をもってこれを傾聴し、理解できない時には熱心に質問した。それに、使節御用掛の錚々《そうそう》たるメンバーも同席していたことは大いに価値がある。

その一方で、長崎から江戸への途上の岩瀬忠震《ただなり》は、鵜殿長鋭と永井尚志からハリスの演説内容の書簡を一八五七年一二月二一日（安政四年一一月六日）に天竜川付近で受け取り、その日の夜に上申書の「亜墨利加《あめりか》使節言上仕候《つかまりそうろう》儀《ぎ》に付申上候書付《つきもうしあげそうろうかきつけ》」を書き上げた。

その内容の概略を紹介すると、「貿易章程は今回の長崎における対蘭、対露条約で基本は出来ているので心配ない。そして開港場については、プチャーチンも下田港の変更を何度も要求したので、いずれ他の国も同様に主張するだろう。江戸や大坂の大都市を希望してくると思われるが、大坂は京都に近く、議論が沸騰し何か変事が起こるだろうから見合わせた方が良い。江戸と言っても品川では良港とは言えず、横浜を開港して、外国官吏《かんり》は神奈川に居住すればよい。なお委細は江戸に戻って申し上げます」となっていて、日米修好通商条約の締結は決まっているかと思ってしまう内容で、これを老中宛てに急送した。

すると、長崎出張から江戸に帰った水野忠徳が、一八五八年一月二日（安政四年一一月一八日）に岩瀬忠震の上申書の横浜開港に異議を唱《とな》え、開港場は江戸から遠い方が良い、しかし大坂は京都に近く、そのため田舎であればその心配もなく、下田開港をハリスにも納得させるしかない。せめて浦賀で止めるべきであるとした消極的な上申書を提出した。

下田奉行・井上清直と目付・岩瀬忠震が一月一七日（一二月三日）にハリスとの交渉の全権委員に任命され、勘定奉行・水野忠徳は田安家家老に異動し外国交渉の第一線から外《はず》された。これは、老中首座・堀田正睦と次席老中・松平忠固《ただかた》が海防掛《かいぼうがかり》を開明的な開国派に一新したためである。

第一回日米条約談判が一月二五日（一二月一一日）に蕃書調所《ばんしょしらべしょ》で行なわれた。二人は、下田奉行所でオランダのファビウス中佐から世界情勢や開国の必然などを教えられ、岩瀬忠震は、日本初の通商条約である日蘭追加条約に調印していた。これに基づきハリスとの条約談判がスタートした。

条約談判に伴い、幕府は条約締結には勅許《ちょっきょ》が必要と考え、儒者・林復斎《ふくさい》と目付・津田正路《まさみち》が二月八日（一二月二五日）に京都に到着して、京都所司代の本多忠民《ただもと》と会談し、幕府より預かった書簡を朝廷に届ける旨《むね》を伝えた。それで、一八五八年二月一二日（安政四年一二月二九日）に、本多忠民、林復斎、津田正路が、武家伝奏の東坊城聡長《ふさなが》と広橋光成《みつしげ》と会うも、老中首座・堀田正睦を上京させることとなる。

前水戸藩主・徳川斉昭《なりあき》の書簡や尊皇攘夷《そんのうじょうい》派《は》の周旋などによって、国際情勢に無頓着《むとんちゃく》な公家《くげ》たちにも攘夷思想が広まっており、開国のための条約締結について納得のいく説明が出来なかったため、「お前らじゃよう分らん、責任者をよこせ」となったのである。

この日の江戸では、将軍・徳川家定が大廊下《おおろうか》、溜之間《たまりのま》、大広間詰《おおひろまづめ》の諸侯に臨時登城を命じて、老中首座の堀田正睦《まさよし》に貿易開始の理由を演説させ、これまでに決めていた条約文を提示させた。ここで開国を主張したのが津山藩主・松平慶倫《よしとも》、柳河藩主・立花鑑寛《あきとも》らがいたが、逆に条約を拒絶したのは、川越藩主・松平直侯《なおよし》と久留米藩主・有馬慶頼《よしより》の二名だけで、ほとんどは現状維持を希望するだけのガチガチの保守派だった。堀田正睦は、諸侯がこのありさまでは開国を断行するわけにはいかないと思った。

堀田正睦は、前水戸藩主・徳川斉昭《なりあき》が納得すれば諸侯も渋々でも納得するだろうと考えた。そこで、勘定奉行・川路聖謨《としあきら》と永井尚志《なおゆき》に命じて、徳川斉昭に条約締結が止むを得ないことの説明をさせたが、徳川斉昭は大反対だった。であれば、天皇の承認となる勅許《ちょっきょ》をもって強行突破を考えるようになるのである。

日米条約談判は、一八五八年二月一七日（安政五年一月四日）には第一一回目となりまとまりかけていたが、井上清直と岩瀬忠震《ただなり》は、条約調印には天皇の承認が必要と述べ、四月一八日（三月五日）までの延期を要請した。二人の説明を聞いたハリスは渋々了解した。

幕府は堀田正睦に対し、日米通商条約調印の勅許請求のための上京を二月二一日（一月八日）に命じ、翌日には、上京する堀田正睦の随行を川路聖謨と岩瀬忠震に命じた。そこで、彦根藩主・井伊直弼《なおすけ》に命じられた藩士・長野主膳が堀田正睦の上京に先んじて、幕府をバックアップするため二月二四日（一月一一日）に江戸を発《た》った。

翌日には第一四回日米条約談判が行なわれ、日米修好通商条約一四ヶ条と貿易章程七則《ぼうえきしょうていしちそく》が完成したが、ハリスは四月一八日（三月五日）まで待機することとなった。

条約勅許と将軍継嗣問題

福井藩主・松平春嶽《しゅんがく》は、三月五日（一月二〇日）に堀田正睦を訪問し、将軍継嗣《けいし》に徳川慶喜《よしのぶ》の推挙《すいきょ》について会談した。堀田正睦はバリバリの開国派だが将軍継嗣については、この時代の常識の範囲として南紀派だった。

この日に岩瀬忠震が、翌日には堀田正睦が京都に向けて出発した。そして、ハリスは幕府の蒸気船の観光丸に乗って品川を出航した。ここでハリスは、日本に蒸気船があり、それを日本人が操縦していることに大変驚いたようである。幕府の近代化は着実に進んでいたのだ。

翌日、ハリスは下田に到着すると重体となり、幕府は蘭医・伊藤貫斎《かんさい》を派遣したが、数日間は危篤状態となった。ハリスが下田に着いた日に川路聖謨が京都に向けて発ち、長野主膳は京都に到着した。長野主膳は九条家家士の島田左近《さこん》と三月八日（一月二三日）に会い、堀田正睦の調印勅許《ちょういんちょっきょ》の獲得を依頼した。

その一方で、福井藩士・橋本左内《さない》が土佐藩主・山内容堂《ようどう》（一八二七〜七二）に面会し、内大臣・三条実万《さねつむ》宛ての直書《じきしょ》を預かり、藩主・松平春嶽の命で三月一一日（一月二六日）に京都に向けて江戸を発《た》った。

入京した川路聖謨が、三月二二日（二月八日）に中川宮《なかがわのみや》に土産物を贈ったが、中川宮は将軍継嗣では徳川慶喜を支持したものの、通商条約の勅許には反対した。翌日、堀田正睦が参内して日米通商条約調印の勅許を奏請《そうせい》したが、大勢は開国に賛成とも反対とも決められなかった。朝廷では太平の世を作った幕府に感謝こそすれ、政策には理論的な根拠を持ち合わせていなかったのである。

入京した橋本左内《さない》は、三条実万《さねつむ》に謁見して山内容堂《ようどう》より預かった書簡を渡し、海外事情の切迫により開国の必要性を説いて、その為に将軍継嗣《けいし》問題では英邁《えいまい》な徳川慶喜《よしのぶ》を推薦した。しかし、攘夷派の三条実万は一筋縄ではいかなかった。

堀田正睦《まさよし》は、朝廷の武家伝奏、議奏との会談を四月四日（二月二一日）に行なった。ここで決めないとハリスとの約束の期日に江戸に戻ることが出来ないが、結論は出なかった。翌日、朝廷は日米修好通商条約の勅許《ちょっきょ》を奏請《ほうせい》した堀田正睦に対して、改めて宗論一和の上で勅許を求めるように沙汰《さた》を下した。これでは約束の期日に間に合わない。

すると、病気療養を終えたハリスが、幕府の観光丸に乗船し下田を出港して、四月一六日（三月三日）には江戸に到着し蕃書調所《ばんしょしらべしょ》に移動した。しかし、堀田正睦が京都から帰って来ず、不安と焦燥《しょうそう》の念にかられながら日一日と堀田正睦の帰りを待ちわびることとなった。

京都では、関白・九条尚忠《ひさただ》が勅許《ちょっきょ》を与えるべきと主張し、四月二五日（三月一二日）に朝廷に議案を提出したところ、中山忠能《ただやす》や岩倉具視《ともみ》（一八二五〜八三）ら八八名の公家《くげ》が条約案の撤回を求めて抗議の座り込みを行なった。これに続いて、壬生輔世《みぶすけよ》ら地下官人《じげかんじん》九七名の条約案撤回を求める意見書が提出された。

これを聞いた京都西町奉行・浅野長祚《ながよし》より知らせが届いた。それで、堀田正睦、川路聖謨《としあきら》、岩瀬忠震《ただなり》の三人は黄昏時《たそがれどき》まで話し合ったが見通しは立たなかった。地下官人とは、朝廷に仕える廷臣のうちで、御所の清《せい》涼殿殿上間《りょうでんてんじょうのま》に上がれないものを地下家と呼んでいた。逆に上れるものを堂上家と呼んでいた。

それでも堀田正睦は、勅許を求めて五月三日（三月二〇日）に参内した。孝明天皇は勅許の不可を下したが、諸侯の賛同を得られれば勅許を与えて良いとも言った。元は諸侯の賛同を得るための勅許だったが、あべこべになってしまったのだ。

四日後、橋本左内が目付・岩瀬忠震と徒目付《かちめつけ》・平山敬忠《よしただ》と夜遅くまで会談した。三人は、公家や武家の古い考えを破るには徳川慶喜の将軍継承を実現し、その勢いで開国に持ち込むしかないと意見が一致した。この翌日、岩瀬忠震は平山敬忠を伴って江戸へ向かった。これは、岩瀬忠震を先に帰して、ハリスとの約束期日オーバーを幕閣にいち早く説明させるためである。

堀田正睦は、「公家方《くげがた》は国際情勢が分からず、何度説明しても埒《らち》が明《あ》かない、返答はその場だけで朝廷全体には届かない。詳しいことは先に帰らせた岩瀬忠震から聞かれたい」との書簡を五月一〇日（三月二七日）に江戸へ送った。

六日後、岩瀬忠震が江戸に戻り、この翌日に堀田正睦と川路聖謨が京都を出発した。条約勅許を得て保守派の諸侯たちを押さえつけるはずが、逆に堀田正睦の方が弾き飛ばされてしまった。

江戸では、井上清直と岩瀬忠震が、五月二〇日（四月八日）に蕃書調所にハリスを尋ねて、堀田正睦の書面を持参し京都の事情を説明した。それは、京都では堀田正睦を暗殺しようとする陰謀もあり、壁々に彼の生命を脅かす貼紙がされているような状態で、天皇は条約に反対だが諸侯の賛同があれば賛成してくれる。堀田正睦が帰府次第正式に説明するのでよろしくといったようなことだった。ハリスは怒りをぐっと抑えて幕府の回答をもうしばらく待つことにした。

帰府した橋本左内が五月二六日（四月一四日）に岩瀬忠震邸を訪問した。岩瀬忠震は、海防掛《かいぼうがかり》一同の建議として、第一に将軍世子に賢明の君を建て、第二に老中の上に立って議を決する宰輔《さいほ》の人を置かなければ治まらないと述べると、閣老たちも堀田正睦の帰りを待って決めるとのことだった。その宰輔の任については松平春嶽《しゅんがく》を措《お》いて他にはない。であれば、次期将軍は徳川慶喜《よしのぶ》となり、開国に向けて一本化できるであろうと語った。これに橋本左内《さない》も同感だった。

橋本左内は五日後にも訪問し、岩瀬忠震《ただなり》は、目付たちと徳川慶喜の世子決定、松平春嶽の宰輔《さいほ》就任の段取りを決め、幕閣では堀田正睦《まさよし》の帰りを待って一橋世子を決める予定である。そこで、諸侯を集めて条約について再度訪ね、次にハリスを呼んで調印し一橋世子を決め、最後に宰輔を決めるつもりで、京都にはアメリカと戦争となることは避けねばならないために調印したと報告する。海防掛《かいぼうがかり》一同からは松平春嶽を宰輔にと閣老たちに上申していると語った。

後に橋本左内は、福井藩参政・中根靱負《ゆきえ》（一八〇七～七七）にこの話をした時に、岩瀬忠震の才幹知略《さいかんちりゃく》は当代きってであり雄弁で度量が大きく、自分のような若輩《じゃくはい》にも友人のように重大事を率直に話され、日本全国の形勢などのことも腹蔵《ふくぞう》なく議論されると感心している。

翌日、堀田正睦と川路聖謨《としあきら》が江戸に戻った。堀田正睦は京都で一橋派に変わったと思われる。翌朝早く松平春嶽が将軍継嗣《けいし》について堀田正睦を訪問すると、大老就任を打診された。それで、堀田正睦は登城して幕閣と会談し、次期将軍は徳川慶喜に決め、一二代将軍・徳川家慶《いえよし》の従兄弟《いとこ》の松平春嶽を大老に就けたい旨《むね》を将軍に上申したいと発言すると、誰も反対しなかった。

これで堀田正睦は、将軍・徳川家定に復命し、松平春嶽を大老に就《つ》けたいと述べたところ、徳川家定が、家柄からも人物からも大老は彦根藩主・井伊直弼《なおすけ》しかいないと言った。これにより将軍周辺の南紀派が動き、井伊直弼が六月四日（四月二三日）に大老に任命された。この当時の慣例では、大老は彦根藩の井伊家か姫路藩の酒井家が順当であった。

そうすると、勘定奉行・永井尚志《なおゆき》、目付・鵜殿長鋭《うどのながとし》、岩瀬忠震は江戸城で老中たちと面会し、「今の情勢だから老中の上に誰かを据《す》えるのは理解できるが井伊直弼はその器ではない。どんなお考えがあってあんな人を推薦したのか」と詰問したというのである。それで老中たちは、はっきりとした回答が出来ず三人は呆《あき》れてしまったという。

その後三名は大老・井伊直弼にも対面し、井伊直弼が「兵庫開港を止《や》めないと叡慮《えいりょ》が立たない」と言ったので、兵庫開港の必要と必然、その利害得失《りがいとくしつ》をあからさまに言ってのけると、井伊直弼は「そういうことならば仕方がない」と言って黙ったという。叡慮が立たないとは、天皇の考えに添《そ》わないということだが、これまた三名とも呆れてしまったようである。井伊直弼は、基本的には元の幕藩体制に戻すことを望むガリガリの保守派で、キリスト教を嫌い、外国人と接触することを嫌っていた。

日米修好通商条約の締結

翌日、堀田正睦はハリスを自邸に招《まね》き京都の事情を告げた。ハリスは、条約調印がこのように遅れることは諸外国ではありえない。幕府で出来ないのであれば権威のある人のところに赴《おもむ》いて相談するしかないと言ったが、堀田正睦が開国に前向きであることに鑑《かんが》み、日を改めて井上清直と岩瀬忠震の両名と相談しようと妥協案を示した。

この二日後、二人がハリスと会談し、調印までに三ヶ月の日延べを希望した。二人はハリスの要望により、調印の延期願いの老中念書を六月一二日(五月二日)に提出し、条約の変更やこれ以上の期限延期はないと約束した。これで、渋々納得したハリスは下田に向けて江戸を発《た》った。

すると、アメリカ軍艦ミシシッピー号が七月二三日（六月一三日）に下田に入港した。そして、イギリスがすでにインドの叛乱《はんらん》を鎮定し、またイギリスとフランスの連合軍が清《しん》を完全に制圧、その余勢を駆って連合の大艦隊を編成し、鉾先《ほこさき》を日本に向けてシナ海を航行しつつあり、ロシアの艦隊もこれに続いて至《いた》るであろうと伝えた。

翌日ハリスは堀田正睦《まさよし》へ書簡で危難が眼前に迫ったことを伝え、この事態こそ条約の成立にとってまさに乗《じょう》ずべき外交的契機であると見てとった。そこへポーハタン号が下田に入港してきたのである。

ロシア使節プチャーチンが七月二六日（六月一六日）に下田に入港すると、翌日、ハリスはポーハタン号で出航し、堀田正睦に手紙を送って幕府高官の来艦を求めた。幕府は、井上清直と岩瀬忠震《ただなり》に命じて交渉に当たらせることとした。

二人は、翌日の夜半にポーハタン号に乗りつけてハリスに会い、約束の期日前に調印することは国内の紛争を激化する恐れがあるため不可能だと述べると、ハリスは、列強国が迫っていることを説明し、危難の到来する前に最も公正にして妥当な条約の調印を済ませて諸大国もこの条約に倣《なら》わせた方が賢明だと述べた。

これを聞いた二人は、開国の好機至《いた》れりとし、急ぎ立ち帰って閣老にこの旨《むね》を報告して幕議の決断を求めた。これにより、七月二九日（六月一九日）に閣議が開かれ、井伊直弼《なおすけ》は最後まで勅許《ちょっきょ》優先を主張したが、開国派の老中・松平忠固《ただかた》は即時条約調印を主張した。すると、幕閣の大勢は松平忠固に傾き、勅許派は若年寄・本多忠徳のみで井伊直弼は孤立した。

そこで井上清直と岩瀬忠震は、止《や》むを得ない場合は調印していいか尋ねると、井伊直弼は、その場合は致《いた》し方ないが出来るだけ引き延ばすようにと回答した。これはダメとは言われてないわけで、二人はすぐに将軍・徳川家定の裁可を仰いで神奈川沖の小柴（現在の八景島周辺）のポーハタン号に赴《おもむ》き、艦上で日米修好通商条約を締結した。これは、七月二九日（六月一九日）午後三時頃のことであった。

この条約が後に不平等条約と言われた理由の一つが、第六条の「日本人に対し罪を犯したアメリカ人は、領事裁判所にてアメリカの国内法に従って裁かれる」である。ただ、長崎貿易で日本人と外国人のトラブルにおいては、日本人は日本の法律で、外国人は各々《おのおの》の国の法律で裁くこととなっており、それは成文化されてないものの、当たり前であると理解されていた。罪人を自国の法律で裁くことは、この当時の日本人の誰もが納得するものだった。

もう一つ、日本に関税自主権がなかったことも不平等条約と言われる理由だが、同条約で定められた関税率は、衣服、家財は無税、漁具、建材、食料などは五％の低率関税だったが、それ以外は二〇％で、酒類は三五％の高関税だった。この当時の西欧の国同士も概《おおむ》ね二〇％であり、不平等条約というほどではない。

ハリスは、「井上と岩瀬は綿密に逐条《ちくじょう》の是非を論究して私を閉口させることもあった。……懸《か》かる全権を得たのは日本の幸福だった。彼《か》の全権等は日本の為に偉功ある人々である」と、当時の交渉のことを書き残している。

二―四　安政五ヶ国条約と戊午の密勅

幕府は八月二日（六月二三日）、下総《しもうさ》佐倉藩主・堀田正睦の老中職を罷免して蟄居《ちっきょ》処分とし、信濃《しなの》上田藩主・松平忠固の老中職を更迭し隠居、蟄居とした。大老・井伊直弼は、条約調印当日に完全に孤立したため、福井藩主・松平春嶽《しゅんがく》のもとを訪れ、二人の老中の失脚の協力を依頼していた。南紀派の井伊直弼《なおすけ》が一橋派の松平春嶽と一時的に手を組んだのである。これに伴い、西尾藩主・松平乗全《のりやす》、掛川藩主・太田資始《すけもと》、鯖江藩主・間部《まなべ》詮勝《あきかつ》が老中に再任された。

日米修好通商条約の無勅許《むちょっきょ》での調印により、一橋家当主・徳川慶喜《よしのぶ》、尾張藩主・徳川慶勝《よしかつ》、前水戸藩主・徳川斉昭《なりあき》、藩主・徳川慶篤《よしあつ》、福井藩主・松平春嶽が八月三日（六月二四日）に登城して、井伊直弼と討論した。翌日には、将軍・徳川家定が諸大名を招集して紀州藩主・徳川慶福《よしとみ》を将軍継嗣にすると伝えた。そして、不時登城《ふじとじょう》の諸大名の処分を八月一三日（七月五日）に発表した。

その内容は、徳川慶喜と徳川慶勝と松平春嶽は隠居、謹慎。徳川斉昭は謹慎。徳川慶篤は登城禁止である。しかし、徳川慶喜だけは登城日に登城したわけで、該当する処分なら致し方ないが不時登城の処分を受けるのは筋が通らない。それが、この翌日に徳川家定（一八二四〜五八）が亡くなってしまう。

この三日後、幕府は海防掛《かいぼうがかり》を廃止して外国奉行を設置し、外国奉行に下田奉行・井上清直、田安家家老・水野忠徳、勘定奉行・永井尚志《なおゆき》、目付・岩瀬忠震《ただなり》、箱館奉行・堀利熙《としひろ》の五名を任命した。海防掛が外交並びに海防である海軍とそれに伴う施設の整備、軍艦や武器の購入など権限が大きかったため、井伊直弼がこれを嫌い、外国奉行の主な仕事は対外交渉などの実務のみとしたのである。席次は長崎奉行、京都町奉行、大坂町奉行などの遠国奉行の上席だった。

そして、初代総領事となる最後のオランダ商館長クルティウスと外国奉行の永井尚志、岩瀬忠震と江戸在勤の長崎奉行・岡部長常《ながつね》らにより、日蘭修好通商条約が八月一八日（七月一〇日）に江戸で締結された。

翌日、ロシア全権委任大使プチャーチンと、日本側全権の外国奉行・井上清直、永井尚志、岩瀬忠震、堀利熙、目付・津田正路《まさみち》らが江戸で日露修好通商条約を締結した。両国ともに長崎で調印された追加条約は長崎と箱館のみの通商条約で、日米修好通商条約に合わせる形で締結されたのである。

そんな中、薩摩藩主・島津斉彬《なりあきら》(一八〇九〜五八)は、将軍継嗣《けいし》問題で敗れたため藩兵五〇〇〇名を率《ひき》いて抗議の上洛を計画していたが、城下で練兵観覧《れんぺいかんらん》の最中に発病し八月二四日(七月一六日)に死去した。異母弟の島津久光(一八一七〜八七)が固辞したため久光の長男の島津忠徳が後を継いだが、若輩のための後見役就任も久光が固辞したので、近代化を嫌っていた前藩主の島津斉興《なりおき》が就任し藩政を掌握《しょうあく》した。島津斉興は、島津斉彬が推進し藩財政を圧迫していた近代化の基盤を、全て取り止めたのである。

江戸では、幕府は日英修好通商条約を八月二六日(七月一八日)に締結した。イギリス全権代表はエルギン伯爵で、日本側は外国奉行・井上清直、水野忠徳、永井尚志、岩瀬忠震、堀利熙、目付・津田正路、通訳・森山栄之助らである。

各国の条約締結を受けて、井上清直、永井尚志、堀利熙、岩瀬忠震、津田正路が九月一〇日(八月四日)に各国の通商条約で開港する神奈川の調査に赴《おもむ》いた。東海道の宿場町の人家の多い神奈川の開港に難色を示し横浜開港が発案されたが、岩瀬忠震は条約に神奈川開港と明記していたことで拒否していた。

京都には、日米修好通商条約に関する奉書《ほうしょ》が、調印八日後の八月六日(六月二七日)に届いた。翌日の評議で関白・九条尚忠《ひさただ》に下した宸翰《しんかん》(天皇自筆の文書)は譲位《じょうい》の意思を示していた。譲位とは、天皇が位《くらい》を譲ることである。これに驚いた一同は、関東より御三家並びに大老を上京させて事態の顛末《てんまつ》を説明し、諫《いさ》めることとした勅書《ちょくしょ》を江戸に送った。幕府は、井伊直弼は多忙により、御三家の当主は処罰したため上京はできないということで、老中・間部詮勝を上京させるとした答書を送った。

すると、孝明天皇は近衛忠熙《ただひろ》に再び譲位《じょうい》の意思を示した宸翰《しんかん》を下し、関東へ送るよう命じた。内覧の権限を持つ九条尚忠《ひさただ》が朝議に出なかったため、近衛忠熙らは朝議における内覧を経《へ》ないで幕府と水戸藩へ御趣意《ごしゅい》書《しょ》を出すことを決定した。

武家伝奏《ぶけでんそう》・万里小路正房《までのこうじなおふさ》より九月一三日（八月七日）の深夜に水戸藩京都留守居役・鵜飼《うがい》吉左衛門に九月一四日（八月八日）付の戊午《ぼご》の密勅《みっちょく》が下ったが、持病の悪化で息子の幸吉が代わりに受領して東海道を潜行し、同時に水戸藩士・日下部伊三次《くさかべいそうじ》が密勅の写しを受けて中山道《なかせんどう》より下行した。

それが、禁裏付《きんりづき》・大久保忠寛は、幕府宛の勅諚《ちょくじょう》を九月一六日（八月一〇日）に受け取り、直ちに江戸に送付した。戊午の密勅とは、この年が干支《えと》で戊午（つちのえうま）だったことと、関白・九条尚忠の裁可を得ない正式なものではなかったためにこう呼ばれた。

この日の江戸では、薩摩藩士・西郷吉之助（後の西郷隆盛）が水戸藩家老・安嶋帯刀《あじまたてわき》を訪問し、清水寺の僧侶の月照《げっしょう》らが画策《かくさく》する密勅降下について報告して協力を求めたが、藩状の混乱を理由に断られた。すると、鵜飼幸吉と日下部伊三次が江戸に到着し、安嶋帯刀が九月二二日（八月一六日）に密勅を受け取り、水戸藩主・徳川慶篤《よしあつ》に献上したが、このことは西郷吉之助から聞いており、この事態に驚愕《きょうがく》した。

幕府は勅諚《ちょくじょう》を九月二五日（八月一九日）に受け取った。二日後、老中・太田資始《すけもと》と間部詮勝《まなべあきかつ》が水戸藩邸を訪問し勅諚を検分した。本来なら幕府に届き、それから諸藩に通達するものだが、水戸藩が先着で、幕府着は三日遅れということで大問題となるのである。

そして、フランス使節グロ男爵と外国奉行・井上清直、水野忠徳、永井尚志《なおゆき》、岩瀬忠震《ただなり》、堀利熙《としひろ》、目付・野々山鉦蔵の六名が一〇月九日（九月三日）に日仏修好通商条約を江戸で締結した。これで、アメリカ、オランダ、ロシア、イギリスとフランスの安政五ヶ国条約が全て締結されたことになる。

この日、老中・間部詮勝が、各国の修好通商条約調印の説明と、事後承認となるがその勅許を得るため、京都に向けて江戸を発《た》った。

二―五　安政の大獄と通商条約の勅許

外国奉行・岩瀬忠震が一〇月一一日（九月五日）に作事奉行に異動した。岩瀬忠震は、唯一安政五ヶ国条約全てに調印した外交畑の第一人者と言っても過言ではないが、井伊直弼《なおすけ》は嫌っていて、一区切りついたと見て外国畑より排除した。また、川路聖謨《としあきら》、井上清直、平山敬忠《よしただ》、浅野長祚《ながよし》、永井尚志、鵜殿長鋭《うどのながとし》などの開明的な幕臣の多くも罰せられた。

井伊直弼は、洋学所を縮小したり、最新の大砲や鉄砲を取入れて軍制改革したものを弓矢や槍を取り入れて旧態依然《きゅうたいいぜん》とした古来の軍備に戻したりするなど改革的政策を嫌い、岩瀬忠震らは井伊を〝でくの坊〟と語っていた。

そして、商人の近藤茂左衛門《もざえもん》が、戊午の密勅を仲介していたことから京都を逃《のが》れるも、一〇月一一日（九月五日）に中山道大津宿（現在の大津市）で捕えられた。これが安政の大獄の始まりと言われている。

そんな中で、幕府は一〇月一三日（九月七日）に日米修好通商条約批准の使節四名の名と、総人数が八八名となることを下田奉行所よりハリスに伝達したが、ハリスは意外にもすんなりと了解し、本国政府に伝達した。この時に、護衛艦と称して日本人のみで太平洋横断訓練を行なうことを決定した。

この日、小浜藩浪士・梅田雲浜《うんぴん》が逮捕される。梅田雲浜は、ペリーが来航すると条約反対と外国人排斥《はいせき》による攘夷運動を訴《うった》えて志士たちの先鋒となり幕政を激しく批判していた。これが摘発されて安政の大獄での二人目の逮捕者となった。これによって危機を悟った西郷吉之助は、近衛家から保護を依頼された月照《げっしょう》に伴って一〇月一七日（九月一一日）に京都を出発した。

二日後、老中・間部詮勝《まなべあきかつ》と彦根藩士・長野主膳が美濃《みの》加納宿（現在の岐阜市加納）で密談し、長野主膳が鵜飼《うかい》吉左衛門、幸吉父子の逮捕を説得した。間部詮勝はこれを了承し、京都に到着すると京都西町奉行・小笠原長常と東町奉行・岡部豊常に鵜飼父子の捕縛を命じた。

これらにより間部詮勝は、尊皇攘夷派の志士の周旋によって多くの公家《くげ》が尊皇攘夷を訴えて開国政策を阻《そ》害《がい》していることを知り、朝廷に条約勅許《ちょっきょ》を得る前に、尊皇攘夷運動の弾圧から始めることとした。そのため、井伊の赤鬼に対し間部の青鬼と呼ばれるようになった。

そうしていると、三条家の家来の飯泉喜内《いいいずみきない》が一〇月二三日（九月一七日）に捕縛された。捕らえてみると自宅からは数多の書類が見つかり、その中に多くの志士との手紙などがあったことから安政の大獄に発展したと言われている。安政の大獄の呼称は明治以降に定着したもので、当時は、こうした経緯から飯泉喜内初筆一件と呼ばれていた。

この六日後、月照、薩摩藩士・西郷吉之助、有村俊斎、北条右門らは、馬関《ばかん》（現在の下関市）に向けて大坂を出港した。西郷吉之助は、出港前には一度京都に戻り隠密行動を取っていたが捜索の手が迫ってきて大坂に再度赴《おもむ》いた。図体がでかい割にはちょこまかとよく動く。子供の頃の喧嘩で手に怪我をして刀が握れなくなり剣の修行はやってないため剣客にはなれなかったが、健脚は素晴らしかったようである。

長州に話を移すと、長州藩士・吉田松陰《しょういん》が、幕府が無勅許で日米修好通商条約を締結したことを知って激怒し、一二月一〇日（一一月六日）に藩の重役の前田孫右衛門と周布政之助《すふまさのすけ》に、老中・間部詮勝暗殺のため武器調達の願書を提出した。

これは、門下生の赤川直次郎が江戸から帰り、水戸と薩摩の藩士らが井伊直弼《なおすけ》暗殺を計画し長州にも密かに助勢を求めているらしいと話したことに刺激され、長州は間部詮勝を暗殺すべきと考え、上洛したところを捕らえて条約破棄と攘夷の実行を迫り、それが容《い》れられなければ討ち取ると計画したものである。これを間部要撃策という。松下村塾《しょうかそんじゅく》に残っていた品川弥二郎ら一七名の門下生が連判状に加わり、江戸にいる久坂《くさか》義助《よしすけ》や高杉晋作らにも手紙を送り同調を呼びかけた。

そうなると、周布政之助はこれまで吉田松陰や松下村塾の活動に一定の理解を示していたが、さすがに老中暗殺を容認するわけにはいかず野山獄に投獄した。その後、江戸にいる門下生から間部要撃策に反対もしくは自重を唱《とな》えた返事が届いた。すると、萩にいる門下生の多くも吉田松陰に辟易《へきえき》し遠ざかっていった。

薩摩では、月照と福岡藩浪士・平野次郎が一二月一四日（一一月一〇日）に鹿児島に到着したが、西郷吉之助は三日前に到着していた。翌日、月照が西郷吉之助を訪問したが、幕府の追及を恐れた薩摩藩は月照らを日向《ひゅうが》へ追放することを決定した。

これは、薩摩藩では日向との国境《くにざかい》での切り捨てを意味していた。それで、西郷吉之助は一八五八年一二月二〇日（安政五年一一月一六日）、月照と平野次郎と共に藩役人に連れられ藩船に乗って日向へ向かい、夜になると観念して月照と入水心中した。平野次郎らが夜の海を必死で捜索し、月照は見付からなかったものの西郷吉之助は一命を留《とど》めた。

そうしていると、安政の大獄の第一次江戸檻送が行なわれ、近藤茂左衛門《もさえもん》、小林良典《よしすけ》、鵜飼吉左衛門《うかい》、鵜飼幸吉ら一一名を一八五九年一月八日（安政五年一二月五日）に京都より護送し、一月二二日（一二月一九日）に江戸に到着した。続いて、第二次江戸檻送は、梅田雲浜《うんぴん》、頼三樹三郎《らいみきさぶろう》ら八名を一月二八日（一二月二五日）に京都より護送し、一八五九年二月一一日（安政六年一月九日）に江戸に到着した。

京都では、老中・間部詮勝《まなべあきかつ》が一八五九年二月二日（安政五年一二月三〇日）、小御所《こごしょ》で孝明天皇に謁見し、まずは開国して通商を行ない、国力を付けた後に欧米列強への攘夷決行《じょういけっこう》を説明すると、天皇は了解した。ここでの問題は、後で攘夷を決行するとは、条約締結した国すべてを敵に回すことになる理屈が分からなかったことである。

間部詮勝は一八五九年三月一〇日（安政六年二月六日）、水戸藩に対する勅諚《ちょくじょう》返納の勅書を受領した。これは及第点《きゅうだいてん》だろう。これで井伊直弼《なおすけ》に、すぐ帰府すると連絡を入れたが、関白の九条尚忠《ひさただ》より、どうしても帰府するなら京都に常住の目付を置いてほしいと嘆願された。京都の町は尊攘過激派の暗躍で無法化していたのである。

すると、中川宮《なかがわのみや》が三月一九日（二月一五日）に隠居と永蟄居となった、将軍継嗣《けいし》問題で徳川慶喜《よしのぶ》を支持したことで井伊直弼の逆鱗に触れたが、皇族まで罰するとは異例の事態である。朝廷では他に、一条忠香《ただか》、近衛忠熙《ただひろ》、近衛忠房、鷹司政通、鷹司輔熙《すけひろ》、三条実万《さねつむ》、二条斉敬《なりゆき》、広橋光成《みつしげ》、万里小路正房《までのこうじなおふさ》、正親町三条実愛《おおぎまちさんじょうさねなる》、久我建通《こがたけみち》など多数に及んでいた。

そうしていると、安政の大獄の第三次江戸檻送が行なわれ、六物空満《ろくぶつくうまん》ら一三名が三月二九日（二月二五日）に京都より護送され、四月一二日（三月一〇日）に江戸に到着した。これが最終の護送だが、安政の大獄は、戊午《ぼご》の密勅《みっちょく》を画索《かくさく》して幕府の権威を貶《おとし》めたり、将軍の人事に口をはさんだ一橋派の面々を罰したもので、密勅を受け取った水戸藩には厳しかった。

長州では、吉田松陰《しょういん》は獄中にあっても間部要撃を諦めず、参勤交代で伏見を通る藩主の毛利慶親《よしちか》を待ち受けて京入りを説得し、反幕派の三条実美《さねとみ》（一八三七～九一）や大原重徳《しげとみ》らに会わせて、京都で討幕の兵をあげる策を考案した。これが伏見要駕策である。しかし、無謀な策に反対する久坂義助《よしすけ》や高杉晋作らほとんどの門下生に破門状を出して、入江杉蔵と野村和作の兄弟が駆けつけると、入江杉蔵に「久坂君たちは優秀だが度胸が無い。しかし、君だけは国のために死ねる男児である」と褒《ほ》めた。

それが、吉田松陰の手紙を持って上京した二人は藩士に捕えられ、萩に護送されて岩倉獄に投獄された。これで八方塞がりとなった吉田松陰は獄中で錯乱状態となったが、執念深いというか諦《あきら》めが悪いのか、五月九日（四月七日）に佐久間象山《しょうざん》の甥《おい》の北山安世へ手紙を書き、その内容が草莽崛起《そうもうくっき》論というものである。

草莽とは草木の間に潜《ひそ》む隠者、崛起は立ち上がれという意味で、草木の間に潜む隠者とは上級武士以外の豪農、豪商、郷士、下士などの階層、それに脱藩浪士を指《さ》しており、幕府も公卿たちも皆だめだから、下級武士たちが尊皇攘夷に向かって立ち上がれということである。

しかし、ここに豪農や豪商ではない多くの農民や商人は入っていない。イギリス公使館の通訳官アーネスト・サトウは、薩摩藩士・西郷吉之助や長州藩士・伊藤俊輔《しゅんすけ》など多くの藩士たちと交流したが、彼らは武士のことのみで商人や農民のことを一切語らないと書いている。そうであれば、討幕運動は民衆革命ではなく、下級武士たちの不満解消だったとみてよいだろう。

そうしていると、幕府より吉田松陰に江戸送りの命が下り、六月二五日（五月二五日）に野山獄から出され、唐丸駕篭《とうまるかご》で萩を出発した。ここまでやれば斬首刑も仕方のないことである。

二－六　横浜、箱館、長崎の開港と金の海外流出

アメリカから帰国の途上にあるジョセフ・ヒコ（一八三七～九七）が香港で四月一七日（三月一五日）に、七年前に香港で別れて以来となる栄力丸の漂流民、小林伝吉に偶然再会した。

ジョセフ・ヒコは、万次郎が帰国した頃に再渡米した彦太郎で、救助されてサンフランシスコに初めて上陸した一八五二年二月（嘉永五年一月）に撮影されたダゲレオタイプの写真が、現存する中では日本人が撮影された最古の写真となっている。そして、再渡米した時に、商社の経営者で税関長のビバリー・サンダースに気に入られ、商社マンになるためにミッション・スクールで学校教育を受けさせてもらい、カソリックの洗礼を受けてジョセフ・ヒコと命名され、アメリカ国籍も取得していた。

ジョセフ・ヒコは、小林伝吉に連れられてイギリスの広州領事ラザフォード・オールコックに面会し通訳にならないかと誘われたが、アメリカでお世話になっていたため、イギリスへの奉公は丁重に断った。

そのオールコックが初代駐日総領事任命の命令書を五月三日（四月一日）に受け取った。イギリス政府は、日本の国内問題にはいかなる介入も避けるべきとの考え方を強調していた。イギリスは日本で面倒を起して無駄に国費を使いたくなかった。それよりも、極東におけるロシアの動きに注意するよう指示していた。イギリスは、日本人が心配していたほど武力を使ってまで殖民地にしようとは考えてなかった。

そこへ、アメリカのポーハタン号が香港に入港してきた。ジョセフ・ヒコは、ジョサイア・タットノール

艦長を訪ね、上海に移動して五月二九日（四月二七日）にハリスに会った。ここで、ハリスよりアメリカへの帰化証明の原本を見せて欲しいと言われ、神奈川領事になるイーベン・ドールを紹介されて、神奈川領事館付の通訳にならないかと誘われ、これを受けた。

その後、上海を発《た》ったハリスらは六月二六日（五月二六日）に下田に入港した。下田には、アメリカ総領事館の書記生となっていたユージン・ヴァン・リードが来ていて、ジョセフ・ヒコはアメリカでの友人との再会を喜びあった。

この日、幕府は五ヶ国との自由貿易許可を布告した。これは、開港する長崎、横浜、箱館では日本人の誰でも条約締結した五ヶ国とは貿易が出来るというもので、これにより、開明的な商人はいち早く幕府に許可を得た。また先見《せんけん》の明《めい》のある藩も商店を開いていた。

四日後、ハリスらが神奈川に到着した。この上海への旅行の目的の一つは、日本で両替した小判を銀貨に交換するためで、ハリスは日記に、両替により私腹を肥やしたことを記載していて、両替するだけで三倍に増えるチャンスをものにしていたのである。

そして、横浜と箱館と長崎が七月一日（六月二日）に開港した。早速、外国奉行・酒井忠行がアメリカ総領事ハリスを訪ね、領事館は竣工しているのでお使いくださいと言った。ハリスは、ジョセフ・ヒコが帰化してアメリカ人であることを伝え、横浜ではなく神奈川に領事館を設置すると言って、翌日には神奈川領事イーベン・ドールが探して来た本覚寺を領事館とした。

これは、海に出来た砂州である横浜は、埋め立て工事により陸との間を堀としており、長年オランダ人が出島に隔離されたようにここでも隔離されると思い、条約にある神奈川を開港すべきと主張したのである。

幕府は、既《すで》に内々では行なわれていたように思うが、外国奉行の水野忠徳、村垣範正《のりまさ》、堀利熙《としひろ》、酒井忠行、加藤則著《のりあき》ら五名を七月三日（六月四日）に新設の神奈川奉行兼務を命じ、五名は輪番で職務を行なうこととなった。二日後、日本人に対して、居留外国人に無礼がないよう注意を与えた。その後も何度も注意しているが一番心配なのが尊皇攘夷派の連中である。

七月二一日（六月二二日）、イギリス総領事オールコックとアメリカ総領事ハリスが、幕府が発行した安政の貨幣について会談した。翌日、老中・間部詮勝《まなべあきかつ》と外国奉行・水野忠徳がハリスと通貨に関して激論を交わした。安政二朱銀は開港場でしか通用せず、日本国内の商人から敬遠されていた。それで総領事らは条約違反であると抗議していたのである。

安政の貨幣改革は水野忠徳によるものだが、日本国内で通用しない貨幣は日本の通貨とは言わない。金の流失の危機に素早く対応したつもりが、本末転倒な愚策だった。幕府は元に戻すよう開港場の奉行に申し渡し、安政二朱銀の通用が停止された。すると、アメリカ海軍ジョン・ブルック大尉が艦長を務めるフェニモア・クーパー号が八月一三日（七月一五日）に横浜に入港した。ジョン・ブルックは、アメリカと中国の間の航路地図作製の任務で、太平洋の島々を測量し、開港した横浜に立ち寄ったのである。

ジョン・ブルックは、この任務を得るためワシントンに来ていた際、国務省に職を求めて来ていたジョセフ・ヒコと親しくなり、帰国したい時は、任務の許可が下りれば乗船させると約束した。それで、任務の連絡をもらったジョセフ・ヒコはサンフランシスコに行き書記官として雇用され乗船したが、仕事についていけずハワイで下船して単独で帰国していた。

長崎に話を移すと、日蘭修好通商条約の締結によりフィリップ・シーボルトの追放が解除となり、長男のアレクサンダー・シーボルトを伴って八月一四日（七月一六日）に再来日した。アレクサンダー・シーボルトは、父の弟子だった二宮敬作や三瀬諸淵《もろぶち》などから日本語を習い、その後、イギリス公使館の通訳官となった。

横浜では、ロシアの東シベリア総督アムールスキー伯爵が七隻の艦船で来航し、四隻が江戸へ向かい八月一八日（七月二〇日）に品川沖に停泊した。翌日、近江《おうみ》三上藩主の遠藤胤統《たねのり》と敦賀藩主の酒井忠毗《ただます》が外国事務掛を命じられ、アムールスキー総督と船上で会見した。

すると、八月二三日（七月二五日）に台風が来襲し会談が中止となった。この台風で、ジョン・ブルック艦長のフェニモア・クーパー号が横浜で座礁した。乗組員は全員無事で積荷も概《おおむ》ね回収できたが、船体の破損が大きく修理不能で破棄することとなった。任務が残っていたが帰国するしかなく、アメリカ行きの船を待つこととなった。

台風が去り、アムールスキー総督との会談を八月二四日（七月二六日）に虎ノ門の天徳寺で再開した。会談内容は北方領土問題の樺太の国境画定《かくてい》で、アムールスキーは、樺太はロシア領であると主張したが、遠藤胤統と酒井忠毗は、これを完全に退《しりぞ》けた。

幕末期、北方領土に関する会談は何度も行なわれたが、北方四島は日本領で、樺太は両国のフィフティ・フィフティの使用実態から結論に至《いた》らなかった。その後、幕府は国内の騒乱に悩まされながらも、北方領土問題でロシアとがっぷり四つに組み、勝ちはしなかったが負けることもなかったのである。

翌日の夜、ロシア海軍少尉ロマン・モフェトと水兵イワン・ソコロフおよび一人の賄い係《まかな》が、横浜で数人の日本人に襲われた。賄い係は重傷を負ったものの一命は取り留めたが、軍人二人は死亡した。これが幕末最初の外国人殺傷事件で、外国人の間では自己防衛の話題で持ちきりとなり、領事らは居留民に厳重注意を伝え、夜間に外出する者がいなくなった。

この時、アムールスキー総督は、イギリス総領事オールコックの勧めにもかかわらず日本に賠償請求をしなかったが、後に外国人殺傷事件が多発するようになると、賠償金も破格の値段になっていくのである。

二―七　万延元年遣米使節団と桜田門外の変

幕府は日米修好通商条約の批准書交換をワシントンで行なうための遣米《けんべい》使節を一〇月八日（九月一三日）に決定した。これは、海外渡航したかった岩瀬忠震《ただなり》が条約の一四条に記載していたからで、海外渡航の先駆《さきが》けとなった。そこへ、アメリカ軍艦ポーハタン号が横浜に入港してきた。

ここでジョセフ・ヒコは、ポーハタン号のタットノール艦長に会い、日本の使節団はポーハタン号で行くだけでなく、護衛艦と称して日本人のみで太平洋横断を計画しているが無謀に過ぎるため、ジョン・ブルック以下一〇名の乗組員を水先案内人として日本側に紹介していただけないかと嘆願したのであろう。これは、幕府がアメリカ海軍士官二、三名を咸臨《かんりん》丸に乗船してほしいと考えていたところへ願ってもないことで、すぐさま了承される見通しとなった。

ポーハタン号は、八日ほどで上海に向けて出港して行った。これは、日本で両替した小判を銀貨に交換するためで、ジョン・ブルック艦長の日記により、軍人でありながら、ドルと小判のレートの差額を利用して金儲けに走っていることに不快な感情を持ったことが記載されている。

　一八五九年一二月二一日（安政六年一一月二八日）、万延元年遣米使節団の正使・新見《しんみ》正興《まさおき》、副使・村垣範《のり》正《まさ》、目付・小栗忠順《ただまさ》（一八二七～六八）と副使で軍艦奉行・木村喜毅《よしたけ》、教授方頭取・勝麟太郎を江戸城芙蓉《ふよう》の間に呼び出して任命式が行なわれた。新見正興がもしもの時は木村喜毅が正使となるよう命じられた。咸臨丸の乗組員は木村喜毅により長崎海軍伝習所出身者から選ばれ、通詞に中浜万次郎が選ばれたが、捕鯨船の乗組員だったことで役に立つと考えた木村喜毅の希望が叶《かな》った。

　私の想像では、教授方頭取の適任者は長崎海軍伝習所で優秀だった矢田堀景三がなるべきだが、勝麟太郎が就任できたのは、親分の大久保忠寛と軍艦奉行・木村喜毅が懇意《こんい》だったからではなかろうか。

　すると、ポーハタン号が、一八六〇年一月一二日（安政六年一二月二〇日）に再び横浜に入港する。

　ジョセフ・ヒコは神奈川奉行所よりジョン・ブルックを連れて出頭するよう命じられ、一八六〇年二月三日（安政七年一月一二日）に連れだって行くと、引率案内に対するジョン・ブルックへの謝礼だと言って、白鞘《しらさや》の短刀一口と繻箔絹三巻を差し出された。ジョン・ブルックはありがたく受け取り、その足で品川へ赴《おもむ》いて咸臨丸に乗船した。翌日、軍艦奉行・木村喜毅らは咸臨丸で浦賀へ向けて出航し、この六日後、浦賀よりサンフランシスコに向けて出航していった。

　万延元年遣米使節団の七七名は、二月九日（一月一八日）に品川沖でポーハタン号に乗船し、横浜沖で四日間停泊した後に出港した。横浜の居留地では、これで日本の流れが変わり攘夷の恐怖も無くなるだろうと安堵《あんど》の空気が漂ってきたという。それでも幕府は安全対策に意を尽くし、横浜の外国人居留地を出島のように囲わないはずが、柵と竹矢来で囲み門前に造られた番所で警備の武士が立ち番をする関所が設けられた。日没から日の出まで居留地を回ってパトロールするようになり、その内側を関内と呼ぶようになった。

咸臨《かんりん》丸は一八六〇年三月一七日（安政七年二月二五日）にサンフランシスコに到着した。浦賀を出港して間もなく嵐に出くわし、中浜万次郎以外の日本人は全員が船酔いで、ジョン・ブルック艦長らアメリカ人乗組員による航海となった。

船酔いからいち早く回復した一人の、木村喜毅《よしたけ》の従者として乗船していた豊前《ぶぜん》中津藩士・福沢諭吉によると、教授方頭取の勝麟太郎は艦長室に閉じこもり何もせず、航海の途中に姿を見せると、「カッターを降ろせ、日本に帰る」と騒ぎだす始末だったという。

この航海の様子は、ジョン・ブルックの航海日誌に書かれてあったが、遺言で死後五〇年は公開するなと言ったため、日本人のみで航海したと福沢諭吉が書いたり、帰国を希望していたアメリカ人を乗せてやったと勝麟太郎が書いたことなどが真実と思われていた。

しかし、孫のジョージ・ブルック・ジュニアが、ジョン・ブルックの日誌を一九六〇年（昭和三五年）に日米友好通商一〇〇周年記念協会に提供して、実相が明らかとなった。いまだに、勝麟太郎が咸臨丸の艦長として太平洋を往復したと思われている人は、認識を改めて頂きたい。

桜田門外の変と攘夷による暗殺テロ

孝明天皇が水戸藩へ幕府より先に下賜《かし》した戊午《ぼご》の密勅《みっちょく》だが、これへの対応は今も未解決だった。幕府は水戸藩主・徳川慶篤《よしあつ》に返納の勅命を、一八六〇年一月一四日（安政六年一二月二二日）に公文書で伝達したが、水戸藩では、前藩主・徳川斉昭《なりあき》と徳川慶篤の協議により返納論が主流となりつつあった。返納反対派は密かに密勅が運ばれることを警戒し、国境《くにざかい》の長岡に集まり水戸街道を封鎖して返納に抵抗した。

その一方で、密勅返納の勅書を受領し条約勅許《ちょっきょ》も得た間部詮勝《まなべあきかつ》は、江戸に戻ると老中首座となったが、幕政の主導権を握ろうとして大老・井伊直弼《なおすけ》と対立するようになり、一八六〇年一月一六日（安政六年一二月二四日）に老中を罷免された。これに伴い松平乗全《のりやす》が老中首座となった。

そんな中で、イギリス公使オールコック付きの通訳・小林伝吉が一八六〇年一月二九日（安政七年一月七日）に、江戸のイギリス公使館の東禅寺の門前で殺害された。翌日、フランス公使館が焼失。この公使館には誰も住んでおらず放火と判断された。どちらも尊皇攘夷派の仕業だろう。

若年寄から老中になった安藤信正は二月六日（一月一五日）、水戸藩主・徳川慶篤に対し、重ねて密勅の返納を催促し、十日後を期限として、遅延すれば違勅の罪として改易《かいえき》する可能性まで述べた。徳川慶篤は返納に肯定的だったが、藩内の返納反対派の勢いは強く、藩内の統制が取れてないようで、幕府に猶予《ゆうよ》願いを出し続けることとなるのである。

水戸藩士・木村権之衛門《ごんのえもん》、薩摩藩士・田中謙助、有村雄助らは二月一〇日（一月一九日）に会合し、大老・井伊直弼、老中・安藤信正、讃岐高松藩主・松平頼胤《よりたね》の暗殺を計画した。これは薩水血盟と呼ばれ、暗殺の後に薩摩藩が三〇〇〇名の兵を連れて京都に上り、朝廷を守って幕府の政道を正すというもので、討幕までは考えていなかった。

そんな中で、オランダ商船の船長ヴェッセル・デ・フォスと商人のナニング・デッケルが二月二六日（二月五日）の夜に横浜で斬殺された。この殺害事件に関しては、イギリス、オランダ、フランスの三国が共同して被害者一名につき二万五〇〇〇ドル（約一万五〇〇〇両）の賠償金を要求し、幕府はこれを支払った。これが外国に対する賠償金支払いの初例である。

水戸では、水戸城下の銷魂橋《たまげばし》で三月一〇日（二月一八日）、密勅《みっちょく》返納反対派と容認派の藩士が衝突し大騒ぎとなった。これをきっかけに、関鉄之介、金子孫二郎、勇二郎父子、稲田重蔵、飯村誠介、佐藤鉄三郎らが江戸に向けて水戸を発《た》った。過激派の藩士たちが次々と水戸から出奔していることを知った徳川斉昭《なりあき》と藩上層部は暴発を警戒し、幕府に知らせて取り締まりを強化するよう進言した。それにしても、藩内の問題解決を幕府に委《ゆだ》ねるとは、水戸藩は統制が取れない危機的状態になっていたことがよく解かる。

その一方で、薩摩藩士・田中謙助が鹿児島に戻り、薩摩と水戸による大老暗殺と幕政改革の計画を伝達して決起を糾合《きゅうごう》し、これを聞いた薩摩藩の誠忠組は沸き立った。

水戸藩士・金子孫二郎、勇二郎父子らが三月一七日（二月二五日）に江戸に到着し、翌日には三田の薩摩屋敷で薩摩藩士・有村雄助、次左衛門兄弟と談義を重ねた。取り締まりが厳しくなったことで、水戸から出《しゅっ》奔《ぽん》できた志士たちは予定の半数以下となり、計画が見直され、標的を井伊直弼《なおすけ》一人とした。

三月二二日（三月一日）、日本橋にある山崎楼で大老暗殺の密会が行なわれ、三月二四日（三月三日）を決行日と決め、決行前夜、浪士たちは品川の稲葉屋に集合した。襲撃実行者は場所を変えて土蔵相模で別れの杯を交わし最終確認をして決行日の朝を迎えた。

江戸城桜田門外（現在の東京都千代田区霞が関）において、水戸藩浪士・関鉄之介ら一七名と薩摩藩浪士・有村次左衛門の一八名が彦根藩の行列を襲撃すべく配置についた。それが、開府以来江戸町内で大名駕籠《かご》が襲われた前例はなく、それでなのか彦根藩の行列の警護は薄く、襲撃開始から井伊直弼殺戮《さつりく》まで僅《わず》か十数分の出来事だった。

万延元年遣米使節団と万延貨幣改革

桜田門外の変で国内が大揺れの頃、アメリカでは、三月二九日（三月八日）に万延元年遣米《けんべい》使節団を乗せたポーハタン号がサンフランシスコに到着した。三日後、サンフランシスコ市長主催の歓迎式が行なわれた。ここで、無事に着いたことで、正使の新見正興《しんみまさおき》が軍艦奉行で副使の木村喜毅《よしたけ》に、あなたの役目はこれまで、後は私がワシントンに行って役目を果たしますと伝えた。

これに対して、副使・村垣範正《のりまさ》は、木村さんも同行すれば良いではないかと言い、目付・小栗忠順《ただまさ》も、帰りの咸臨《かんりん》丸なんぞは勝に任せて、一緒にワシントンに行きましょうと言った。

その勝麟太郎は、木村喜毅が居なければ船は無事日本に到着しないと言い始めて、木村喜毅が希望していたアメリカ大統領に謁見することが出来なくなった。勝麟太郎は往路の咸臨丸で孤立したため、泣きついてきたのだろう。

使節団一行は、四月七日（安政七年三月一七日）にポーハタン号でサンフランシスコを出航し、四月二四日（万延元年閏三月四日）にパナマに入港してパナマ地峡を汽車で横断し、翌日にはアスペンウォール（現在のパナマのコロン市）に到着した。

この汽車の中で小栗忠順は、鉄道建設の費用について質問した。ここで、鉄道建設の総費用は七〇〇万ドルで、費用はアメリカ国内の裕福な商人から資本を出してもらって組合を作り、その鉄道組合で鉄道施設を建設、出来上がると利用賃で運営して利益は資本を出してくれた人に分配するという、株式会社のシステムを随行したアメリカ人に教えてもらい理解した。

使節団一行は、五月一五日（閏三月二五日）に首都ワシントンに到着してウィラードホテルに投宿した。

二日後、一行はホワイトハウスまで約二キロメートルの道を行進した。

ホワイトハウスに到着すると、アメリカ大統領ジェームズ・ブキャナン始めアメリカ政府の主《おも》だった人々が立ち並ぶイーストルームに、正使・新見正興《しんみまさおき》、副使・村垣範正《のりまさ》、目付・小栗忠順《ただまさ》と国書を持った外国奉行支配組頭・成瀬善四郎、通詞・名村五八郎が入っていき、大統領に国書を渡した。

それから一行は五月二四日（四月四日）に、ワシントン海軍造船所を見学した。多くの建物があり、最初の建物では大砲を作っていて、キリでたちまち穴をあけて作ってしまう。次の建物では大砲の弾がどんどん作られている、次の建物ではライフル銃が次々と組み立てられている。そして次では、小銃の弾がいっぺんに一〇〇発も作られる。また、小さなネジやボルトも作っていた。

日本では何ヶ月もかけ、何十人もが鉄を叩いて曲げたり延ばしたりする作業を、蒸気の機械で数人がたちまちにやってのけるので、呆気《あっけ》にとられて見ていた。

この様子を、ニューヨークタイムズなどの新聞記者が取材して「日本人は大変熱心に見ている、中でも小栗は、近い将来こういう施設を日本にもぜひ造りたいと語っている、彼は新しい文明の利器を導入することに大賛成だと言った」と書いている。小栗忠順は海に囲まれた日本では船は必需品で、大きな造船所を造ることが必要と確信したのである。

それから一行は、小栗忠順が小判とドル金貨の分析実験を申し入れたことで、六月一四日（四月二五日）に造幣局で日米金貨の分析実験に立ち会った。実験結果の数値が出ると計算を行なうのだが、電卓やコンピュータのない時代、アメリカ人たちは必至で筆算をしていた。その傍《かたわ》らで小栗忠順が算盤《そろばん》で素早く正確に解答するのを見てアメリカ人たちは驚いたという。

これで後は帰国の途に就くだけとなった一行は、六月一六日（四月二七日）にフィラデルフィアを出発しニューヨークに到着すると、馬車でバッテリーパークからブロウドウェイを通ってメトロポリタンホテルに到着し宿泊した。この途中で盛大な歓迎を受けた。

そもそも一行は、服装や髪型だけでも珍しく行く先々で歓迎されたが、その中でも一番人気が見習い通詞の立石斧次郎《おのじろう》（一八四三〜一九一七）で、彼の幼名が為八だったので義父の立石得十郎や日本人仲間から「タメ」と呼ばれていたが、彼は来るときのポーハタン号の船内でアメリカ人相手でも気軽に話しかけて談笑するため「トミー」と呼ばれて人気者となっていた。

上陸後に「英語を話せる日本の若きプリンスがいる」と新聞が書き立てたことから人気が出て、行く先々の街で大歓迎を受け、特に女性に人気があり、トミーポルカという歌まで作曲された。立石斧次郎は戊辰戦争で幕府軍に関わったことで長野桂次郎と改名し、しばらく隠遁《いんとん》生活を送った。現在フリーアナウンサーの長野智子さんの曾祖父である。

すると、咸臨《かんりん》丸が六月二三日（五月五日）に浦賀に帰港した。帰路も渡米するときの人数ではないもののアメリカ人乗組員を雇《やと》っての航海だったが、中浜万次郎や小野友五郎らは日本人の中心となって働いた。しかし勝麟太郎は何もせず、帰国後は海軍畑より蕃書調所頭取助《ばんしょしらべしょとうどりのすけ》に左遷された。

さて、折からの金の流出問題について、幕府は五月二九日（四月九日）に万延貨幣改革を行なった。万延小判は金の含有量を従来の三分の一にして鋳造し、万延二分金は金の含有量を二三％、銀の含有量を七七％とした銀貨の様な金貨で、これにより金銀交換比が海外とほぼ同一となり、金の流出はピタリと止まった。人々はこの小判に対し、同情の念をこめて雛《ひめ》小判と称した。

この万延貨幣改革によりインフレが起きたと多くの書籍に書かれているが、インフレが顕著になったのは慶応年間の一八六五年からで、間が空きすぎている。影響したとは思うが、その頃に起きた別の何かが主因ではなかろうか。これに関しては後ほど検証したい。

さて、幕府は安政五ヶ国条約を締結して事後承認だが開国の勅許《ちょっきょ》はもらっていた。問題は、国力を付けた後の攘夷で、現在の我々はどんなに時間をかけても欧米列強相手に攘夷など到底無理だと理解しているが、幕末の頃には、国際情勢に無頓着な者が多数いて、のちに勤皇の志士として持ち上げられる彼らは、幕政改革を唱《とな》えて動き出していた。

一方で幕臣たちは渡米し、ワシントンやニューヨークなどの街に出て、新聞の印刷工場や博物館なども訪問しアメリカの技術力を目《ま》の当たりにしていた。市内見物をすると、ホテルの鉄柵、川に架かる鉄の橋や街《まち》外《はず》れで捨てられた古びた鉄製品を見て、鉄で溢《あふ》れた国に驚愕《きょうがく》していた。

驚いたのは技術力だけではない。ホテルでスライドの上映会が行なわれると、大統領がお忍びで現れ、終わると護衛も付けず一人で帰って行く。将軍だとありえない光景だ。

幕臣たちは近代化と民主化を肌で感じとっていた。特に小栗忠順《ただまさ》は、数字にも強く理解が早いため、近代化を進めるには何をすべきか、はっきりと見えていたのである。

第三章　開国政策と尊皇攘夷運動の過激化

三—一　和宮降嫁と破約攘夷

京都所司代・酒井忠義《ただあき》は関白・九条尚忠《ひさただ》に対し、和宮親子内親王《かずのみやちかこ》（一八四六〜七七）の十四代将軍・徳川家茂《いえもち》への降嫁《こうか》を希望する四老中連署の書簡を六月一日（四月一一日）に奏請《そうせい》した。これに対し孝明天皇は、「和宮は既《すで》に有栖川宮熾仁親王《ありすがわのみやたるひと》との婚約が成立している。先帝の娘であり異腹の妹である和宮の進退は天皇であろうとも勝手は出来ない。年少の和宮が異人のいる関東へ行くのを嫌がっている」ことを理由に、内願を却下した。

それでも、酒井忠義は六月二九日（五月一一日）に九条尚忠に宛てて、孝明天皇が国内の安定を願っている点を押さえて公武一和を求め、和宮降嫁の再考を願い出た。

酒井忠義は七月一四日（五月二六日）にも再度奏請し、生母の観行院《かんぎょういん》、伯父《おじ》の橋本実麗《さねあきら》や大叔母《おおおば》の勝光院《しょうこういん》を通じて説得工作を行なった。

孝明天皇が侍従の岩倉具視《ともみ》に意見を求めると、岩倉具視は、今回の降嫁を幕府が持ち掛けてきたのは、自らの権威が地に落ちて人心が離れていることを認識しているからで、朝廷の威光によって権威を粉飾する狙いがあると分析した。そこで、公武一和を天下に示し、政治的決定は朝廷、その実務は幕府とし、朝廷の決定事項として条約の引き戻しを実行するならば和宮《かずのみや》降嫁《こうか》を承諾《しょうだく》すべきであると回答した。

これを知らない幕府は、八月三日（六月一七日）、オランダからの強い要望もあって、外国奉行・溝口直清、酒井忠行、目付・松平清秀らがポルトガル全権使節イシドーロ・ギマレースと、日葡修好通商条約を江戸で締結した。

この三日後、岩倉具視《ともみ》の意見に納得した孝明天皇は、幕府に対して破約攘夷を条件に和宮の降稼を容認する旨《むね》を、九条尚忠《ひさただ》を通じて酒井忠義《ただあき》に伝えた。

幕府はこれを受け、九月三日（七月一八日）に四老中連署により、七年から一〇年以内に外交交渉し、場合によっては武力をもって破約攘夷を決行すると確約した。この時点では、必然的に攘夷を確約したのではなく、「場合によっては」と前置きがあったことを忘れてはならない。

この翌日、プロイセン使節オイレンブルク伯爵が横浜に入港した。四日後には赤羽接遇所《あかばねせつぐうじょ》（現在の東京都港区東麻布一丁目）に宿泊したが、幕府から外国奉行・酒井忠行と堀利熙《としひろ》と通詞の森山栄之助があいさつに訪れ、朝廷に破約攘夷の約束をしたばかりで、プロイセンとの条約締結の意思がないことを伝えた。

そんな中で、江戸湾に碇泊《ていはくちゅう》中の長州藩軍艦の丙辰丸《へいしんまる》の艦上で尊皇攘夷派の艦長・松島剛蔵と桂小五郎、水戸藩士・西丸帯刀《さいまるたてわき》、岩間金平、園部源吉及び下総《しもうさ》結城藩士・越惣太郎《こしそうたろう》が、幕政改革の密約を結んで、佐賀藩士の草場又三が仲介役を務めた。

この密約の内容は、両藩が提携して世の中をかき乱し、混乱に乗じて幕政改革を成し遂げるという計画で、水戸がかき乱しの「破」を、長州が成し遂げる「成」を役割分担すると決定し、水戸の目標は老中の排除で、長州の目標は幕政改革である。これを丙辰丸《へいしんまる》の盟約または成破《せいは》の盟約と呼ぶ。この時点においても、両藩は幕政改革が目的で、討幕は考えていなかった。

京都に話を戻すと、和宮は九月二二日（八月八日）に宮中《きゅうちゅう》に上がり、降嫁を硬く辞退した。孝明天皇は既《すで》に幕府に攘夷を約束させたため朝廷の信義が疑われると苦慮し、和宮が辞退するなら、自身の三女の寿万宮《すまのみや》を代わりに降嫁させる、これで幕府が承知しなければ、自身は責任を取って譲位し和宮も林丘寺に入れて尼とすると決意した。

これで和宮は苦しむこととなるが、観行院《かんぎょういん》から和宮が降嫁を内諾《ないだく》した旨《むね》が九月二九日（八月一五日）に奏上《そうじょう》された。早期の婚儀を望む幕府は年内の降嫁を要請し、和宮はこれを拒《こば》むが、孝明天皇の説得を受けて明春の下向を承諾するに至《いた》った。

幕府の近代化と条約締結の障壁

こういった中でも幕府は、お玉が池種痘所《しゅとうじょ》を接収して直轄とし、一一月一六日（一〇月四日）に大槻俊斎《おおつきしゅんさい》を頭取に任命した。お玉が池種痘所は、西洋医学所などと改称して発展し東京大学医学部の前身とされているため、大槻俊斎は東大医学部初代総長と見なされている。ここで、長崎の医学所には遅れたが、江戸にも西洋医学が広まっていくこととなった。

ちなみに、時代劇などでは名医の蘭方医が活躍し、漢方医は旧態依然《きゅうたいいぜん》とした出来の悪い医者とされていることが多い。しかし、西洋医学は外科治療に関しては手術を行なうことで数段進んでいたが、内科治療に関しては東洋医学と優劣付け難《がた》い状態で、要するに経験がものをいうことになる。

日本では歴史のある漢方医の方が圧倒的に多くベテランの名医も多い。そのため、江戸時代では漢方医が名実ともに上で、蘭方医が下に見られていた。時代劇では真実を曲げて興味をそそる内容に創作することもあるということを認識しておくべきである。

この頃、幕府は蕃書調所《ばんしょしらべしょ》に器械学科を設《もう》けた。蕃書調所頭取・古賀謹一郎から、プロイセンより贈られたスタンホープ手引印刷機を動かすよう命じられた市川兼恭《かねのり》が洋書を印刷した。当初はローマ字の活字だったが、文久年間には日本語の活字も作られて二十数部の書籍が発行されるに至《いた》った。これまでの木版印刷の書籍に比べると、文字が小さいが鮮明でコンパクトになった。古賀謹一郎が考えていた洋学や西洋技術が着実に取り入れられ、近代化が進歩していた。

その成果として、蕃書調所は一八六二年(文久二年)には英和対訳袖珍《しゅうちん》辞書を出版した。古賀謹一郎は英語の習得の必要性を実感していた。しかし、この時点では一八一四年(文化一一年)に完成した日本初の英和辞典と言われる諳厄利亜語林大成《あんげりあごりんたいせい》という辞書はあったが、英単語が約六〇〇〇語と少なく、また発音がオランダ訛《なま》りで実用に適さなかった。

それで、堀達之助が中心となり一年八ヶ月かけて新たな英和辞書を編集したのだ。袖珍とは、活字印刷したことでコンパクトになり、袖《そで》に入れることが出来るということである。この辞書は、約三万五〇〇〇語を収録し二〇〇部印刷され二両(約二〇万円)で販売されたが、得がたい辞書として評価が高まり、遂には二〇両という値までついたという。

箱館では、箱館奉行所役人の栗本鯤《こん》(鋤雲《じょうん》、一八二二~九七)と蘭方医の塩田順庵《じゅんあん》の二人が中心となり、派遣された八王子同心らと供に開拓した七重村の薬園の薬草をもとに箱館医学所を計画し、一八六一年（文久元年）春頃に落成した。このような功績により栗本鯤は箱館奉行組頭に任じられ、二年後には江戸に呼び戻された。幕府は近代化に貢献した者に恩賞を与えており、基本方針はぶれていなかった。

話を一八六〇年（万延元年）に戻すと、神奈川のイギリス領事館が一二月五日（一〇月二三日）に、外国人居留者は条約で特権的に認められたこと以外は日本国の法律を遵法《じゅんぽう》し行動しなければならないという告示を発した。これは、外国人による犯罪行為が多発したためで、この告示は乗馬についても触れていて、西洋人だけではなく、雇用した中国人たちが居留地外で馬を乗り回し、日本の一般諸民に危害を加える事件が多発していた。どうやら、日本人による外国人への狼藉だけではなかったのである。

そんな中で、ハリスが色々な条件を付けてプロイセンとの条約締結を要請していた。これには、対日貿易の九割を占めるイギリスの独走阻止の目論見《もくろみ》があった。そうした経緯から、外国奉行・堀利熙《としひろ》はオイレンブルク伯爵と条約交渉していたが、プロイセンはドイツ同盟の盟主で、条約書にはプロイセンの他にドイツ同盟に属する各国、実に一八ヶ国の名が書かれることとなった。

幕府は、ハリスの要望を承諾《しょうだく》し、プロイセンとは条約締結するが他の国との条約は拒否すると決めていた。それが、堀利熙は条約交渉が最終段階に入るまでこれに気付かず、老中の安藤信正から叱責《しっせき》されたことで責任をとり、一二月一七日（一一月六日）に割腹自刃《じじん》した。これに代わって、渡米で近代化を学んだ目付・小栗忠順《ただまさ》が外国奉行に異動した。

幕府が揺れる中、プロイセンの外交団一行が一八六〇年一二月二五日（万延元年一一月一四日）に赤羽接遇所《あかばねせつぐうしょ》でクリスマスツリーを作って祝った。これは、日本で初めてのクリスマスツリーと言われているもので、難航する幕府との条約交渉で苦労する使節団長オイレンブルク伯爵を喜ばして励まそうと、使節団員たちが精を出したのである。

これが功を奏したのか、ハリスの周旋に納得した幕府は、日普修好通商条約を一八六一年一月二四日（万延元年一二月一四日）に赤羽接遇所《あかばねせつぐうしょ》で締結した。調印したのはプロイセン側がオイレンブルク伯爵で、日本側は外国奉行・村垣範正《のりまさ》と竹本正雅《まさつね》、目付・黒川盛泰《もりやす》だった。

この日の夜、日普修好通商条約の通訳で借り出されたアメリカ公使館の通訳官ヘンリー・ヒュースケンが、赤羽接遇所からアメリカ公使館の善福寺（現在の東京都港区元麻布一丁目）への帰途の芝薪河岸の中ノ橋付近で、尊攘過激派の薩摩藩士・伊牟田《いむた》尚平、益満《ますみつ》休之助らに襲われて翌日死亡した。

このように攘夷派による暗殺が横行し始めたが、幕府は天皇の威光に頼り、公武一和を進めるための和宮《かずのみや》降嫁《こうか》、それに伴う破約攘夷の約束をしていた。これは、幕政の大失態であった。

三-二　ロシア軍艦対馬占領事件と航海遠略策

一八六一年三月一三日（万延二年二月三日）、ロシア海軍中尉ニコライ・ビリリョフ艦長がポサドニック号で対馬に来航し、尾崎浦に投錨《とうびょう》して測量をはじめた。対馬藩主の宗《そう》義和は重臣を派遣して、速やかに退去するよう抗議したが、ビリリョフ艦長は船が難破したので修理のために来航したと回答し、さらに修理工場の設営資材や食料、遊女を要求した。これを、ロシア軍艦対馬占領事件という。

その目的は、クリミア戦争で敗北したロシアが、アジア進出の拠点として対馬を軍事拠点にするために占領しようとしているのである。

　ビリリョフ艦長は無断で芋崎《いもざき》に上陸し、兵舎の建設などを始めて、船体修理を名目に工場や練兵場などを建設した。それでも藩主の宗義和は穏便に解決しようと問状使《もんじょうし》を派遣して、その不法を何度か詰問したが、ロシア側は無回答を貫《つらぬ》き、住民を懐柔《かいじゅう》し強奪または婦女を追跡して脅《おびや》かす水兵もいたため住民との紛争が起こった。

　ビリリョフは、対馬藩に藩主への面会を要求し、一八六一年五月二日（文久元年三月二三日）には芋崎の租借を求めて来た。これは、強引に対馬藩に租借を承諾《しょうだく》させ、これを既成事実として幕府に認めさせる思惑だった。対馬藩はこれを拒否し、長崎と江戸に急使を派遣して幕府の指示を仰ぐこととした。これを受けた幕府は五月一五日（四月六日）に、外国奉行・小栗忠順《ただまさ》に対馬派遣を命じ、江戸在勤の外国奉行で箱館奉行の村垣範正《のりまさ》にはロシア総領事ゴシケーヴィチにポサドニック号の退去を要求するよう命じた。

　そうした中でも、ロシア兵は五月二一日（四月一二日）に短艇に乗り大船越の水門を通過しようとしたところを対馬藩兵が制止すると、ロシア兵は松村安五郎を銃殺し、さらに藩士二名を拉致《らち》して連行した。長崎奉行・岡部長常はビリリョフに不法行為を詰問する書簡を送り、隣藩諸侯に実情を調査させ対策を議論したが良い方法はなかった。

　そうしていると、イギリス公使オールコックが五月二四日（四月一五日）に長崎に到着した。オールコックは香港滞在中に対馬の事件を知り、東インド艦隊司令官ジェームズ・ホープと協議して、軍艦二隻を対馬に派遣し偵察させていた。

　このタイミングで亀田丸が六月六日（四月二八日）に箱館を出港した。これは、軍事偵察を兼ねてロシア領アムール川方面への遠洋航海を行ない、七月一八日（六月一日）にニコラエフスクに寄港し絹や醤油などを販売して、同所を九月一一日（七月二六日）に出港し、一二日後に箱館に帰港した。幕府は敵方視察を主旨としていたが、海外に出向いての貿易を許可していた。

そんな中で、ロシア軍艦対馬占領事件の対応のため、小栗忠順《ただまさ》が対馬に到着し六月一七日（五月一〇日）にポサドニック号に乗り込みビリリョフと会見した。四日後に二回目の会談を行ない、更に四日後に三回目の会談を行なった。

小栗忠順は頭脳明晰で肝が据わった人物で、外交交渉にも臆することもなく言い負けたりもせず、幕府の人事は的《まと》を得ていた。会談は硬直状態が続き、小栗忠順の気迫に押されたビリリョフが面会を断念したことで話が進まず、小栗忠順は交渉を中断し江戸へ発《た》った。

攘夷論と世情

その一方で、長州藩士・長井雅楽《うた》（一八一九〜六三）は藩主・毛利慶親《よしちか》より命じられて上洛し、六月二五日（五月一八日）に航海遠略策を朝廷に建白《けんぱく》した。これは、朝廷が幕府に要求している破約攘夷は世界の大勢に反しており、国際道義上も軍事的にも不可能であると批判し、むしろ積極的に通商で国力を高めるべきで、朝廷が幕府へ、航海して海外へ威信を知らしめるよう命じれば国論は統一され政局も安定するだろうという内容だった。

これに先立つ四月一〇日（三月一日）、長井雅楽は毛利慶親に航海遠略策を建言していた。航海遠略策とは、積極的に世界に航海通商して国力を付け、その上で諸外国と対抗する大攘夷思想に通じる考えである。

この当時の攘夷論をかいつまんで説明すると、小攘夷とは、外国人暗殺なども含めてすぐさま攘夷を行なうもの、大攘夷とは、開国して外国の技術を習得し国力を付けた後に攘夷を実行するというもの、破約攘夷とは、条約を解約して攘夷を実行するというものである。

江戸時代は、学問の基本である儒学と共に中華思想の影響を受けて日本優越主義を考える者が多くなり、その上に、平田篤胤《あつたね》による国学を学ぶ者も増えて、神国日本は神聖で誉《ほま》れある国だと信じ、軍事力が数段上の欧米列強国を下に見て、条約を破棄して攘夷を行なうべきと考える者も多くなっていたのである。

長井雅楽は、建白に賛同した議奏・正親町三条実愛《おおぎまちさんじょうさねなる》より書面での提出を求められ、六月二〇日（五月二三日）に文書を提出し、この建白書に目を通した孝明天皇も満足したことで、朝廷より幕府要人への入説を命じられ、七月九日（六月二日）に江戸へ向かった。それにしても、航海遠略策は大攘夷に基づくものと書かれた書籍が多いが、開国論に基づくものと思えてならない。

そんな中で、旅行好きのイギリス公使オールコックが長崎から江戸へ向かうのに、幕府が警備上の問題から海路での移動を勧めたが、条約で定める公使の国内旅行権を主張して江戸まで陸路で移動し、七月四日（五月二七日）にはイギリス公使館の高輪の東禅寺に入った。これに尊攘過激派の志士らは、夷狄《いてき》に神州日本国が穢《けが》されたと憤激する。

水戸藩浪士・黒沢五郎ら一四名は、オールコックが帰還した翌日の早朝に東禅寺に侵入して襲撃した。警備担当の旗本や郡山藩士と西尾藩士らが応戦し、警備兵は二名が、浪士側は三名が死亡した。オールコックは難を逃《のが》れたが、長崎領事ジョージ・モリソンと書記官ローレンス・オリファントが負傷した。

江戸時代では、オランダ商館長たちが将軍謁見のために一七九〇年（寛政二年）までは毎年長崎と江戸を陸路で往復し京都にも立ち寄っていたが、暗殺事件などはなかった。その後四年毎となり、一八五〇年（嘉永三年）に徳川家慶《いえよし》に謁見したのを最後に途絶えていた。外国人を見る機会が減ったことが攘夷運動に多少なりとも影響していたのかもしれない。

そんな風潮の中、水戸藩士・住谷《すみや》寅之介と尊攘派志士・大橋訥庵《とつあん》が、七月七日（五月三〇日）に老中・安藤信正と久世広周《ひろちか》の政権に廃帝計画ありと知り、老中襲撃計画を密談していた。廃帝計画とは天皇を退位させる計画だが、塙忠宝《はなわただとみ》と前田夏蔭《なつかげ》に、寛永（一六二四〜四四）以前の幕府による外国人待遇の式典について調査を命じたことにより、二人が廃帝のための調査をしていると誤解したものである。大橋訥庵は王政復古をいち早く唱《とな》え、西洋学術を批判し攘夷実行を唱えた、典型的な井の中の蛙《かわず》であった。

安藤信正は、イギリス公使オールコックと七月二〇日（六月一三日）に東禅寺襲撃事件について会談した。オールコックは厳重に抗議し、イギリス水兵の公使館駐屯の承認と日本側警備兵の増強と賠償金一万ドル（約六〇〇〇両）の支払いという条件で事件は解決をみた。

この七日後、外国奉行・小栗忠順《ただまさ》が江戸に帰着した。小栗忠順はロシア軍艦対馬占領事件で、対馬が海洋戦略上の重要拠点であるにもかかわらず小藩の支配下にあり、一つ間違えると幕府の知らないところで外国と直接交渉しかねない状況を憂慮《ゆうりょ》し、対馬藩を領地替えして、対馬を幕府直轄領とすること、今回の事件の折衝は正式の外交形式で行ない、国際輿論《よろん》を味方につけることなどを提言した。

そうしていると、老中・松平信義が八月五日（六月二九日）の登城の際に襲われたが無傷だった。これは、養父の松平信豪《のぶひで》が井伊直弼《なおすけ》の姻戚だった関係から、安政の大獄に協力した経緯がありテロの標的とされたもので、犯人の水戸藩浪士・落合慵之助は捕縛され今治藩預けとなった。

二日後、長州藩直目付《じかめつけ》・長井雅楽《うた》が江戸に到着し、老中首座・久世広周に謁見して航海遠略策を説いた。久世広周は、長井雅楽の主張が公武一和が進まず窮地に陥《おちい》っていた幕府にとって的《まと》を得ていたため大いに賛同し、長井雅楽に引き続き周旋を求めた。

一方、安藤信正と若年寄・酒井忠毗《ただます》は八月一四日（七月九日）、対馬の問題に関してオールコックに相談を持ちかけ、オールコックとイギリス海軍ホープ中将はイギリス艦隊の圧力によるロシア軍艦退去を提案し、幕府はこれを了解した。イギリスの軍艦二隻は八月二八日（七月二三日）に対馬に回航し示威《じい》行動を行ない、ホープはロシア側に対して厳重抗議した。

その中で、安藤信正は村垣範正《のりまさ》に再度命じてロシア総領事ゴシケーヴィチに抗議を行なわせていた。これまでビリリョフ艦長の行動を容認していたゴシケーヴィチは、イギリスの干渉を知って形勢不利と察し、軍艦を対馬に急派してビリリョフ艦長を説得した。これによって、ロシアの軍艦は九月一九日（八月一五日）に対馬から退去した。

結果オーライだが、オールコックは、ロシアを追い出した後にイギリスが対馬を占領する案を記載した八月二日（六月二六日）付の書簡を本国に送っていた。この時はイギリスがこれを実行しなかったが、小栗忠順が国際輿論を味方につけるべきと主張したのはその為で、そうすれば、諸外国どうしの牽制《けんせい》によってどの国も勝手なことは出来ない結果となるのである。

この件について勝麟太郎が、イギリスに頼んだのは毒を以て毒を制す策を提案したとしているが、勝麟太郎は蕃書調所頭取助《ばんしょしらべしょとうどりのすけ》で幕閣に政策を直接助言できる立場ではなく、眉唾《まゆつば》であるも、本当の話であればとんでもなく危険な提案をしていたことになる。それに引き換え、小栗忠順は国際情勢を冷静に理解していたと言えるだろう。

そんな中の長崎では、幕府により下長崎村小島郷大字佐古（現在の長崎市西小島一丁目）に洋式病院の長崎養生所が落成し、九月二〇日（八月一六日）に開院式が行なわれた。これは、オランダ軍医ポンペの功績によるも、長崎奉行・岡部長常が尽力したことは大きかった。

江戸の長州藩邸に話を移すと、長州藩士・周布政之助《すふまさのすけ》、桂小五郎、久坂義助《よしすけ》らが一〇月一〇日（九月七日）に長州藩主の世子の毛利定広と航海遠略策について議論した。

周布政之助と久坂義助は、航海遠略策の幕府上申のための藩主・毛利慶親《よしちか》の出府を阻止するため無断で江戸を出立し、一一月一二日（一〇月一〇日）に長州に帰国するも、無断で江戸を離れたことを咎《とが》められて失脚し、藩主出府を止めることは出来なかった。

京都に話を移すと、孝明天皇は一一月一九日（一〇月一七日）に、千種《ちくさ》有文と岩倉具視《ともみ》を召《め》し出して、和宮《かずのみや》に伴って江戸に下向し、老中と面談して事の真偽を確かめるとともに、和宮の意向が叶《かな》うようにせよと命じた。これは、和宮の下向が近づくと、降嫁《こうか》は幕府が和宮を人質とすることが目的で、久我建通《こがたけみち》らは幕府より賄賂《わいろ》を受け、天皇を騙《だま》して幕府の計画を手助けしているとの噂が持ち上がったためである。

これは、公武一和派を陥《おとし》いれる尊攘過激派のプロパガンダであろう。三日後、和宮一行は京都を出立《しゅったつ》し、一二月一六日（一一月二五日）に江戸に入った。

そんな中で儒学者の大橋訥庵《とつあん》は、門弟の多賀谷《たがや》勇と尾高長七郎による輪王寺宮《りんのうじのみや》を拉致《らち》して挙兵する企《くわだ》ての提案を概《おおむ》ね了解していたが、その後、計画が不十分で成功の可能性が低く、挙兵の大義名分のための勅諚《ちょくじょう》が必要なことなどで、一二月一一日（一一月一〇日）に挙兵計画を中止した。

この日京都では、庄内藩浪士・清河八郎が、尊攘過激派の田中河内介《かわちのすけ》の私邸で面会し、京都挙兵計画について会談した。京都挙兵計画とは、老中の安藤信正が画策する廃帝計画を阻止し、江戸にて老中・安藤信正を討伐、京都にて関白・九条尚忠《ひさただ》と京都所司代・酒井忠義《ただあき》を討伐するというもので、熊本藩士・松村大成、豊後岡藩士・小河《おごう》一敏、薩摩藩士・美玉《みたま》三平らに協力の手紙を発送した。

江戸では、勅使《ちょくし》の千種《ちぐさ》有文と岩倉具視が一八六一年一二月二二日（文久元年一一月二一日）に登城して老中・安藤信正と久世広周《ひろちか》に会見した。幕府が和宮を人質にして天皇に譲位《じょうい》を迫るとの風説について詰問し、幕府に二心が無いことを示すため、将軍自らが書いた誓紙《せいし》の提出を求めた。

この日、長井雅楽《うた》は幕府より航海遠略策の書面での提出を命じられたが、翌日、藩主の毛利慶親が藩内の強硬な反対論に鑑《かんが》み、航海遠略策の要旨提出を辞退した。

和宮は、一八六二年一月一〇日（文久元年一二月一一日）に江戸城本丸の大奥に入った。二日後には千種有文と岩倉具視の要求に屈する形で、将軍・徳川家茂《いえもち》は和宮降嫁に関して幕府に二心の無い旨《むね》の誓紙を書き、二人はこの誓書と老中の副書を持って江戸を発《た》った。

三―三　公武一和派と尊攘過激派の争いの中の海外渡航

幕府は、天皇はじめ朝廷や尊攘過激派などの兵庫開港反対により、各国との修好通商条約で交わされた両港（新潟、兵庫）および両都（江戸、大坂）の開港開市延期交渉と、ロシアとの樺太国境画定交渉《からふとこっきょうかくていこうしょう》のための文《ぶん》久遣欧使節団《きゅうけんおうしせつだん》の派遣を決めた。正使が竹内保徳、副使が松平康直、目付が京極高朗《たかあき》の総勢三五名が一月二一日(一二月二二日)に品川を出港した。

不穏《ふおん》な動きをしていた大橋訥庵《とつあん》が、宇都宮藩士・岡田真吾と一八六二年一月二五日(文久元年一二月二六日)に密談し、老中・安藤信正暗殺後、朝廷に使者を送って攘夷の勅命《ちょくめい》を要請し、徳川慶喜《よしのぶ》を擁立して日光山で挙兵する計画に変更し、一八六二年二月六日(文久二年一月八日)に一橋家近習の山木繁三郎に上書取次を依頼した。

それが、山木繁三郎はこれを幕府に報告したため、四日後、大橋訥庵は捕縛され計画は頓挫《とんざ》してしまった。しかし、勅命の要請や徳川慶喜の擁立は、一介の諸藩士らが容易に関ることが出来ないもので、所詮は世間知らずの机上《きじょう》の空論である。

その一方で、長州藩士・長井雅楽《うた》が一八六二年一月二九日(文久元年一二月三〇日)に、老中首座の久世広周《ひろちか》から航海遠略策の公武周旋の内意を伝えられた。三日後、長井雅楽は中老に準じた待遇となったが、藩主・毛利慶親《よしちか》は航海遠略策の要旨提出を辞退しておきながら、本心では国是《こくぜ》と考えていたものか、長井雅楽は一八六二年三月二四日(文久二年二月二四日)には、江戸城柳間《やなぎのま》で航海遠略策を詳述している。

この頃に幕府は、オランダ風説書《ふうせつがき》に代わって、ジャカルタのオランダ総督府機関紙が献上されるようになったことで、これを蕃書調所《ばんしょしらべしょ》が翻訳して御用書肆《ごようしょし》だった本所竪川三之橋の老皂館《ろうそうかん》で印刷し、官板バタヒヤ新聞と題して出版した。これが日本初の新聞である。

そんな中で、攘夷派の水戸藩浪士・黒沢五郎や平山兵介らの六名が、二月一三日(一月一五日)に安藤信正を襲撃し負傷させるテロ事件が江戸城坂下門外(現在の宮内庁通用口付近)で起きた。しかし、水戸藩浪士・川辺佐次衛門は遅刻して参加できず、長州藩士・桂小五郎に斬奸《ざんかん》趣意書を託して、長州藩江戸藩邸にあった有備館で自刃《じじん》した。このために、桂小五郎は北町奉行所に呼び出された。幕府は、水戸藩士らが長州藩邸に出入りしていることは密偵を通じて掴《つか》んでおり、この事件の関与について桂小五郎を疑ったのである。すると、長井雅楽が老中の四名を説いて擁護したことで、桂小五郎は譴責《けんせき》処分を受けただけで事件の取り調べは打ち切られた。

幕閣の襲撃事件は幕府の権威の失墜《しっつい》を加速したというが、テロ行為が世の中を支配するようになっては世も末で、幕末では武士の品格も地に落ちたようである。

攘夷を訴《うった》える井の中の蛙《かわず》を納得させるため、両港および両都の開港開市の延期を考える久世広周は三月一二日（二月一二日）、自邸にイギリス公使オールコックを呼び出して会談し、四日後にも久世邸で根気よく訴えたが、オールコックは納得しなかった。更に翌日にも久世邸で会談を行なうと、やっとここでオールコックは日本の情勢を理解して五年間の開港開市延期を認め、自身の休暇帰国を利用してイギリス政府に訴えることとした。

久世広周は、既《すで》にヨーロッパに出発した使節団に幕府の訓令を伝えるため、外国奉行支配調役の淵辺《ふちべ》徳蔵と通弁御用取扱の森山栄之助にオールコックの同行を命じた。オールコックは二人を伴って三月二三日（二月二三日）に日本を出港した。

尊攘過激派の糾合と寺田屋事件

薩摩では、島流しから赦免《しゃめん》された西郷吉之助が三月一五日（二月一五日）に、藩主の父であるため国父《こくふ》と言われ藩の実権を握っている島津久光に謁見し、前藩主の島津斉彬《なりあきら》に倣《なら》い、幕政改革を旗印として中央政局で主導権を握ろうとする挙兵上京について下問《げもん》された。西郷吉之助は、島津久光は藩内では力があるものの、藩外へ出向いたこともない田舎者で、無位無官では諸侯や公家《くげ》を動かせない、まずは有力諸侯と交流してから上京すべきと進言した。これに対し、島津久光の懐《ふところ》の広さなのか、何のお咎《とが》めもなかった。

この日、薩摩藩士・柴山愛次郎と橋口壮介が京都に到着し、田中河内介《かわちのすけ》や清河八郎らと会談して島津久光の卒兵上京を知らせた。これを機に、西国諸藩士を集めた討幕計画が動き出した。その後、薩摩藩士の二人は江戸へ出立《しゅったつ》し、田中河内介は清河八郎との連名で、長州と九州諸藩の志士達に武器を携《たずさ》えて即刻上京するようにと三月一七日（二月一七日）付けの檄文を発《はっ》した。

島津久光の上京に先立って、九州の動向を探り馬関《ばかん》（現在の下関市）で落ち合うよう命じられた西郷吉之助は、森山新蔵と村田新八と共に、四月一一日（三月一三日）に鹿児島を発《た》った。一行は四月二〇日（三月二二日）に馬関に到着し、前日に到着していた福岡藩浪士・平野次郎、豊後岡藩士・小河《おごう》一敏から京大坂の緊迫《きんぱく》した情勢を聞き、島津久光の命令を無視して馬関を発った。

この頃、薩摩藩の過激派は、大坂蔵屋敷二十八番長屋と旅館魚屋太平に多数の尊攘派志士を収容していた。五月三日（四月五日）には、長州系尊攘過激派志士も大坂に到着した。

島津久光は五月四日（四月六日）に姫路に到着し、西郷吉之助らが尊攘過激派浪士と行動を供にしている報告を受けると、捕縛の上で薩摩送還を命じた。四日後、大坂に到着すると藩内過激派に対し、密かに諸藩士や浪人に接触しみだりに奔走《ほんそう》しないよう諭告した。

その二日後、福岡藩浪士・平野次郎は、率兵上京中の島津久光に期待する討幕三策を皇族の曇華院《どんけいん》の家司に提出し、朝廷に上げることを依頼した。平野次郎は馬関で西郷吉之助と会っているが、島津久光の上洛は公武一和を以って強い幕府をよみがえらせるための幕政改革であって、討幕のためではない。何を勘違いしたものだろうか。

この日の夜、土佐藩士・吉田東洋《とうよう》（一八一六〜六二）が城から帰宅の途中で、土佐勤王党党首の武市《たけち》半平太の指令を受けた那須信吾、大石団蔵、安岡嘉助によって暗殺された。

吉田東洋は、藩政では法律書『海南政典』を定め、門閥打破、殖産興業、軍制改革、開国貿易等の富国強兵を目的とした改革を遂行した。しかし、保守的な門閥勢力や尊皇攘夷を唱《とな》える土佐勤王党との政治的対立を生じさせる結果となっていた。土佐では開明的な第一人者で残念な結果である。というのも、私塾では後藤象二郎や乾退助（後の板垣退助）、福岡孝弟《たかちか》、岩崎弥太郎らの若手藩士を育てていた。

長州藩士・久坂義助《よしすけ》らは、長井雅楽《うた》の罪一二ヶ条を挙《あ》げて、長井雅楽を切腹に処し朝廷に陳謝して公武一和の周旋を破棄すべきと主張した弾劾書《だんがいしょ》を、五月九日（四月一一日）に在京の藩重役に提出した。その長井雅楽はこの二日後、議奏・正親町三条実愛《おおぎまちさんじょうさねなる》より航海遠略策の説明のために藩主の上京の内旨《ないし》が伝えられ、翌日には江戸に向けて京都を発った。

五月一四日（四月一六日）、薩摩藩国父・島津久光が権大納言《ごんのだいなごん》・近衛忠房の要請を受けて非公式に入京し、国政改革について進言した。その内容は、安政の大獄で処分された皇族や公家《くげ》を赦免《しゃめん》する。関白・九条尚忠《ひさただ》を罷免し近衛忠熙《ただひろ》を関白につける。公卿、堂上がみだりに浪人の説を信用しないよう、また叡慮《えいりょ》が浪人に漏れないよう取締りを厳重にする。幕府においては、不時登城で罰せられた城主らを赦免し、徳川慶喜《よしのぶ》を将軍後見職につけ、松平春嶽《しゅんがく》を大老にするなどである。

近衛家と島津家は姻戚《いんせき》であるも、朝廷の人事にも口を挿《はさ》むなどやり過ぎの感があるが、孝明天皇に執奏《しっそう》したところ天皇は大喜びで、島津久光に滞京し浪士鎮撫《ちんぶ》の勅命《ちょくめい》が下った。翌日、島津久光は率兵して入京し錦小路の藩邸に入った。

その一方で、薩摩藩精忠組《せいちゅうぐみ》の有馬新七と田中謙助は、尊攘過激派の田中河内介《かわちのすけ》や小河《おごう》一敏らと談合し、挙兵して関白・九条尚忠《ひさただ》と京都所司代・酒井忠義《ただあき》を斬れば、諸藩も眠りから覚めて革新の道が開ける。これは島津久光の命に背《そむ》くが尊皇攘夷の大義のため、ひいては忠節をつくすことになると嘯《うそぶ》いて挙兵を五月一六日（四月一八日）と決めた。

これを知った島津久光は、過激派の説得のため精忠組の奈良原喜左衛門と有村俊斎を大坂へ派遣した。二人が在坂藩士を集めて説得したことで、薩摩藩過激派は相談の上で、この日の決起は取りやめたのである。島津久光は精忠組の説得に、精忠組の大久保一蔵も派遣していた。大久保一蔵は五月一八日（四月二〇日）に有馬新七らに会い説得を試みたが、島津久光の側近となったために説得する力はなく、その日のうちに大坂を発《た》った。

江戸では、長州藩士・中谷正亮《しょうすけ》、久保清太郎、佐世八十郎、楢崎忠助、楢崎弥八郎、久坂義助《よしすけ》ら六名の署名の長井雅楽《うた》に対する弾劾状を、五月一七日（四月一九日）に藩主・毛利慶親《よしちか》に提出した。これは八日前に在京の藩重役に提出した弾劾書である。長井雅楽は二日後に江戸藩邸に入り、毛利慶親に議奏・正親町三条実愛《おおぎまちさんじょうさねなる》より上京を促《うなが》す内勅《ないちょく》を奉じられていることを伝えた。

京都では、五月二〇日（四月二二日）、在京の長州藩家老・浦靱負《うらゆきえ》が、長州藩士に暴発しないよう訓示したが、京都の長州藩邸に尊攘過激派の長州藩士が多数集まり、大坂在住の豊後岡藩士・小河一敏らと決起を画《かく》策《さく》していた。

そんな日に、久留米藩浪士・真木和泉らが大坂の薩摩藩邸に入った。真木和泉らは鹿児島で抑留されていたが、四月二七日（三月二九日）に放免されて大坂に到着したばかりで、最初は意味のない挙兵には反対だったが、中川宮《なかがわのみや》の意思を受けての決起だと聞き参加を決めた。しかしこれは、清河八郎が決起を促《うなが》すために使った方便だった。

尊攘過激派らは、薩摩藩大坂蔵屋敷二十八番長屋で謀議を開き、それぞれの分担が決定した。九条関白邸を襲撃し九条尚忠討伐が薩摩系三六名、久留米系一〇名、京都志士六名。所司代屋敷を襲撃し酒井忠義討伐が長州系と他の脱藩志士を合わせた約五〇名。関白邸襲撃を援護し臨機応変に対処するのが竹田系の二二名というものである。

その一方で島津久光は五月二〇日（四月二二日）、決起を計画する在坂尊攘過激派藩士の説得に再び奈良原喜左衛門と有村俊斎を派遣した。二人は翌朝に大坂に着いたが、すでに有馬新七らは出発した後で、責任を感じた什長《じゅうちょう》の永田佐一郎が切腹していた。これで決行日が迫ったことを知った在番役の高崎正風《まさかぜ》と藤井良節《よしとき》は、急ぎ京都に注進した。

これを聞いた島津久光は、出奔《しゅっぽん》藩士を藩邸に呼び戻して説得しようと考え、従わぬ場合には上意討ちもあると言い含めて、剣術に優れた藩士八名を鎮撫使に選び派遣することとし、後から上床源助が志願して加わり九名となった。

この日の夜、九名は寺田屋に到着し、押し問答の末に戦闘となった。この戦闘で、討手側は一名が死亡、一名が重傷、四名が軽傷を負った。志士側は六名が死亡、二名が重傷を負った。二階にいた薩摩藩士の多くは投降し、二一名が帰藩謹慎を命じられた。他藩の志士たちの多くも投降し、所属する藩に引き渡された。

引き取り手のない浪士は薩摩で引き取ると申し渡されたが、薩摩への船上で斬殺され海に捨てられた。

これで孝明天皇は、島津久光に対して五月二二日（四月二四日）に、浪士鎮撫《ちんぶ》を賞する内勅《ないちょく》を下《くだ》した。天皇は、勤皇と云えども京都で騒動を起こす輩《やから》を嫌い、自国の藩士をも厳しく処罰する島津久光に対する期待が高まって出た勅命《ちょくめい》である。

薩長の主導権争いと政権返上論

朝廷では長井雅楽《うた》の起草した航海遠略策の建白書の内容に、朝廷謗詞《ぼうし》の懸念ありとの沙汰《さた》を下した。これを受け、議奏・中山忠能《ただやす》が六月二日（五月五日）に長州藩家老・浦靫負《ゆきえ》に伝達した。

謗詞とは誹謗中傷した文言ということで、これは、長井雅楽を排斥《はいせき》して長州藩の藩論を一転させようという藩内過激派の朝廷工作だった。これにより、長井雅楽は六月一七日（五月二〇日）に藩の役職を退《しりぞ》いた。朝廷と幕府がともに航海遠略策の開国策に傾倒していたが、ここは、幕末のターニングポイントの一つと考えられる。

その一方で、薩摩藩国父・島津久光は六月六日（五月九日）に、権大納言《ごんのだいなごん》・近衛忠房や議奏・中山忠能、正親町三条実愛《おおぎまちさんじょうさねなる》らの公家《くげ》に工作を働きかけて建白書を提出した。内容は、二〇日ほど前に近衛忠房に語ったものである。

島津久光の建白は孝明天皇に受け入れられ、勅使《ちょくし》として大原重徳《しげとみ》を江戸へ派遣することが決定された。島津久光は、六月一八日（五月二一日）に勅使・大原重徳に随従して京都を出発した。ここで朝廷は、島津久光と長州藩主・毛利慶親《よしちか》に、協力して事に当たるよう命じていた。

その毛利慶親は、航海遠略策の建白書の朝廷謗詞の疑いにより七月一日（六月五日）に長井雅楽に帰国謹慎を命じた。これで、長州藩では尊攘過激派が主導権を取ることとなった。翌日、毛利慶親は京都に向けて江戸を発《た》った。

この翌日、島津久光が勅使・大原重徳に随従して江戸に到着し薩摩藩邸に入った。島津久光は東海道を通ったが、毛利慶親は中山道《なかせんどう》より京都へ向かい、出会うこともなかった。島津久光は、勅使の到着を待たず江戸を離れた毛利慶親の行動を批判した。

この二日後、大原重徳が登城した。大原重徳は勅諚《ちょくじょう》を示し、1．将軍が上洛し国是《こくぜ》を議論する。2．五大老の設置（五大老は、加賀、薩摩、仙台、長州、土佐）3．徳川慶喜《よしのぶ》の将軍後見職、松平春嶽《しゅんがく》を大老に就任させる、というもので、この中の一つを採択し実行を要求した。

薩摩では、西郷吉之助が七月一〇日（六月一四日）に山川港を出港し徳之島へ向かった。西郷吉之助は奄美大島への島流しから解放されたかと思うと四ヶ月ほどでまた島流しとなり、それと寺田屋事件により、薩摩では尊攘過激派が静粛された。

その一方で長州では、毛利慶親が八月一日（七月六日）、毛利定広や在京藩士を集めて藩是《はんぜ》に関する会議を開いた。過激派の藩士は、天皇の攘夷の意思が不動である以上は航海遠略策を破棄し破約攘夷に尽力すべきと主張した。

これに対し穏健派は、破約攘夷の実行は極《きわ》めて困難で、これを強行すれば争乱を招《まね》くとして、天皇の意思を重ねて確認し審議熟考した上で行動すべきと主張したが、残念なことに破約攘夷で藩論がまとまった。これを機に、尊攘派が主流となった長州藩と尊攘派が粛清された薩摩藩は対立していくこととなるのである。

この日、徳川慶喜《よしのぶ》が将軍後見職に就任した。三日後、福井藩御用掛・中根靱負《ゆきえ》が大目付・岡部長常を訪ね、松平春獄《しゅんがく》のポストについて大老職から政事総裁職への変更を要請した。これにより松平春獄は、新設の政事総裁職に就任することとなった。これらは、島津久光の建白《けんぱく》によるものである。

そうしていると、越後浪士・本間精一郎が八月一三日（七月一八日）に議奏・正親町三条実愛《おおぎまちさんじょうさねなる》に四奸二嬪《しかんにひん》の排斥《はいせき》を訴《うった》えた。更に、薩摩藩精忠組の藤井良節《よしとき》らと謀《はか》って、有志の間に四奸二嬪ら十数名の奸物を殺害する計画があり、殺害をやめさせるには四奸二嬪を退《しりぞ》けるしかないとの書簡を、関白・近衛忠熙《ただひろ》に提出した。四奸二嬪とは、和宮降嫁《かずのみやこうか》に賛同した久我建通《こがたけみち》、千種《ちぐさ》有文、岩倉具視《ともみ》、富小路敬直《とみのこうじひろなお》、今城重子、堀河紀子《もとこ》のことである。

二日後、安政の大獄において大老・井伊直弼《なおすけ》サイドで活躍していた九条家家士・島田左近《さこん》が暗殺された。犯人は薩摩藩士・田中新兵衛らである。この一二日前には、長州藩士・久坂義助《よしすけ》や寺島忠三郎らが襲撃して取り逃がしていた。田中新兵衛らは何度か襲撃を繰り返してここで成就《じょうじゅ》した。

この暗殺劇から始まるのが、「天誅」と呼ばれる、おもに京都で続発した殺戮騒動《さつりくそうどう》で、暗殺後に生首を晒《さら》して斬奸趣意書《ざんかんしゅいしょ》を貼り付けていた。斬奸趣意書とは斬奸状とも言い、悪人を斬り殺す時に、その理由や思うところを書き記した文書のことである。しかし、幕末では暗殺した悪人が斬奸趣意書を書いていた。

すると、公武一和派の千種有文、岩倉具視、富小路敬直が八月一九日（七月二四日）に、病と称して近習の辞表を提出した。これは、島田左近の暗殺、梟首《きょうしゅ》に驚いた議奏・中山忠能《ただやす》と正親町三条実愛の忠告によるもので、孝明天皇は四日後に辞表を受理した。

そうしていると、長州藩士・久坂義助が八月二五日（八月一日）に「廻瀾条議《かいらんじょうぎ》」をまとめた。これには、吉田松陰《しょういん》の遺骸の改葬とか、通商条約により殖民地にされるとか、和親条約までは良く通商条約以降は和親条約に戻せとか、幕府は朝廷に政権を返すよう訴《うった》えていた。翌日、これを藩主・毛利慶親《よしちか》に提出すると、承認を得て藩論となってしまった。この頃から、尊皇攘夷運動において、当初は幕政改革を目指していたものが、幕府は政権を朝廷に返上すべきと考えるようになってきたのである。

また、三条実美《さねとみ》や姉小路公知《あねがこうじきんとも》ら攘夷派の十三卿が関白・近衛忠煕に四奸二嬪弾劾書《だんがいしょ》を九月九日（八月一六日）に提出した。これで朝廷は、四奸二嬪に対して蟄居《ちっきょ》、辞官落飾《じかんらくしょく》の沙汰《さた》を下《くだ》した。

生麦事件と京都の尊攘過激派

目的を達成した島津久光は江戸藩邸を出発し、東海道を上京していた。その途上の九月一四日（八月二一日）、横浜近くの生麦村《なまむぎ》（現在の横浜市鶴見区生麦）付近で事件が起きた。

騎乗で行列の正面からやって来たイギリス人四名に対し、身振り手振りで下馬し道を譲《ゆず》るよう説明したが、行列の中を逆行して進んで来た。イギリス人たちは駕籠《かご》の近くまで来たところで、供回《ともまわ》りの声にまずいと気付いたようだが下馬する気はなく、引き返そうとして馬首をめぐらしたことで深く踏み込んでしまい、行列の進行を完全に妨《さまた》げてしまった。

この時、島津久光が危ないと思った薩摩藩士数名が斬りかかり、イギリス人四名は驚いて逃げようとしたが時すでに遅く、奈良原喜左衛門が無礼者と叫んでチャールズ・リチャードソンを斬り付けた。リチャードソンは、脇腹を押さえて通り抜けようとしたが、久木村治休にすれ違いざまに斬り付けられ、それでも逃げようとするも落馬した。追いついた海江田信義が苦しむリチャードソンの様子を見て哀れに思い、喉にとどめを刺した。

ウィリアム・マーシャルとウッドソープ・クラークも深手を負い、馬を飛ばしてアメリカ領事館としていた本覚寺へ駆け込んで助けを求め、ヘボン式ローマ字の考案者のジェームス・カーティス・ヘボン博士の手当を受けることとなった。マーガレット・ボラディル夫人は、帽子と髪の一部が飛ばされただけの無傷だったため、横浜の居留地へ駆け戻り救援を訴《うった》えた。

その後横浜は大変な騒ぎとなり、激怒する外国商人たちは、薩摩藩の行列に報復するため公使館付の警備兵を出動させるようイギリス代理公使ジョン・ニールに詰め寄ったが、冷静なジョン・ニールはそれを無謀な行為として拒否した。翌日、横浜在住の居留民会は会議を開き、外交団、海軍関係者、居留民の大半が報復計画を支持した最終報告を採択し、これをイギリス本国のジョン・ラッセル外相とタイムズ社に送付することを決議した。

事件の実相だが、四名は日本に来るなり乗馬で町の見物に出かけたいと申し出ると、既《すで》に滞在していたイギリス人たちから自重するように助言されたにもかかわらず強引に出かけたのだという。ジョセフ・ヒコの親友のヴァン・リードも乗馬でこの行列に遭遇したが、すぐさま下馬して馬を道端に寄せ、手綱《たづな》を手に起立してやり過ごすと何のお咎《とが》めも受けなかった。郷に入らば郷に従えである。

米紙ニューヨーク・タイムズは、この事件の非はリチャードソンにあると掲載している。この当時の日本人の誰もがイギリス人四名に非があり薩摩に非はないと考える出来事であった。

それでも、老中・板倉勝静《かつきよ》と水野忠精《ただきよ》は九月二三日（八月三〇日）に板倉邸でジョン・ニールと生麦《なまむぎ》事件の折衝《せっしょう》を行なった。ジョン・ニールは、賠償金要求については本国の訓令を待って交渉するとしたが、犯人の差し出しを繰り返し要求した。幕府は、外様の薩摩が多数の兵を伴って幕政に介入したことで敵意を持ち、この事件は幕府を困らせるためにわざと起こしたと考える幕臣も多く、対処方針を決めかねていた。その一方で東海道筋の民衆は「さすがは薩州様」と歓呼《かんこ》して薩摩の行列を迎えていた。

翌日、会津藩主・松平容保《かたもり》が京都守護職に就任した。松平容保は一ヶ月ほど前に政事総裁職・松平春嶽《しゅんがく》から内命されるが固辞し、その後も将軍後見職・徳川慶喜《よしのぶ》などの再三の就任要請を断っていた。それは、藩財政が浦賀と蝦夷地《えぞち》での警備の任で窮乏《きゅうぼう》状態だったからである。松平春嶽が会津藩祖・保科《ほしな》正之の会津藩たるは将軍家を守護すべき存在との家訓を引き合いに出したため承諾《しょうだく》したが、会津藩士たちは、これで会津藩は滅びると肩を抱き合って慟哭《どうこく》したという。

さて、島津久光は九月三〇日（閏八月七日）に京都に到着し、二日後に参内して幕政改革の成功を復命した後に勅使《ちょくし》補佐の功を賞された。しかし、京都の情勢は三ヶ月半前に京都を出発した時とは激変しており、尊攘過激派の勢力が盛んとなっていた。

国内の情勢は、朝廷も幕府も諸藩もこれまで通りの治世を希望する保守派が多数を占めている中で、一部の連中は、公武一和派、尊皇派、佐幕派、討幕派、開国派、攘夷派と入り乱れ、喧々諤々《けんけんがくがく》となっていくのである。

文久遣欧使節団と第一次上海使節団

国内が激動している頃、文久遣欧《ぶんきゅうけんおう》使節団一行は四月三日（三月五日）にマルセイユに到着し、四日後にパリに到着した。フランスと交渉したが開港開市延期の同意は得られなかった。それでもイギリスとの交渉のため、使節団はパリを出発し四月三〇日（四月二日）にロンドンに到着した。翌日、第二回ロンドン万国博覧会が開催された。

イギリス公使オールコックが使節の参加を手配していたことで、正式な参加国ではなかったが、日本から随行して来た通訳のジョン・マクドナルドに伴われ、正使・竹内保徳、副使・松平康直、外国奉行支配組頭・柴田剛中《たけなか》、目付・京極高朗《たかあき》が博覧会の開会式に出席した。

トランペットが鳴り響き、各国の代表が長い列を作り入場して来る。そして、日本の使節の入場と共に観客からざわめきが漏れた。羽織袴に裃《かみしも》を着て髷《まげ》を結っての登場に、伝説から抜け出たような東洋のエキゾチックな輝きがあり、ヨーロッパの人々を魅了したのである。

そして日本の展示品は、幕府から日本の通貨一式と公文書の見本を託《たく》されて展示され、主にはオールコックが収集した漆器《しっき》、わら細工、籠《かご》、陶磁器、冶金製品、和紙、革製品、織物、彫刻、絵画、挿絵《さしえ》、版画、機械、教育用の作品と器具、玩具など六一四点の作品だった。使節団にすれば見慣れた骨董品のような雑具ばかりで、粗物《そぶつ》のみを出品していると嘆《なげ》いたが、現地では絶賛された。これによりオールコックはジャポニズムの祖として名を留《とど》めることとなった。

一方、幕府の第一次上海使節団が千歳丸で五月二七日（四月二九日）に長崎より出港した。これは、交易を目的とするも、幕府は清朝《しんちょう》の動乱や欧米列強のアジアでのあり方に深い関心を寄せていて、この調査が主な目的であった。一行は七日後に上海に到着した。上海は一八四二年（天保一三年）の南京条約によって条約港となり、洋風の建物が建ち並び道路では馬車が走り、夜はガス灯で町全体が輝き、初めて見る異国の地は感激と驚きで満たされたと思われる。

さて、文久遣欧使節団一行はオールコックを待っている間にロンドンの名士の晩餐会《ばんさんかい》に招《まね》かれ、クリケットやアーチェリーなどを教わって英国式の休日の過ごし方を堪能し、劇場にも出かけてイギリス社交界も垣《かい》間《ま》見た。また、汽車で移動してニューカッスルの炭鉱を視察し、リヴァプールなどにも行った。一行がロンドンに戻って来た五月三〇日（五月二日）の夕方、オールコックがロンドンに到着した。

使節団はイギリスと開港開市の延期を交渉し、六月六日（五月九日）にロンドン覚書に調印した。それから、オランダの軍艦アルジュノ号が迎えに来て、使節団は六月一二日（五月一五日）にオランダに向けてイギリスを発《た》った。翌日には、同行してくれたイギリスの外交官の執り成しもあり、オランダで開港開市の延期交渉をして成功した。

そんな中で、第一次上海使節団が上海を出港し、八月八日（七月一三日）に長崎に到着した。ちなみに、高杉晋作は、多くの洋書を買い込んで門外漢の理工書も多いが、長崎海軍伝習所で学んでいた佐賀藩士・中《なか》牟《む》田《た》倉之助に伴って行動しアドバイスしてもらっていた。

高杉晋作の日記には、欧米人が道の真ん中を堂々と歩き、中国人が道端で通り過ぎるのを待っている姿を見て、自国の道を堂々と歩けないのは攘夷しないからであると書いている。中国は攘夷どころかアヘン戦争を戦ってこの状態になったのであり、上海に行っても攘夷一辺倒とは情けない。

そして文久遣欧使節団は、九月三〇日（閏八月七日）にはパリで開港開市の延期交渉をして成功した。一度断られるも、イギリス、オランダ、プロイセン、ロシアとの交渉の成功をもとに話を勧めて合意に至《いた》ったのである。ポルトガルでは、一〇月九日（閏八月一六日）に開港開市の延期交渉をして成功し、その後、英領ジブラルタルを経由して帰国の途に就いた。

それにしても、開港開市の五年の延期交渉に成功するとはあっぱれである。これは、老中首座・久世広周《ひろちか》の、執念のようなイギリス総領事ラザフォード・オールコックへの説明の成果である。

三─四　攘夷期限の要求と幕府の混乱

大目付の岡部長常と寄合肝煎の浅野長祚《ながよし》、それに福井藩に招聘《しょうへい》されていた熊本藩士の横井小楠《しょうなん》が、老中の板倉勝静《かつきよ》邸に招《まね》かれて一〇月四日（閏八月一一日）に会談した。横井小楠が公武一和の充実と開国か鎖国かの国是《こくぜ》決定のために将軍上洛は必要不可欠であると語り、幕府は将軍上洛の日程を一八六三年三月一九日（文久三年二月一日）に内定した。

京都では、長州藩家老・益田親施《ちかのぶ》らが関白・近衛忠熙《ただひろ》に、破約攘夷に関する朝議の確定を迫る建白書を一〇月七日（閏八月一四日）に提出した。長州は藩是《はんぜ》を破約攘夷に決定し、これを朝廷に取り入れて国政でイニシアティブを握ろうとしていた。

すると、尊攘過激派の本間精一郎が一〇月一三日（閏八月二〇日）に暗殺された。犯人は薩摩藩士の田中新兵衛と土佐勤王党の武市《たけち》半平太ら九名である。後日、岡山藩浪士・藤本鉄石は土佐勤王党の平井収二郎と面会して本間精一郎の暗殺を問い質《ただ》し、武市半平太の殺人鬼のような暗殺手法に強い疑念を持ち土佐勤王党と距離を置くこととなる。土佐勤王党は、長州に主導権を握られたことで焦っていたのである。

この日、幕府は軍制改革を発令し海軍を創設した。これは、海軍創設計画会議を行ない、軍艦奉行・木村喜毅《よしたけ》の提案で、日本の警備管区を六区に分けて艦隊を整備し、艦船三七〇艘、乗員六万一二〇五名とする案を議論した。

これは、大型軍艦で外洋に出て行くのではなく、小型軍艦での近海防衛を想定しており、幕末期の日本では大小合わせて一四〇隻の軍艦があったと言われるが、巡洋艦程度のもので考えれば三七〇隻はもう少し努力すれば届かない数字ではない。人員も、全国で三〇〇〇万石あり、一万石に約二〇名の割り当てで計算は成り立ち、人件費は各藩がそれぞれ捻出することとすれば当面の間は賄《まかな》えることとなる。

なぜそこまでするかというと、いつ何時《なんどき》イギリスなどが牙をむくかもしれず、日本存亡をかけて海防の準備をする重要性を示したものである。しかし、政事総裁職・松平春嶽《しゅんがく》が海軍指揮機能の分断に反対し、七月三〇日（七月四日）に御側御用取次《おそばごようとりつぎ》となった大久保忠寛の引きで軍艦奉行並に就任した勝義邦が初期投資と維持費用の大きさより反対した。海軍の専門家でもない松平春嶽が口を挿《はさ》むことではないし、数字音痴の勝義邦に予算のことを言われたくないが、しばらく議論されることとなった。

薩摩藩国父・島津久光は一〇月一四日（閏八月二一日）に、関白・近衛忠熙へ建白書を提出して破約攘夷に反対し、幕政改革の支援こそが今なすべきことと主張した。島津久光は、公武一和により国政を安定させ開国政策でイニシアティブを握ろうとしていたが、すでに長州が破約攘夷を掲《かか》げて朝廷に強い影響力を持ったことを悟って帰国を決意し、二日後に京都を発《た》った。

幕府は一〇月一五日（閏八月二二日）に、日本全体の軍備増強と全国の海岸警備を目的として、経費削減のために参勤の間隔を三年に一回、在府を一〇〇日とし、藩主妻子の帰国を自由とした。これは、横井小楠の国是七条《こくぜしちじょう》を参考にして実行に移されたのだが、幕府の権威を弱めることとなってしまった。

この日、九条家の諸太夫の宇郷玄蕃《うごうげんば》が暗殺された。犯人は土佐勤王党の岡田以蔵や熊本藩士の堤松左衛門《まつざえもん》らである。九条尚忠《ひさただ》、道孝父子は幕府との協調路線を推進していたが、それに対する警告である。

朝廷は、長州藩主・毛利慶親《よしちか》に破約攘夷の建白を嘉納《かのう》し、幕府が攘夷を決定するよう周旋を命じる沙汰書《さたしょ》を一〇月二〇日（閏八月二七日）に下した。幕府が天皇の威を借るために和宮降嫁《かずのみやこうか》を実らせた際、七～一〇年以内に外交交渉し、場合によっては武力をもって破約攘夷を決行すると確約した。

しかし、よく吟味すると攘夷の実行が曖昧《あいまい》だ。であれば、攘夷期日を決めればと考えた尊攘過激派の連中は、公武一和派の公家《くげ》を排除するため暗殺テロを繰り返し、朝廷内に尊皇攘夷派の公家を集め朝廷を牛耳《ぎゅうじ》って、幕府に攘夷期限を決定させるために、あの手この手を使って迫ってくるようになるのである。

二日後、土佐勤王党党首・武市《たけち》半平太の命により、清岡治之介、阿部多司馬、岡田以蔵の三名が、九条家の家士・島田左近《さこん》の指示で動いていた目明《めあか》し、猿《ましら》の文吉を暗殺した。

すると、幕府の文久年間オランダ留学生一五名が一一月一日（九月一〇日）に長崎を出港した。これは、軍艦奉行・木村喜毅《よしたけ》が造船技術取得のためアメリカへの留学生派遣を建議したが、アメリカが南北戦争のためオランダに変更され、造船技術以外にも医学や法律、経済など受講の範囲を広げたものである。

この中の西周《あまね》、津田真道《まみち》、伊東方成《ほうせい》、林研海《けんかい》、榎本武揚《たけあき》、赤松則良《のりよし》など留学生の多くは、日本の近代化に貢献することとなる。

薩長土の策動と幕府の対応

京都に話を移すと、土佐藩士、長州藩士、薩摩藩士らが一一月七日（九月一六日）に謀議《ぼうぎ》し、幕府に攘夷実行を督促する手段として、攘夷勅使《じょういちょくし》を江戸へ派遣すべきと考え、正使には三条実美《さねとみ》、副使は姉小路公知《あねがこうじきんとも》を選出し、勅使には土佐藩主・山内豊範《とよのり》を随行させると計画した。

しかし、土佐と長州はこれで動いたが、薩摩は、武備の充実不足を理由に勅使派遣には同意しなかった。中川宮《なかがわのみや》は、三藩の意見が一致しない破約攘夷は時期尚早だと断言した。それでも二日後、薩摩藩主・島津茂久《もちひさ》、長州藩主・毛利慶親、土佐藩主・山内豊範の連署を装い、江戸に勅使を派遣し幕府に攘夷の勅諚を下すようにとの建白書を提出した。

それが、毛利慶親は名実ともに藩主だが、薩摩は国父・島津久光が、土佐は前藩主・山内容堂《ようどう》が実権を握っていて、二人は公武一和派だった。これは現実的に無理があるが、朝廷は攘夷の勅諚《ちょくじょう》の伝達のため一一月一一日（九月二〇日）に三条実美を正使、姉小路公知を副使に任命し、山内豊範に勅使随従、周旋を命じた。これでは、偽造と思われる建白書《けんぱくしょ》のままではないか。

江戸では、国内の混乱を正そうと考えた福井藩は、一一月七日（九月一六日）に条約破棄により必戦覚悟させて全国の大名に国是《こくぜ》を議論させ、全国一致の決議を得て自ら開国を求めるべきというものを幕府に具申するよう決議した。これは、横井小楠《しょうなん》の提案によるものだが、尊攘過激派の主張する破約攘夷論と同じような、危険極《きわ》まりない論説である。

幕府は、前日に結論の出なかった福井藩提案の破約決議論について一一月一一日（九月二〇日）に各奉行、大小目付ら芙蓉間《ふようのま》の有司に議論させた。すると、南町奉行・小栗忠順《ただまさ》が戦端を開くこととなる破約に反対で、開国を推進し幕政主導を重視する考えを述べた。有司たちは開国推進にも慎重で、破約決議論にも同意せず結論は出なかった。

この三日後、京都西町奉行所の与力・渡辺金三郎と同心・上田助之丞、京都東町奉行所の与力格同心・森孫六と大河原重蔵が石部宿（現在の滋賀県湖南市石部中央）で暗殺され、首は粟田口《あわたぐち》（現在の京都市東山区粟田口）で晒《さら》された。約三ヶ月前に島田左近《さこん》、約二ヶ月前には宇郷玄蕃《うごうげんば》と猿《ましら》の文吉が暗殺されており、安政の大獄に関わった者が襲われる天誅事件をこれ以上広めないために、該当者の五名の与力と同心を京都から江戸に転任させることとなった。

その中で、東町奉行所の与力・加納繁三郎は一足早く出立《しゅったつ》したために難を逃《のが》れて無事江戸に到着したが、残りの四名が石部宿に到着した夜、三〇名以上の賊に襲われ斬り殺された。この襲撃には、土佐、長州、薩摩、久留米の志士が集まったようで、長州藩士・久坂義助《よしすけ》、薩摩藩士・田中新兵衛、土佐藩士・平井収二郎らの名前が残っている。

二転三転の幕府と薩摩の贋金鋳造

政治総裁職・松平春獄《しゅんがく》は一一月一八日（九月二七日）に、幕府の開国上奏方針に不満を持ち辞職を決意し登城を中止した。そのため、御側御用取次《おそばごようとりつぎ》の大久保忠寛が福井藩邸を訪ねた。ここで取り次いだ横井小楠《しょうなん》と面会したが、破約決議論に服してしまった。

三日後、大久保忠寛は、将軍後見職・徳川慶喜《よしのぶ》や老中に面会し、破約決議論は条約破棄よりもその後の自主開国に重きがあることを説明すると老中たちは納得した。ところが、徳川慶喜が破約決議論を退《しりぞ》け、幕府を既《すで》になきものと見て日本全国の為の開国論を述べた。すると皆の気持ちが変わり、幕府の進めてきた開国を国是《こくぜ》とすべきと結論が出た。

これを大久保忠寛から聞いた横井小楠は、若輩の徳川慶喜を軽視していたが、この卓見《たっけん》と英断に感服し、破約決議論を誤《あやま》りと改めた。ここでの注目は、徳川慶喜が幕府を既になきものと見ていたことで、幕府の政権返上を予感していたと思われることと、幕閣の信念のなさである。

薩摩では、安田鐵《てつ》蔵《ぞう》が飛騨の鋳銭職人六名を伴って一一月二五日（一〇月四日）に鹿児島に到着した。安田鐵蔵は、薩摩藩の琉球通宝鋳銭の申請に対して幕府を周旋した人物である。幕府は九月五日（八月一二日）に琉球通宝の鋳銭を認可していた。

安田鐵蔵が鹿児島に来た二日後、薩摩藩士・市来四郎が小納戸頭の大久保一蔵と鋳銭について会談した。これより大久保一蔵が、市来四郎が島津斉彬《なりあきら》の命で天保通宝を偽造していたことを、島津久光、茂久《もちひさ》父子に報告したことで、市来四郎は琉球通宝鋳造掛となり、江戸の鋳銭職人を受け入れて天保通宝を試鋳し、一二月二日（一〇月一一日）に島津久光に献上した。

琉球通宝は天保通宝とデザインが一緒で、幕府から琉球通宝鋳銭の許可を貰《もら》い、これを隠れ蓑《みの》にして天保通宝を密造することが真の目的だった。天保通宝は一文銭が五～六枚分の重量の銅銭で貨幣価値は一〇〇文だが、実際には八〇文で通用した。一枚作る人件費は一〇文程度で鋳造できるため、多くても一六文の費用で八〇文になるわけで、各地で偽造された。

調べると、市来四郎が天保通宝の偽造された金額が二九〇万両に達したと日記に書いていて、天保通宝の貨幣価値は一〇〇文、四〇枚で一両なので、一億一六〇〇万枚造られたことになる。それが、飛騨の鋳銭職人の中島清左衛門の書状では三年間に四五〇万両鋳造したと書いている。

明治時代に引換回収された天保銭は、徳川幕府の鋳造した記録にある枚数を一億枚以上も上回っていて、全て回収出来たわけではないので二億枚程度が幕末に密造されたと推定されており、薩摩藩製が半分以上であることは確実である。

どうやら、火山灰大地で米の収穫が少なく武士の数が多い脆弱《ぜいじゃく》な財政の薩摩藩が幕末に活躍できたのは、開府当初より幕府公認の琉球貿易における許可以上の密貿易と贋金《にせがね》鋳造によるところが大きい。

江戸に話を戻すと、前土佐藩主・山内容堂《ようどう》は現藩主・山内豊範《とよのり》が攘夷勅使《じょういちょくし》の護衛として東下して来る上に、朝廷から攘夷奉勅《ほうちょく》を周旋するよう命じられているため、今回の勅使に開国の趣旨を述べれば議論もせずに帰京するやもしれず、そうなれば京都は大乱になる形勢だと一二月九日（一〇月一八日）に大目付・岡部長常に警告した。

岡部長常は登城してこれを老中らに説明した。幕議では徳川慶喜《よしのぶ》の上京での開国上奏で決まっていたため老中らは当惑した。徳川慶喜も当惑したが、政事総裁職・松平春嶽《しゅんがく》が登城停止中で決定には至《いた》らなかった。それが二日後、徳川慶喜が山内容堂の警告の受け入れを表明して老中たちを説得し、攘夷を受け入れることに一転した。

そんな日に、御側御用取次《おそばごようとりつぎ》・大久保忠寛が福井藩邸を訪問し、登城して来ない松平春嶽に大開国論を披露《ひろう》した。大開国論とは、攘夷は国家の得策とはならないことを主張し、それでも朝廷が攘夷断行を命じれば、幕府は政権を朝廷に奉還し、徳川家は神祖の旧領である駿河、遠江《とおとうみ》、三河の三州を貰い受けて諸侯の列に下るべきというもので、この主旨は開国で、大政奉還を訴《うった》えていた。

それが、徳川慶喜は一二月一三日（一〇月二二日）に老中に辞表を提出した。辞職の理由は、将軍の徳川家茂《いえもち》が政務を執《と》れる年齢であり後見職は不要で、自らが不才であることを挙げているが、実際は幕府の攘夷奉勅に同意できなかったためである。開国論を披露したかと思いきや、攘夷奉勅に応じて自ら老中を説得しているが、首尾一貫していないことが問題である。

翌日、大久保忠寛が、登城した山内容堂に大開国論を披露した。すると、山内容堂は福井藩邸を訪問し、松平春獄に大開国論と大久保忠寛を大絶賛した。その大久保忠寛は、幕吏《ばくり》たちに将軍上洛で大政奉還を上申するのが上策だと語ると、大笑いして、とても出来ない相談だと言われたという。

そうしていると、攘夷督促の正使・三条実美《さねとみ》と副使・姉小路公知《あねがこうじきんとも》が一八六二年一二月一九日（文久二年一〇月二八日）に江戸に到着した。この三日後、幕閣は登城して攘夷奉勅を決議した。

すると、薩摩藩士・高崎五六《いつむ》が一八六三年一月一日（文久二年一一月一二日）に、山内容堂に長州藩士の横浜居留地襲撃計画を内報した。山内容堂は松平春嶽に知らせると同時に、家臣の小南五郎を派遣して、長州藩主の世子の毛利定広に計画阻止を訴《うった》えさせた。翌日、毛利定広は横浜襲撃を計画していた長州藩士一一名を説得して襲撃を中止させた。長州藩士一一名は、松島剛蔵、大和弥八郎、渡辺内蔵太《くらた》、井上聞多《ぶんた》、山尾庸三、赤禰《あかね》武人、高杉晋作、久坂義助《よしすけ》、有吉熊次郎、寺島忠三郎、品川弥次郎である。

その一方で、会津藩目付の外島《としま》機兵衛が幕府大目付の岡部長常に、京都では幕府の勢力は減退し、朝廷と京都所司代以下諸有司との間が隔絶した状態で、逆に外様藩の勢力は日を追って隆盛となり、微細な事情までも朝廷に貫徹すると一月四日（一一月一五日）に報告した。これは、朝廷が幕府の朝旨尊奉《ちょうしそんぼう》の薄さに長年憤慨《ふんがい》してきた上に、外様藩は慇懃《いんぎん》を尽《つく》すので親交が深くなったためである。この際、重職一同が速《すみ》やかに上京し、誠意を以て朝廷を尊崇《そんすう》せねば、もはや天下の四分五烈に至《いた》る時も遠くはないと主張した。

とにかく尊攘過激派たちは公家《くげ》たちと密会を行なっていたし、藩では高位の公卿たちに金銭的援助も行なっていた。外島機兵衛は、会津藩主・松平容保《かたもり》が京都守護職に任命されると、京都に先遣隊《せんけんたい》として派遣され情勢を探っていたのである。

翌日、登城停止中の徳川慶喜《よしのぶ》は、将軍・徳川家茂《いえもち》から相談があるから登城するよう命じられた。そこで、岡部長常が前日の外島機兵衛の報告を徳川慶喜以下重臣に伝えた。これを聞いた徳川慶喜は拗《す》ねている場合ではないと思い直し、毎日登城するようになった。そして、速やかに重職一同が上京すること、特に徳川慶喜、松平春嶽《しゅんがく》、松平容保《かたもり》、山内容堂《ようどう》は一〇日以内に海路より出発すべきと評議した。

そうしていると、攘夷督促の正使・三条実美《さねとみ》と副使・姉小路公知《あねがこうじきんとも》が一月六日（一一月一七日）に江戸城に登城し、徳川家茂に破約攘夷督促の勅書と親兵設置の沙汰書《さたしょ》を授けた。破約攘夷督促とは、攘夷については早くから孝明天皇が考えていることで、外国船を打ち払うことは将軍の仕事であり、すぐにやれ、そしてその期限を報告せよと言っていて、親兵設置とは、攘夷を決行すれば外夷が進軍してくるだろうから、海防と京都の防備をやれと言っているのである。

翌日、幕府は軍制改革を発令して陸軍を創設し、洋式軍制を導入して三兵戦術を採用し、兵科を歩兵、騎兵、砲兵と三区分して運用することにした。これは、小栗忠順《ただまさ》の建言によるもので、井伊直弼《なおすけ》により旧態依《きゅうたいい》然《ぜん》としたものに変貌《へんぼう》していたが、ここで最新式の洋式軍制に一新した。これは遅いくらいで、国是《こくぜ》が破約攘夷に決定すれば、間に合わないでは済まされない。

一月一八日（一一月二九日）夜、徳川慶喜は勅使の三条実美と姉小路公知を饗応した。その席上で三条実美が攘夷の速やかな布告を促《うなが》したが、徳川慶喜は将軍上洛の上で布告するつもりだと即答を避けた。それが三日後、松平春嶽は勅使の申し入れで会談し、攘夷の勅旨の速やかな布告の求めに対して、無論布告するはずだと回答してしまった。

この翌日、三条実美と姉小路公知が登城し、徳川家茂に破約攘夷督促と親兵設置を催促した。幕府は親兵設置は拒否したが、攘夷の奉答書を一月二四日(一二月五日)に提出した。これで一応の目的を達成した二人は、二日後に京都に向けて江戸を発《た》った。

朝廷は一月二六日(一二月七日)に国事御用掛を設置した。親王、摂家、議奏、伝奏、その他の公卿合計二九名が選ばれ、通常は学習院に詰め、毎月一〇日は小御所《こごしょ》に集まり国事を討論することとなった。これは、諸藩への開放が目的だというが、尊攘過激派にうまく利用され、活動の場にされてしまうのである。

この二日後の江戸では、土佐藩士・坂本龍馬、門田為之助、近藤長次郎が、軍艦奉行並・勝義邦を訪問した。時代小説では坂本龍馬が斬りかかろうとしたが、勝義邦の話を聞くと土下座して弟子にしてくれと嘆願したと書いている。しかし現実には、土佐藩士・間崎哲馬が政事総裁職・松平春嶽に謁見して拝領した紹介状を持参しての訪問で、ここまで筋を通していてはあり得ない話である。

これは、勝義邦が晩年に口述して書かれた『氷川清話《ひかわせいわ》』に、坂本龍馬が大した男であると書き、その男が土下座までして弟子にしてくれと頼んだことで、要するに自慢話に仕立て上げているのである。

そうしていると、一月三一日(一二月一二日)、イギリス公使館焼打ち事件が起きた。

長州藩士・白井小助、大和弥八郎、渡辺内蔵太《くらた》、井上聞多《ぶんた》、福原乙之進、山尾庸三、堀真五郎、赤禰《あかね》武人、高杉晋作、久坂義助《よしすけ》、伊藤俊輔《しゅんすけ》、有吉熊次郎、寺島忠三郎らは、前日の夕刻から品川の旅籠《はたご》に集まり密談していた。その後は、女郎《じょろう》や太鼓持ちを揚《あ》げて夜を徹して気勢を上げ、宴会が終わると完成間近のイギリス公使館に潜入して放火したのである。

しかし、高杉晋作は横浜居留地襲撃計画が露見して中止したが、イギリス公使館焼打ちをやるとは、ここに来ても攘夷一辺倒である。

志士の横暴はさらに続く。二月九日（一二月二一日）、国学者・塙忠宝《はなわただとみ》が大身旗本の中坊《なかのぼう》陽之助邸で開かれた和歌の会から帰宅した際、自宅の前で長州藩士・山尾庸三と伊藤俊輔《しゅんすけ》に襲撃され翌日死去した。これは、幕命による調査を廃帝計画と勘違いしたものだが、研究者によれば、二人は未だ暗殺経験がなく、箔《はく》をつけるための犯行だったという。

一方で、薩摩藩士・吉井幸輔《こうすけ》と大久保一蔵が入京し、二月一〇日（一二月二二日）に中川宮《なかがわのみや》と関白・近衛忠熙《ただひろ》に、将軍上洛に掛かる膨大な費用を海防費に回し、将軍上洛延期を訴《うった》える島津久光の内意を伝える建白書を提出した。これに近衛忠熙は快く承諾《しょうだく》し、孝明天皇が将軍上洛延期を一八六三年二月一一日（文久二年一二月二四日）に承諾した。

三─五　幕閣の上洛と迫る二つの期限

将軍後見職・徳川慶喜《よしのぶ》は一八六三年二月二二日（文久三年一月五日）に上洛して東本願寺に投宿し、三日後に関白・近衛忠熙、議奏、伝奏に挨拶のため歴訪した。二月二七日（一月一〇日）には孝明天皇に謁見した。三日後、徳川慶喜は学習院を初めて訪問すると、将軍上洛前に国是《こくぜ》を開国に一決するつもりだったが、京都では尊攘過激派の勢いが盛んで幕府には不利な状況を悟ることとなった。

翌日、京都町役人の林助《りんすけ》が暗殺された。林助は、京都所司代や京都町奉行に協力したとして、尊攘過激派の薩長土の藩士ら約二〇名が町役人長屋を襲撃したとき、逃げ遅れて殺害されたのだ。現在であれば警察官舎を襲撃した事件ということになり、特別配備して一網打尽にするところだが、藩邸に逃げ込まれると踏み込むことが出来ず、犯人逮捕の大きな障壁となった。

江戸時代は地方分権が確立していて、徳川家はそのリーダーというだけで治世を行なっていた。そのため、幕府といえども各藩の内政に関わることは難しく、外様藩は尚更で、藩邸は大使館のような治外法権だったのである。

そうしていると、イギリスから生麦《なまむぎ》事件の賠償に関する一八六二年一二月二四日（文久二年一一月四日）付けの書簡が三月四日（一月一五日）に届いた。内容は、幕府に対しては公式な謝罪と賠償金一〇万ポンド（約二四万両）の支払い、薩摩に対しては犯人の処刑と妻子養育料として二万五千ポンド（約六万両）の支払いを要求するものである。

この中に、幕府が拒否した場合は船舶の捕獲または海上封鎖、あるいはその両者を含む適切と思われる手段の実施を求め、薩摩が拒否した場合には艦隊を率いて薩摩へ向かい、港の封鎖、砲撃、蒸気船の拿捕《だほ》など最適な手段を取ることを求めていた。

相次ぐ「天誅」と言路洞開

尊攘過激派の連中は朝廷を周旋して公家《くげ》たちの多くが尊攘過激派の意見に賛同し、朝廷内では攘夷論者が勢いづいていた。そこで、京都守護職・松平容保《かたもり》は三月一〇日（一月二一日）、徳川慶喜に浪士の対策として言路洞開《げんろどうかい》を入説した。

言路洞開とは、上層部が下層部の意見をくみ取り意志の疎通を図ることで、松平容保は、浪士が国事御用掛の公家に過激な入説をし、公家も好んで浪士の言葉を信じる状況を見て、これは下情が上に通じないせいであり、言路を開くことが必要だと思っていた。しかし徳川慶喜《よしのぶ》は、これを機に浪士の私見が盛んとなることを心配してこの意見を用いなかった。

翌日、儒学者・池内大学が暗殺された。池内大学は安政の大獄で自首したため中追放の刑で軽かったが、井伊直弼《なおすけ》と裏で通じていたからだと誤解されたものである。暗殺の概略は、前土佐藩主・山内容堂《ようどう》が上京の途上で大坂に立ち寄り、池内大学を召《め》して時事談義に及んだ。その後夜中に池内大学が帰宅すると、家の前で待ち伏せていたのが土佐勤王党の岡田以蔵ら四名だった。山内容堂は、自藩の暴徒の犯行と察知し激怒したと言われている。

それから、公武一和派で親薩摩派の関白・近衛忠熙《ただひろ》が三月一二日(一月二三日)に辞職し、親長州派の鷹司輔熙《すけひろ》が関白に就任した。この日の夜には、公武一和派と見なされていた議奏・正親町三条実愛《おおぎまちさんじょうさねなる》と中山忠能《ただやす》の屋敷に池内大学の両耳が封書を添えて片方ずつ投げ込まれた。それで、朝廷は四日後に二人の辞職を了承した。

そんな中で、土佐勤王党の間崎哲馬、弘瀬健太、平井収二郎は、中川宮《なかがわのみや》より尊皇攘夷をもって藩政改革を奨励する令旨《りょうじ》を下賜《かし》された。間崎哲馬と弘瀬健太は令旨を持って土佐に到着すると、前々藩主・山内豊資《とよすけ》と藩重臣に藩改革を迫ったが、山内豊資は本物の令旨に青ざめたという。令旨とは、皇太子と太皇太后、皇太后、皇后の三后の命令書だったが、平安中期より、女院や親王などの皇族も含まれるようになった。ここでは、中川宮の命令書ということである。

このことは京都の山内容堂の耳に入った。天誅を繰り返す過激派に不快感を持つ山内容堂は、三月一七日

(一月二八日)、天誅などもってのほかで、白札格郷士《しろふだかくごうし》より上士に昇格した武市《たけち》半平太以外の者の政治活動を禁止した。

この日の夜、公家《くげ》の千種《ちくさ》家の雑掌の賀川肇《はじめ》が暗殺された。賀川肇は千種有文と京都所司代の用人の間を周旋し、公武一和派に協力したとして憎まれていた。犯人は尊攘過激派の姫路藩士・伊舟城《いばらき》源一郎ら十数名である。

三月一九日(二月一日)の夜、賀川肇の右腕と封書が千種邸に、左腕と封書が岩倉邸に届けられた。書簡には、二嬪《にひん》が女官に復帰するらしいが、もしそうなったら同じ目に遭うと伝えろと書かれてあり、その首は徳川慶喜の宿舎の東本願寺の門前に晒《さら》され、封書には、「攘夷の期限を確定して天下の疑惑を取り除け。この首は攘夷の血祭りに献上するので、一橋公に披露しろ」と書かれてあった。

この二日後、京都守護職・松平容保《かたもり》は徳川慶喜に言路洞開《げんろどうかい》を再び入説すると承諾《しょうだく》を得た。この翌日、松平容保が言路洞開を建白すると、前関白《けんぱく》の近衛忠熙には良い返事がもらえたが、京都所司代の牧野忠恭《ただゆき》には、老中の命令ならともかく京都守護職の命令は聞けないと拒否された。そこへ、政事総裁職の松平春嶽《しゅんがく》が京都に到着した。

江戸では、鵜殿長鋭《うどのながとし》、窪田治部右衛門、中條金之助、山岡鉄太郎、松岡萬《よろず》らが三月一三日(二月五日)に浪士取締役に任命された。二日後、彼らは将軍上洛に先がけて浪士二三四名を引き連れて一団を成し、京都に向けて江戸を発《た》った。

江戸の詳しい場所は不明だが、鳥取藩士の岡田星之助が三月一三日(二月五日)に暗殺された。犯人は、土佐藩浪士の新宮馬之助、坂本龍馬、近藤長次郎、岡田啓吉、鳥取藩士の黒木小太郎の五名である。今や不《ふ》埒《らち》な浪士は何処にでも存在し、浪士取り締まりが急がれる。

この日、長州藩士・長井雅楽《うた》が、萩城下の自邸で検視役正使の国司信濃《くにししなの》の立会の下《もと》で切腹した。長井雅楽を支持する藩士は未《いま》だに多数いて、長井雅楽《うた》もこの措置には納得してなかったが、藩論が二分され内乱勃発を危惧《きぐ》して切腹を受け入れた。長井雅楽《うた》は、長州では一番先見《せんけん》の明《めい》があった人物だけに、残念である。

攘夷期限と生麦事件の賠償金

建白《けんぱく》を京都所司代に拒否された松平容保《かたもり》は、町奉行を通して三月二六日（二月八日）、意見のある者は京都守護職の陣屋へ申し出るよう立て札を辻々に建てたが、意見を言って来たのは岡山藩浪士・藤本鉄石、徳島藩士・中島錫胤《ますたね》、熊本藩士・轟武兵衛《とどろきぶへえ》の三名しかいなかった。これは、犯罪者集団に対し、意見がある者は警察に申し出ろと言ってるようなもので、過激派の輩《やから》が素直に出て来るとは考えにくい。

翌日、尊攘過激派公家《くげ》一二名が鷹司《たかつかさ》邸に列参し、幕府は攘夷期限を明確に示していないため、有志は今にも暴発せんばかりであるとして攘夷期限の確定を迫った。関白・鷹司輔熙《すけひろ》は、攘夷期限を定めて言上することを徳川慶喜《よしのぶ》に伝えた。すると徳川慶喜は、上洛してくる将軍の東帰後を期限とすると約束したが、尊攘過激派の公家は、帰府後という曖昧《あいまい》な答えに満足せず、鷹司輔熙も具体的な期日を示すべきと告げた。

そこへ長州藩士・久坂義助《よしすけ》、寺島忠三郎、熊本藩士・轟武兵衛が三月二九日（二月一一日）に鷹司輔熙と面会し、攘夷期限決定、言路洞開《げんろどうかい》、人材登用の三策を建議し今日中に決めよ、決まるまでは退《しりぞ》かないと迫った。午後には一三名の尊攘過激派の公家が鷹司邸に群参し、久坂義助らの建白を天皇に報告せよと圧力を加えた。これにより朝廷は、尊攘過激派の三条実美《さねとみ》らを勅使《ちょくし》として徳川慶喜の宿舎に派遣し、攘夷期限を早々に答えるよう命じた。

徳川慶喜は、松平春嶽《しゅんがく》、松平容保、山内容堂《ようどう》を招《まね》いて勅使と応対し、将軍上洛が目前に迫っており、これを待って攘夷期限を決めたいと答えたが、勅使は今日中の回答を要求し、押し問答の結果、将軍の在京期間は一〇日以内、攘夷は将軍帰府後二〇日以内に決定すると答えた。

ここで、松平容保は過激派浪士を鎮撫《ちんぶ》するには兵力が必要だと痛感し、会津藩士三組を出して夜間の巡回警備をさせることとした。

そんな中で、朝廷は三月三一日（二月一三日）、国事参政、寄人《よりゅうど》を設置し、姉小路公知《あねがこうじきんとも》を始めとして、定員一四名中一三名に尊攘過激派の公家が任命された。公武一和派の前々関白の九条尚忠《ひさただ》と前内大臣の久我建通《こがたけみち》や千種《ちぐさ》有文、岩倉具視《ともみ》、富小路敬直《ひろなお》は重き慎《つつしみ》に処せられ、今城重子と堀河紀子《もとこ》は剃髪を命じられた。これは、攘夷期限決定、言路洞開、人材登用の三策の建白書《けんぱくしょ》に基づいたもので、これで朝政は尊攘過激派に牛耳《ぎゅうじ》られてしまったのである。

翌日、二条城に集まった徳川慶喜、松平春嶽、松平容保、山内容堂は、朝廷に対し攘夷期限を六月上旬（文久三年四月中旬）とする上書を連名で提出してしまった。すると、攘夷の決行を急ぐ長州藩過激派の久坂義助、佐々木男也《おなり》らは、土佐藩士・平井収二郎、熊本藩士・宮部鼎蔵《ていぞう》、轟武兵衛らを、四月四日（二月一七日）に長州藩主の世子・毛利定広の旅宿の天竜寺に招き、攘夷親征のための行幸《ぎょうこう》が議論された。

ここで、最初に定めるべきは攘夷期限で、将軍の上洛を待ち親征の第一歩として将軍、諸大名を集めて比叡山行幸を提案したのだが、宮部鼎蔵が比叡山は道が険しいので加茂上下両社、石清水《いわしみず》に行幸してはどうかと提案した。

その一方で、松平春嶽《しゅんがく》は京都所司代邸において四月六日（二月一九日）、徳川慶喜《よしのぶ》、松平容保《かたもり》らに、混乱の原因は朝廷と幕府の二途から政令が出ているためで、大政委任により幕府が政令を出すのか、大政奉還により幕府は諸侯の列に下がり朝廷が政令を出すのか、二者択一を決めて政令を統一すべきだと主張すると、皆の意見が一致した。気をよくした松平春嶽は、自身の家臣と幕府の大小目付に意見させると、これも一同賛成し、中川宮《なかがわのみや》に説明するとこれもまた同意した。

御側御用取次《おそばごようとりつぎ》だった大久保忠寛が、大開国論を披露して大政奉還を訴《うった》えたところ、幕吏《ばくり》らから一笑に付されたのは四ヶ月程前で場所は江戸だったが、京都での異常な状態より、政令を統一するためには大政奉還やむなしと幕臣も考えを変えたのである。

その一方で、毛利定広は、関白・鷹司輔熙《すけひろ》に攘夷親征を期す賀茂上下両社、泉涌寺《せんにゅうじ》の行幸《ぎょうこう》を四月七日（二月二〇日）に建議した。賀茂上下両社は有名だが、泉涌寺は皇室の菩提寺である。

この日、徳川慶喜、松平春嶽、松平容保、山内容堂《ようどう》が、鷹司輔熙を訪問し、政令帰一《せいれいきいつ》のため大政委任か大政奉還の二者択一を論じるも、鷹司輔熙は前関白・近衛忠熙《ただひろ》邸での評議を希望した。この翌日、徳川慶喜らは近衛忠熙邸を訪問した。すると、中川宮と鷹司輔熙も訪れていた。そこで大政委任か大政奉還かの二者択一を迫った。関白らは自信がないと言ったが、将軍上洛時には大政委任の沙汰《さた》があるよう取り計らうと述べた。しかし、幕府も朝廷もなんともはっきりしない。

横浜に話を移すと、イギリス代理公使ジョン・ニールは、通訳官兼日本語書記官リチャード・ユースデンを四月六日（二月一九日）に江戸に送り、幕府に生麦事件の謝罪と賠償金一〇万ポンドを要求し、二〇日間の猶予期間を与えた。その上に、薩摩藩には幕府の統制が及んでいないとして艦隊を薩摩に派遣し、直接同藩と交渉して犯人の捕縛《ほばく》と斬首及び賠償金二万五千ポンドを要求することを通告した。

そうすると、幕府に圧力を加えるため、イギリスに続きフランス、オランダ、アメリカの四ヶ国艦隊が順次横浜に入港した。幕府と外国の間で戦闘が始まるとの噂が流れ、横浜の日本人の多くが脱出した。

即座に外国奉行・竹本正雅《まさつね》が上京途上の老中を追いかけ、四月一〇日（二月二三日）に追いつき生麦事件のイギリスの要求を伝えると、将軍が上洛し徳川慶喜と松平春嶽と共に協議するので、それまで返答期限を延ばすよう交渉せよと指示された。

京都では尊攘過激派に牛耳《ぎゅうじ》られた朝廷が、横浜ではイギリス海軍を後ろ盾にしたイギリス代理公使が、それぞれ幕府に圧力をかける構図が出来上がったのである。

そうしていると、京都の等持院にあった室町幕府の初代将軍・足利尊氏《たかうじ》、二代・義詮《よしあきら》、三代・義満の木像の首と位牌《いはい》が持ち出され、四月九日（二月二二日）に賀茂川の河原に晒《さら》され、足利将軍三代を逆賊とする罪状が掲《かか》げられた。これまでは、開国派や公武一和派である個人を狙ってのものだったが、この事件では、尊攘過激派らが朝敵とみなしている足利将軍の木像を梟首《きょうしゅ》したことで、暗に徳川将軍も朝敵とみなし、討幕の意味を持つものとして重視された。

そもそも幕末には太平記がよく読まれた。太平記は南北朝時代を舞台にした軍記物語である。武士たちは後醍醐《ごだいご》天皇の命により鎌倉幕府を倒したが、建武の新政で公家《くげ》のみ優遇され、不満を持った武士たちが足利尊氏の元に集まった。これに対し後醍醐天皇は、新田義貞を総大将にして対抗したが敗れて吉野に逃れた。それでも、楠木正成《まさしげ》は最後まで孤軍奮闘したため、楠木正成と新田義貞は絶賛され、足利氏は朝敵とされたのである。

京都守護職の松平容保《かたもり》は浪士対策に言路洞開《げんろどうかい》が必要と思っていたものの考え直して夜間の巡回警備を行なってきたが、足利三代木像梟首《きょうしゅ》事件により、悪は悪と捉《とら》えて捕縛あるのみと意思を固めた。四月一三日（二月二六日）の夜から過激派浪士の逮捕が続き、信濃《しなの》岩村田藩士・角田《つのだ》忠行を除く二十数名が逮捕されて、事件は解決を見た。

そんな中、浪士二三四名が四月九日（二月二三日）に大津に到着し投宿した。ここで、庄内藩浪士・清河八郎は徹夜して朝廷への尊皇攘夷の考えに基づく建白書《けんぱくしょ》を書き上げた。翌日、浪士らは京都壬生《みぶ》村に到着し新徳寺に本営を設置した。更に翌日、清河八郎は新徳寺で披露して浪士一同に賛同され署名された建白書を学習院に提出した。

すると、長州は四月一五日（二月二八日）に家老・浦靱負《ゆきえ》、政務役・楢崎弥八郎を使者に立てて、学習院で石清水八幡宮行幸《いわしみずはちまんぐうぎょうこう》や攘夷親征などを建議させた。この頃には学習院への尊攘過激派の建議が相次ぎ、これを尊攘過激派で埋め尽くされた国事御用掛が引き取り、朝廷は良いように操《あやつ》られていたのである。

二日後、清河八郎は学習院へ関東攘夷先鋒建白書を提出した。この建白書には、外国拒絶の期になれば関東で戦争が起こるかもしれず、東下《とうげ》して攘夷に備えるよう命令してほしいといった内容が含まれていた。これにより、関白・鷹司輔熙《すけひろ》は四月二〇日（三月三日）に、文書で浪士取締役の鵜殿長鋭に浪士組を東帰させるよう命じた。

そんな日に、政事総裁職・松平春嶽《しゅんがく》は上洛途上の将軍・徳川家茂《いえもち》に大津で謁見《えっけん》し、朝廷が幕府を飛び越えて国政を牛耳《ぎゅうじ》っている以上、幕府はないに等しい状態で、辞表片手に決死の覚悟で将軍辞職を上申した。これをどう思ったものか、徳川家茂は三〇〇〇名の兵を率いて上洛し、四月二一日（三月四日）、二条城に入った。これを機に、徳川慶喜《よしのぶ》は二条城に松平春嶽、山内容堂《ようどう》、伊達宗城《むねなり》及び老中・板倉勝静《かつきよ》、水野忠精《ただきよ》、小笠原長行《ながみち》らを集めて、京都の事情と政令帰一《せいれいきいつ》の緊急性を説いたのである。

翌日、将軍名代《みょうだい》として参内した徳川慶喜は、孝明天皇に従来通り委任してもらえれば天下に号令して外敵を掃除すると奏上し、孝明天皇からは庶政は従来通り委任するため攘夷に尽力せよとの親勅《しんちょく》を得た。攘夷の約束などしてはだめである。

そんな折、松平春嶽は徳川家茂に再度謁見し、政事総裁職の辞意を告げるとともに、将軍の職掌がまっとう出来ない旨《むね》を天皇に言上《ごんじょう》し、速《すみ》やかに辞職すべきであるとの意見書を提出したが、受け入れてもらえなかった。

四月二四日（三月七日）、徳川家茂が参内した。関白・鷹司輔熙から下された書面は、大政委任ではなく征夷将軍の儀を委任するという内容で、国事については諸藩に直接の沙汰《さた》もあるとなっていた。攘夷の約束だけが残るかたちとなったのである。すると、徳川慶喜の尊皇攘夷派への妥協策に納得ならなかった松平春嶽が、四月二七日（三月一〇日）に辞表を提出した。

孝明天皇は四月二八日（三月一一日）、賀茂下社、上社に行幸し攘夷祈願をした。沿道には数万人もの人出があった。古式に則《のっと》り、天皇、関白、大臣は輿《こし》に乗り、将軍、公卿、諸大名たちはみな乗馬して天皇の前後を警護したことで、天皇が将軍の上に立つ存在であることを改めて世上に知らしめた。

この時、群衆の中にいた長州藩士・高杉晋作が、「よう、征夷大将軍」と声を上げたと言われている。それが、ピンポンダッシュの要領で、言うが早いか脱兎《だっと》の如く逃げて行ったという。この時代では、征夷大将軍に対して歌舞伎役者などにかける掛け声を発することは重罪である。この男は攘夷一辺倒だったが、この行動を見ると精神年齢は相当低かったことがうかがえる。

壬生浪士と生麦事件賠償金支払いの経緯

この日、水戸藩浪士の芹沢鴨《せりざわかも》ら一七名が、会津藩へ将軍の江戸帰還までの残留嘆願書を提出した。これにより老中・板倉勝静《かつきよ》は、京都守護職・松平容保《かたもり》に京都残留の浪士組を預かるよう命じた。これを受けて浪士取締役の鵜殿長鋭《うどのながとし》は、浪士組一番隊の殿内《とのうち》義雄と家里次郎に残留希望者を募《つの》らせた。

翌日、松平容保が京都残留浪士二四名を預かった。二四名は浪士全体の一割程度だが、局長に芹沢鴨、新見錦と近藤勇《いさみ》が就任した。いつの頃からか、浪士たちが壬生《みぶ》村を本営にしていたことで、壬生浪士（のちの新撰組）と呼ばれるようになった。

そんなところへ、薩摩藩国父・島津久光が五月一日（三月一四日）に京都に到着し、近衛忠熙《ただひろ》邸に赴《おもむ》いて一四ヶ条の建議をし、中川宮《なかがわのみや》、関白・鷹司輔熙《すけひろ》、徳川慶喜《よしのぶ》、山内容堂《ようどう》と会談した。島津久光の主張は、攘夷実行の反対、国事御用掛の廃止、御親兵の無用、浮浪志士の排除、将軍後見職、政事総裁職らの重用、天下大政は幕府に委任、生麦《なまむぎ》事件の賠償金についてなどであった。島津久光は虎視眈々《こしたんたん》と主導権を握ろうとしていたのだ。

翌日、外国奉行並・柴田剛中《たけなか》と目付・堀宮内《くない》が京都に到着し、生麦事件の対応など、将軍が速《すみ》やかに帰府しないと対処しきれない状態であることを伝えた。幕府は、いつ戦争になるか分からないため、江戸町内の老人、幼児、婦女、病人等へ近郷への避難を命じていた。

すると、イギリスの代理公使ジョン・ニール、艦隊司令官キューパー提督とフランス公使ベルクール、艦隊司令官ジョレス提督が五月四日（三月一七日）に外国奉行・竹本正雅《まさつね》、竹本正明と会見し、両公使は幕府に対し過激派対策のための軍事援助を提案した。各国の公使たちは、幕府の近代化政策の最大の障壁が尊攘過激派であることを理解していた。

竹本正雅は翌日にも会見し、幕府は賠償金の金額には合意するが、その支払い方法に関して意見があると述べた。結局、京都の将軍の合意を取り付けるためとの理由で、五月二三日（四月六日）が最終期限とされた。しかし、幕府が交渉上手なのか、これはたびたび延期された。

京都に話を戻すと、徳川家茂《いえもち》は孝明天皇から五月六日（三月一九日）、滞京を求められて請《う》けたが、二日後、徳川慶喜と老中・板倉勝静と水野忠精《ただきよ》は、関白・鷹司輔熙に面会し、江戸では外国との戦争になるだろうから将軍が直接指揮を執《と》らなければならないと述べた。これに対し、鷹司輔熙は東帰を了承したものの回答できず、伝奏、議奏、国事御用掛にも諮《はか》った後に確答するので、とりあえず東帰の準備を進めるよう述べたため、幕府は東帰の準備を始めた。

これを聞いた会津藩は驚き、二条城に登城した会津藩家老・横山主税《ちから》と田中土佐は、公武一和も未《いま》だ成らない時に将軍が帰府しては隙《すき》を生じ、再び公武一和の道がないことは火を見るより明らかで、もし、関東で攘夷総督が必要ならば、松平容保が全藩士を率いて東下し、その任に当たるも辞《じ》さないと述べた。会津藩が武士《もののふ》の誉《ほま》れを見せたのである。

一方で、前福井藩主・松平春嶽《しゅんがく》は政事総裁職の辞職届けを提出したまま京都を出立《しゅったつ》し福井へ向かった。会津藩とは違って、とうとう逃げたのである。

五月一一日（三月二四日）、老中・小笠原長行《ながみち》が江戸に向けて京都を発《た》った。小笠原長行は老中首座となる人物と評価する声もあり、徳川慶喜《よしのぶ》が見込んで帰府を命じたものである。この日の朝廷は、将軍名代《みょうだい》として東帰する水戸藩主・徳川慶篤《よしあつ》に対して、関東を防衛し、先代の遺志を継いで攘夷を成功させるようにとの沙汰《さた》を下した。翌日に徳川慶篤は京都を発《た》った。

そんな中で、壬生《みぶ》浪士の筆頭格の殿内《とのうち》義雄が五月一二日（三月二五日）、京都中京区四条大橋上で暗殺された。犯人は壬生浪士の近藤勇《いさみ》や沖田総司《そうじ》らだった。殿内義雄は、昌平坂学問所で学問も究《きわ》めた文武両道の人物だった。これは、近藤勇の野心の犠牲になった内ゲバの一種と言われている。

さらに、壬生浪士の芹沢鴨《せりざわかも》、新見錦《にしき》、野口健司、近藤勇、土方歳三《ひじかたとしぞう》、永倉新八、沖田総司らが五月一九日（四月二日）、大坂の平野屋に借金を依頼した。これは、当時流行していた返却しない押し借りで、平野屋五兵衛は泣く泣く応じた。この強請《ゆす》り取った金で、あの浅葱色《あさぎいろ》で袖《そで》がだんだら模様の隊服を京都の呉服屋で誂《あつら》えたとされている。壬生浪士も、所詮は尊攘過激派とやっていることは変わらない。

徳川慶喜は中川宮《なかがわのみや》に石清水八幡宮行幸《いわしみずはちまんぐうぎょうこう》中止を諫言《かんげん》する上書を提出していたが、何の沙汰《さた》もないため、五月二二日（四月五日）に関白・鷹司輔熙《すけひろ》に諫止した。しかし行幸は長州の建白《けんぱく》で、関白といえども決断することが出来なかった。諫言とは、目上の人の過《あやま》ちを諫《いさ》めることで、諫止とは、諫めて止めることである。

四日後、二条城に石清水行幸で事件が起こることを示唆する貼紙がされた。これにより、将軍供奉《ぐぶ》が中止になるという噂が流れたため、松平容保《かたもり》は、風説を警戒して供奉を中止すれば幕府の威名に傷がついて元には戻らないだろうと諫言した。

そんなことがあったが、孝明天皇は五月二八日（四月一一日）、石清水八幡宮に行幸し攘夷祈願をした。この時、将軍に攘夷の節刀を授《さず》けて攘夷を命じるという計画だったが、幕府側に情報が洩《も》れた。徳川家茂《いえもち》は風邪による発熱で辞退し、代わりに徳川慶喜が参加したが、腹痛により途中の寺院で休憩して石清水八幡宮には行かず、子供だましの茶番で回避した。

江戸に話を移すと、庄内藩浪士・清河八郎が五月三〇日（四月一三日）に麻布一之橋（現在の東京都港区東麻布）で暗殺された。犯人は浪士組取締役の佐々木只三郎ら七名である。これは、清河八郎らによる横浜焼討ちの謀議《ぼうぎ》が幕府に露見して、六日前に上洛中の老中・板倉勝静《かつきよ》より清河八郎の暗殺の密命が届いていたのだ。横浜焼討ちは、江戸時代では火炙《ひあぶ》りの刑だが、このような決着もあったのだろう。

京都に話を戻すと、朝廷は六月一日（四月一五日）に、長州藩主の世子の毛利定広、岡山藩主・池田茂政《もちまさ》、土佐藩主・山内豊範《とよのり》、水戸藩主の弟の松平昭訓《あきくに》を学習院に召《め》して、攘夷や海防等の国是《こくぜ》に関する意見を聞いた。ここでの朝廷は過激派の公家《くげ》で、孝明天皇は蚊帳《かや》の外だった。

翌日、毛利定広は藩主・毛利慶親《よしちか》より送られてきた攘夷期限公布の建白書を朝廷に提出した。毛利慶親は攘夷実行のため、藩庁を海防上の理由から海沿いの萩城から山口に移転していた。

そうすると、将軍・徳川家茂を天誅対象とする貼紙が六月三日（四月一七日）、京都三条大橋に貼られた。こうなると、尊皇攘夷運動から完全に討幕運動に変わったと考えて間違いない。

このような中で、井上聞多《ぶんた》、山尾庸三、井上勝は藩より六月四日（四月一八日）に海外渡航の内命を受けた。江戸到着後に遠藤謹助と伊藤俊輔《しゅんすけ》の二人が加わって五名となった。これが、密航することとなる長州ファイブである。

将軍・徳川家茂は六月六日（四月二〇日）に孝明天皇に謁見《えっけん》し、六月二五日（五月一〇日）をもって攘夷を実行すると奏上し諸藩にも通達した。だが幕府は他方で、攘夷の実行は避けるように、万が一にも外国側から攻撃を受けた場合のみ打ち払っても良いと伝えていた。

翌日の江戸では、生麦《なまむぎ》事件の償金支払い期限が交渉の末に六月一八日（五月三日）まで延期が認められていたが、これ以上の延期は難しい状況で、将軍・徳川家茂《いえもち》と将軍後見職・徳川慶喜《よしのぶ》が不在の中でも決めるしかなく、幕閣らは支払いを決定した。

六月八日（四月二二日）、外国奉行・菊池隆吉《たかよし》はイギリス代理公使ジョン・ニールを訪れ、賠償金四四万ドル（約二六万両）のうち一四万ドルを一〇日以内に支払い、残りの三〇万ドルは五万ドルずつ毎週支払うことで合意した。老中・小笠原長行《ながみち》は、この報告のため目付・堀宮内《くない》を京都に向かわせた。

翌日、攘夷期限を決定したことで、徳川家茂は幕府運搬船の順動丸に乗って摂海《せっかい》（大阪湾）を視察した。ここで、随行していた軍艦奉行並・勝義邦が海軍振興策を入説し、神戸海軍操練所の設立を許可された。しかし、上役の軍艦奉行に小見川藩主・内田正徳と木村喜毅《よしたけ》がいて、ここを頭越しに将軍に直訴したことで幕臣たちから非難されることとなる。

この日、破約攘夷派の間では、将軍が攘夷の約束を反故にして江戸へ帰るのではないかという疑念があったため、国事参政の姉小路公知《あねがこうじきんとも》が将軍の動静を探るため、破約攘夷派の志士たち七〇余名を帯同して大坂へ下った。姉小路公知は、六月一二日（四月二六日）に幕府の順動丸に乗船して摂海を巡視し、ここで勝義邦に大攘夷論を説《と》かれて大きく感銘を受け、これまでの破約攘夷の信条が動揺し始めた。それにしても勝義邦は、渡米を経験したにもかかわらず、開国論ではなく大攘夷論とは情けない。

この日、徳川慶喜は東帰の途上の熱海において、小笠原長行に命じられた堀宮内に会い、生麦事件償金及び横浜鎖港問題の話を聞き、老中に破約攘夷、開戦覚悟の訓令を発し命令書を送った。

この日の長州では、藩士・久坂義助《よしすけ》ら三〇余名が山口に到着し、藩庁に攘夷の先鋒《せんぽう》となることを請願し承認されると、五日後、攘夷期限が六月二五日（五月一〇日）で確定したとの報告が届いた。藩庁では、久坂義助らを視察の名目で馬関《ばかん》に派遣したが、馬関総奉行の毛利能登《のと》が既《すで》に兵を配置していたことで光明寺に転陣した。

その一方で、幕府は神奈川奉行・浅野氏祐《うじすけ》に担当の小笠原長行の急病を理由とする償金支払延期交渉を六月一八日（五月三日）に命じた。これを聞いたジョン・ニールは激怒し、三日の猶予をもって戦争に入ると通告し戦闘準備を始めた。

これを注進するため、浅野氏祐は江戸に向かい、翌日、江戸城で会議が開かれた。会議には徳川慶篤《よしあつ》、小笠原長行らが出席し、水戸藩からは執政の大場一真斎《いっしんさい》や武田耕雲斎《こううんさい》も陪席した。ここで小笠原長行は、徳川慶喜の払うべからずの命令もあり、自分が横浜に出向いて直接交渉すると言うと、武田耕雲斎が、防御《ぼうぎょ》の準備が整っていないのに、万一交渉が決裂して戦艦が摂海に侵入すれば由々しきこととなる。徳川慶喜の着府を待って着手すべきだと言って、これに決まった。

その徳川慶喜は、六月二二日（五月七日）に神奈川宿に到着し、神奈川奉行の呼び出しを命じた。翌朝、浅野氏祐と竹本正明が徳川慶喜の投宿する旅籠《はたご》に到着すると、徳川慶喜は二人の耳元で廻りは過激派だらけなので注意せよと小声で言ったという。

しかし、そんな中で談判したのだから異常と言うしかないが、興奮した浅野氏祐は、徳川家よりも日本のことが重要であると他に聞こえるような大声で言ったという。徳川慶喜はこれを聞いて安心したのか談判は終わり、神奈川奉行所に立ち寄り馬を手配させ、近習四、五名を従えて江戸に向けて駈け去り、その日のうちに到着した。浅野氏祐《うじすけ》は禄高二〇〇〇石の旗本だが、外国奉行、陸軍奉行、大目付などを歴任し、譜代大名が就任する若年寄にまで出世した逸材である。

　これと入れ替るように小笠原長行《ながみち》が海路で神奈川奉行所に到着し、生麦《なまむぎ》事件の償金交付を命じた。六月二四日（五月九日）、四四万ドルをイギリスに支払った。これは、徳川慶喜が極秘に小笠原長行に支払いを命じていたと言われている。

　この日の京都では、武家伝奏が幕府に摂海防禦総督《せっかいぼうぎょそうとく》の任命や長崎に巨艦を製造するための造船所設置などを命じた。これは、破約攘夷派の姉小路公知《あねがこうじきんとも》が大攘夷論に傾倒した影響で、破約攘夷派内部でもごく一部の者しか知らなかったが、上層部の土佐藩士・武市《たけち》半平太や熊本藩士・轟武兵衛《とどろきぶへえ》らは事態を深刻に受け止めていた。

　さて、幕府は生麦事件の償金支払期限に振り回されたが、こちらの方は全額払って片が付いた。そして、とうとう将軍は天皇に攘夷期日を言上《ごんじょう》し諸藩にも伝えた。しかし、幕閣からは外国側から攻撃がない以上は攘夷を実行するなと命じていた。幕府にすれば究極の苦肉の策だった。

第四章　尊皇攘夷派の敗北

四―一　尊攘過激派の暴挙と一掃作戦

長州藩の見張りが田ノ浦沖に停泊するアメリカ商船ペンブローク号を発見し、馬関《ばかん》総奉行の毛利能登《のと》は躊躇《ちゅうちょ》したが、久坂義助《よしすけ》ら強硬派が攻撃を主張して決行と決まり、六月二六日（五月一一日）午前二時頃、海岸砲台と海上から庚申《こうしん》丸と癸亥《きがい》丸が砲撃を行ない、攻撃を予期してなかったペンブローク号は周防灘《すおうなだ》へ逃走し上海《しゃんはい》に向かった。外国船を打ち払ったことで長州藩の意気は大いに上がったというが、国際法上も人道的にも許されるものではない。

翌日、長州ファイブがイギリス外交官エイベル・ガウワーとジャーディン・マセソン商会横浜支店長ウィリアム・ケズウィックの斡旋でイギリスに向かって横浜を出港した。このタイミングは意味深である。というのも、結果論だが、長州はイギリス船を砲撃していない。

そうしていると、寺田屋事件で捕縛された真木和泉ら久留米藩過激派が七月二日（五月一七日）に釈放された。長州藩士らも嘆願《たんがん》に赴《おもむ》き、尊攘過激派が牛耳《ぎゅうじ》る朝廷からの赦免の朝旨《しゃめんちょうし》を持参したことで久留米藩は釈放したが、藩内保守派の反発を恐れて、真木和泉らを藩内から遠ざけるために上京を命じた。これでは虎を野に放つようなものである。

二日後、将軍後見職・徳川慶喜《よしのぶ》は老中・小笠原長行《ながみち》に、朝廷に生麦《なまむぎ》事件償金交付弁明のための上京を命じた。小笠原長行は、イギリスから借用したエルギン号とラージャー号、幕府軍艦の蟠龍丸、朝陽丸、鯉魚門丸の五隻に、歩兵、騎兵、砲兵、一六〇〇名を乗船させて七月四日（五月一九日）に出港した。これには、武力による尊攘過激派撃滅も命じられていた。

そうすると、国事参政で右近衛権少将《うこんのえごんのしょうしょう》・姉小路公知《あねがこうじきんとも》が七月五日（五月二〇日）に京都御所朔平門《さくへいもん》外の猿ケ辻で暗殺された。翌日、武家伝奏・野宮定功《ののみやさだいさ》が暗殺者の探索を将軍・徳川家茂《いえもち》に命じた。

事件現場には、犯人の物と思われる刀と木履《ぼくり》が遺棄《いき》されていた。木履は薩摩製で、凶器の刀には「奥和泉守忠重」の銘《めい》があり、薩摩風の拵《こしら》えであったため、当初から薩摩藩関係者の犯行と思われたが、薩摩藩は逆に、犯行現場にそれと分かる凶器や木履を残すというのは薩摩藩を陥《おとしい》れる謀略であると主張し薩摩犯人説を否定した。

そこへ、薩摩藩邸に潜伏していた土佐勤王党の那須信吾が姉小路邸を訪れて、遺棄された刀が薩摩藩士・田中新兵衛のものであると証言した。これにより、姉小路家は京都守護職と町奉行に対し、田中新兵衛を犯人として告訴した。

すると、会津藩は田中新兵衛の居宅を七月一一日（五月二六日）に急襲して逮捕し、坊城邸《ぼうじょう》へ連行した。しかし、会津藩は京都守護職の職掌上《しょくしょうじょう》において逮捕までは行なったが、薩摩藩との関係悪化を恐れて拘留《こうりゅう》や取り調べを拒否した。

そうしたことから、大納言《だいなごん》・坊城俊克《としかつ》は京都東町奉行の永井尚志《なおゆき》に命じて拘留させた。田中新兵衛は奉行所内で遺棄された刀を見せられると、隙《すき》を見て刀を奪って自決してしまった。

三日後、尊攘過激派が牛耳《ぎゅうじ》る朝廷は薩摩藩の御所乾門《ごしょいぬい》警備を解《と》いて松江藩に警備を命じ、薩摩藩関係者の九門内往来を禁じた。尊皇攘夷派は、佐幕派で開国を主張する島津久光と薩摩藩を御所から追い出したのである。

長州に話を戻すと、長府《ちょうふ》藩（長州藩の支藩）の物見が七月八日（五月二三日）、横浜から長崎へ向かうフランスのキャンシャン号が長府沖に停泊しているのを発見した。長州藩はこれを待ち受け、キャンシャン号が海峡内に入ったところで各砲台から砲撃を加え、数発が命中して損傷を与えた。

先に攻撃を受けたアメリカ商船ペンブローク号が長崎に寄らず上海へ向かったため情報もなく事情が分からず、交渉のためにボートを下ろし書記官を乗せて陸へ向かわせたが、長州藩兵はなりふり構わず銃撃を加え、書記官は負傷し水兵四名が死亡した。キャンシャン号は急ぎ馬関《ばかん》海峡（関門海峡）を通りぬけ、損傷しつつも翌日に長崎に到着した。

そうすると、長州藩士・野村和作と御堀《みほり》耕助が小倉藩に行き代表に面会して、長州がアメリカ船を砲撃した時に対岸から呼応しなかったことについて説明を求めた。小倉藩は、幕府から無謀で過激な行為を慎《つつし》むよう命令があり、幕府が朝廷に大政委任されている以上は、幕命は天皇の意思であるとして長州の詰問を一蹴した。健全な藩は、幕府の究極の苦肉の策を理解していたのだ。

そしてまた、オランダ総領事ポルスブルックを乗せたオランダ東洋艦隊のメデューサ号が、長崎から横浜へ向かう七月一一日（五月二六日）に馬関海峡に入った。キャンシャン号の事件は知らされていたが、オランダは開府当初からの友好関係と長崎奉行の許可証も受領し、幕府の水先案内人も乗艦していたため攻撃はされないと信じていた。しかし、長州の砲台は構わず攻撃を開始し、癸亥《きがい》丸が接近して砲戦となり、メデューサ号は一時間ほど交戦したが周防灘《すおうなだ》へ逃走した。

この日、アメリカ公使ロバート・プルーインは、横浜発上海行のアメリカ商船ペンブローク号が馬関《ばかん》海峡で日本船から砲撃を受けたと上海経由での至急便が入ったことで、神奈川奉行を呼び出した。神奈川奉行は、長州が独自で行なったもので現在調査中だと答えた。アメリカ側は、不法行為を罰するため軍艦を差し向けるが幕府は異存ないであろうと言うと、神奈川奉行は、それを承認すると幕府がないも同然で、沙汰《さた》があるまで猶予《ゆうよ》を戴きたいと言って帰って行った。

しかし、プルーインは長州の船を拿捕《だほ》し戦利品として横浜まで引っ張って来るのが一番良いと言うと、ワイオミング号の艦長デヴィッド・マクドゥガル中佐は、二日後の出航を決断した。

その一方で、長州藩主の世子の毛利定広臨席の下《もと》で、藩が長崎より招《まね》いた砲術教授・中島名左衛門《なざえもん》を始め久坂義助《よしすけ》率《ひき》いる光明寺党有志の面々が集まって、七月一四日（五月二九日）に戦術会議が開かれた。中島名左衛門は技術の未熟さと軍律の不完全さを指摘し、軍規の確立と実弾による射撃訓練の必要性を主張した。中島名それが証拠に、あれだけ接近していたペングローブ号には、ほんの一、二発しか命中してないし、精神論だけでは臨《のぞ》めないと説明した。

これに対して、戦勝気分の光明寺党らは外国船に多くの損傷を与えて逃亡させているし、たとえ武器が優秀でも勇気胆力《たんりょく》のない外国人には負けない。今度乗り込んで来たら小舟で敵艦に近づき皆殺しにするまでと、精神論をぶちまけて聞く耳を持たないため、具体的な方針を決められないまま軍議は終わった。

この日の夜に中島名左衛門が暗殺された。猪突猛進の久坂義助ならやりそうなことだが、それにしても、藩が招聘《しょうへい》した砲術教授であり、冷静的確な意見の持ち主を暗殺するとは言語道断である。

外国船の反撃と挙兵上京計画

七月一六日(六月一日)、アメリカ軍艦ワイオミング号が馬関沖に到着し、馬関港に停泊する長州藩の軍艦を発見すると、壬戌《じんじゅつ》丸に狙いを定めて砲撃を加えた。壬戌丸は逃走するが、遙《はる》かに性能に勝るワイオミング号はこれを追跡して撃沈した。これに対し庚申《こうしん》丸と癸亥丸が救援に向かって来たが、ワイオミング号は庚申丸を撃沈し癸亥丸を大破して返り討ちにした。これで報復の戦果《せんか》をあげたとして馬関海峡を瀬戸内海へ出て横浜へ向かった。この戦闘は一時間少々で終了した。

四日後、フランス東洋艦隊バンジャマン・ジョレス准将率いるセミラミス号とタンクレード号が馬関沖に到着し海峡に入った。そこで、前田、壇ノ浦の砲台に猛砲撃を加えて沈黙させ、陸戦隊が上陸して砲台を占《せん》拠《きょ》し戦闘不能状態となるまで悉《ことごと》く砲台を破壊して横浜へ帰還していった。

フランス軍陸戦隊の攻撃に対して一方的に敗北したことを受け、高杉晋作は藩主・毛利慶親《よしちか》に奇兵隊の創設を提案し許された。また藩は、膺懲隊、八幡隊、遊撃隊などの諸隊も結成し砲台を増築して攘夷を諦《あきら》めていなかった。それが、長州藩領内では一揆が発生し、一部の領民は自発的に外国の軍隊に協力していた。藩士と比べて領民のほうが良識があったようだ。

そんな中で、将軍後見職・徳川慶喜《よしのぶ》の使者として水戸藩士・梅沢孫太郎が上京して関白・鷹司輔熙《すけひろ》に面会し、徳川慶喜の帰府後の生麦《なまむぎ》事件の賠償金交付の経緯と、将軍後見職辞職の裁可を促《うなが》す書状を提出するとともに、江戸の風説を報告した。

この江戸の風説というのが、小笠原閣老がおよそ歩兵一〇〇〇名を伴って上京中で、これは、攘夷を破棄《はき》して開港説を言上し、開港説が容《い》れられない時は将軍を連れて江戸に帰る計画で、幕府の申し立てる通りに出来ないときは、御所に放火して公卿を捕縛《ほばく》するつもりだというものである。

この風説を聞いた直後の七月一六日（六月一日）、老中・小笠原長行《ながみち》が軍艦五隻を従えて大坂に入港し上陸したという報せが京都に届き、朝廷は大いに驚愕《きょうがく》することとなった。

三日後、小笠原長行一行が忠告を無視して淀に至《いた》るも、在京幕閣の猛反対に会い、将軍・徳川家茂《いえもち》が直書《じきしょ》を下したことで小笠原長行は挙兵上京計画を断念した。これで、朝廷は徳川家茂が江戸へ下ることを許したものの、徳川慶喜《よしのぶ》が信頼のおける小笠原長行に孝明天皇の希望する尊攘過激派撃滅を命じていたが、一挙の問題解決にはならなかった。

そうしていると、京都に到着した福井藩士・村田巳三郎《みさぶろう》が七月二七日（六月一二日）、福井藩に出仕している熊本藩士・横井小楠《しょうなん》が主導した挙藩上京計画を、薩摩藩士・高崎正風《まさかぜ》に説明した。高崎正風は、公武一和により国家存亡の危機を乗り切ると同意した上で、徳川慶喜、松平春嶽《しゅんがく》、山内容堂《ようどう》が島津久光に会ってくれればありがたいが、時機を待つように助言し、吉井幸輔《こうすけ》にも会ってもらいたいと言ったことで、吉井幸輔に会って聞くと同じ考えだった。

挙藩上京計画とは、藩兵を従えて上京し朝廷や諸藩に公武一和による現状打破を訴《うった》えて、長州を中心とした尊攘過激派を封じ込め、開国論による挙国一致で乗り切るというものである。徳川慶喜の計画は失敗したが、同じようなことを考えていたのだ。

そして、村田巳三郎は熊本藩の大目付・沼田勘解由《かげゆ》に福井藩の計画を七月二八日（六月一三日）に伝えて、藩主の細川慶順《よしゆき》の弟の長岡護美《もりよし》の上京を促《うなが》した。沼田勘解由は同意したが、松平春嶽が細川慶順に直書を送ることを勧《すす》めた。それはもっともで、江戸時代に限らず、権限を握っている総責任者同士の了承が必須であり、藩士同士で決めることは出来ない。

そのような中の七月二九日（六月一四日）、摂海守備総督の鳥取藩主・池田慶徳《よしのり》がイギリス船に砲撃したが命中しなかった。これは、尊皇攘夷派の巨頭の徳川斉昭《なりあき》の実子として攘夷実行を示したが、命中していれば摂海（大阪湾）一帯が長州の二の舞となっていただろう。

久留米藩浪士・真木和泉は七月三一日（六月一六日）、京都東山の翠紅館《すいこうかん》で長州藩士・清水清太郎、桂小五郎、佐々木男也《おなり》、寺島忠三郎と会合し、攘夷親征に向けての具体策を協議した。攘夷親征とは、攘夷のために孝明天皇自らが兵を指揮して戦うことであり、諸藩士らが勝手に決めることではない。

二日後、常軌《じょうき》を逸《いっ》している長州は、対岸の小倉藩が外国船砲撃に応じなかったとして小倉藩に侵攻し、田ノ浦を占領して砲台を築き、更に小倉藩の罪を朝廷に訴えた。驚いた小倉藩は、京都守護職の会津藩や幕府に救済を求めたが、朝議では小倉藩の処罰を内定した。しかし、会津藩や尾張藩が、幕府は攘夷を奉勅《ほうちょく》したが未《いま》だ戦端を開いておらず、諸藩が勝手に外国船に砲撃すべきではない。小倉藩の行為は違勅ではないと周旋したため、沙汰《さた》止みとなった。

この頃、欧米列強に戦争を挑発するなど言語道断と理解している者は多くいたが、国際情勢を知らない井の中の蛙《かわず》である長州を中心とした攘夷派は、朝廷を掌握《しょうあく》してやりたい放題であった。こうなれば、この攘夷派を排除すべきと考えるのは当然の成り行きである。

四―二　薩英戦争の中の久光上洛要請と長州追放計画

イギリス代理公使ジョン・ニールは、薩摩藩との直接交渉のため八月六日（六月二二日）に司令長官キューパー少将率いる七隻の艦隊で横浜を出港した。この時、横浜で商店を営み英語に堪能《たんのう》な清水卯三郎がイギリス側から薩摩同行を頼まれると、これは面白いと承諾《しょうだく》し、神奈川奉行所の許可を得て旗艦ユーリアラス号に乗り込んでいた。

イギリス艦隊は、八月一一日（六月二七日）に錦江湾《きんこう》（鹿児島湾）に来航し、翌日には、鹿児島城下の前之浜の一キロメートル沖に投錨《とうびょう》した。薩摩藩は軍役奉行・折田平八、軍賦役・伊地知《いじち》正治、御庭方・重野安繹《やすつぐ》らを旗艦ユーライアラス号に遣《つか》わして来意を問わせた。

ジョン・ニールは、生麦《なまむぎ》事件の犯人の逮捕と処罰、および遺族への妻子養育料として二万五〇〇〇ポンドを要求する国書を提出した。それが、この時の国書の原本では実行犯を示していたが、イギリス公使館通訳アレクサンダー・シーボルトによって日本語訳された日本文には島津久光を示す文面となっていた。

これに対し薩摩藩は、島津久光の駕籠《かご》に乗馬で迫って来たイギリス人に非があり、ましてや、島津久光の処刑は論外であるとして、城内での会談を提案した。これに対しイギリスは、城内での会談を拒否し二四時間以内の回答を求めたが、薩摩藩は生麦事件での責任はないとする返答書を提出し、イギリス側の要求を拒否した。

そんな中の八月一三日（六月二九日）の早朝、幕府の役人をことごとく斬殺し、その邸宅を焼き払うと書かれた立札が横浜の日本人町の至《いた》る所に立てられているのが発見された。尊攘過激派の仕業だろうが、これにより特別警備兵が配備された。

ちなみにこの日、勝義邦の使いの坂本龍馬が福井藩士・村田巳三郎《みさぶろう》を訪ねて、神戸海軍操練所新設の資金援助の礼で騎兵銃一丁を福井藩に贈ることを伝えた。続いて坂本龍馬は、長州の国の為の死を決した行動は賞賛すべきだが、外国に征服されるかもしれないため傍観している場合ではなく、外国人を日本から立ち去らせ内治を整えるべきで、前福井藩主・松平春嶽《しゅんがく》、藩主・松平茂昭《もちあき》、熊本藩主の弟の長岡護美《もりよし》、前土佐藩主・山内容堂《ようどう》の四人が上京し、この大策を挙げて長州を助けるべきであると断言した。

これに対し村田巳三郎は、外国人が退去の談判に応じなければどうするか問うと、坂本龍馬は、その時には全国一致で力を合わせて防戦すべきであると答えた。村田巳三郎は、それでは長州の軽挙で事を誤ったばかりに日本が共倒れすると答えた。

坂本龍馬は、この日付の姉の坂本乙女に宛てた手紙でも、長州との戦争で外国に加担した幕府の役人を打ち殺し日本を洗濯すると書いているが、村田巳三郎の意見を全く理解していないことがうかがえる。坂本龍馬は、長州に賛同する尊攘過激派だったようだ。

薩英戦争開戦と久光上洛要請

話を薩摩に戻すと、ジョン・ニールが八月一四日（七月一日）に、薩摩の使者に対し要求が受け入れられない場合は武力行使に踏み切ると通告した。薩摩は開戦を覚悟し、藩主の島津茂久《もちひさ》と島津久光は本営と定めた西田村（現在の鹿児島市常盤）の千眼寺に移った。

翌日の夜明け前、イギリスは賠償金交渉を有利にするため、艦隊五隻を派遣して約五、六〇名の兵が薩摩の蒸気船三隻に乱入し略奪した。この時、天佑丸の船奉行添役・五代才助と青鷹丸の船長・松木弘安《こうあん》が捕虜として拘禁《こうきん》され、捕獲された三隻は桜島沖まで曳航《えいこう》された。

正午頃になると、薩摩藩の砲台より一斉に砲撃が開始された。イギリス軍は交渉のために岸に近づき過ぎて被弾した船艦もあったが、薩摩の砲弾は鉛の玉で沈没するほどではなかった。この時、薩摩には台風が近づいていたため、陸上の薩摩軍に対し、洋上のイギリス軍は不利な状態だった。それでも、キューパー提督指揮の下《もと》、乱れていた隊列を整えて反撃に転じたことで、午後三時半頃には鹿児島の町のいたるところで火の手が上がった。これが破裂弾の威力で、午後八時頃には町一帯が火の海と化した。

薩摩がイギリスの武力に圧倒されている頃も、攘夷行動は続いていた。翌日の横浜では、外国商品を扱っている京都の豪商五、六名が斬殺されたニュースが届いた。これには、首が京都の主な橋に晒《さら》されて、天誅《てんちゅう》の言い訳の書状が付けられていたとあった。幕末の京都だけでも一六〇件以上の暗殺事件があり、その中の一例だろうが、合法的に商売しているだけでも暗殺される時代なのである。午後になると、横浜の日本人町の商店数軒が店を閉じた。

京都では八月一七日（七月四日）、福井藩士・村田巳三郎《みさぶろう》が前関白・近衛忠煕《ただひろ》に挙藩上京計画を説明した。近衛忠煕は、尊攘過激派のせいで存意が通らないと朝廷事情を語り、藩論には同意するが上京は時期を待つよう諭したため、村田巳三郎はいったん福井に戻ることにした。それが翌日には、福井藩士・岡部豊後《ぶんご》、酒井十之丞、三岡《みつおか》八郎らが使命を帯びて熊本と鹿児島に向けて出立《しゅったつ》し、挙藩上京計画は動きだしていた。

さて、薩英戦争に参加したイギリス東インド艦隊七隻は、八月二四日（七月一一日）、横浜に帰着した。戦闘中にアームストロング砲が自爆する事故が起きていたのである。この事故を通訳官のアーネスト・サトウは、一〇インチの破裂弾が艦の主甲板で炸裂すると見る間に七名の水兵が戦死し、一名の士官が負傷したと書籍に書いているが、薩摩の砲弾は鉛の玉で破裂弾ではない。それが、あたかも薩摩からの砲弾のような書き方をしており、横浜に引き上げた理由を弾薬、糧食、石炭などの供給不足としている。

イギリス海軍も、戦闘を中止して撤退した理由を公表しなかった。イギリス海軍はアームストロング砲を薩英戦争で初めて使用したが、二一門が合計三六五発を発射したうち二八回も発射不能に陥《おちい》り、極《きわ》めつけが旗艦ユーリアラス号に搭載されていた一門が自爆したのである。そのためアームストロング砲の信頼性は失われ、イギリス軍の注文がキャンセルされて生産は打ち切られ、過渡期の兵器として消えていった。

薩英戦争におけるイギリス側の正確なデータでは、この自爆により一〇名が死亡し二一名が負傷している。人的被害のほとんどがこの事故によるものだった。この自爆がなければ、戦闘は続き薩摩は数倍に及ぶ甚大な被害となったと思われる。イギリス軍が逃げるように錦江《きんこう》湾を後にしたことで薩摩の勝利とみる向きもあるが、砲台全滅で町中を焼き尽くされては、どう贔屓目《ひいきめ》に見てもイギリス軍の圧倒的な勝利である。

イギリス艦隊が横浜に帰着した夕刻、ヴァン・リードがジョセフ・ヒコに、艀《はしけ》を江戸まで雇《やと》いたいが心当たりはないか尋ねてきた。ジョセフ・ヒコが知り合いの商人などを探していると、再来して手筈《てはず》は整ったのでもう大丈夫だと言うや駆け出して行った。

翌日、ヴァン・リードが訪ねて来て、昨日の詫《わ》びをして詳細を語った。実は、薩摩から帰って来たイギリス艦には日本人捕虜が二名乗っていた。捕獲された薩摩船の船奉行で、自ら志願して捕虜になったが、イギリスは幕府にも薩摩にも渡すわけにいかず困り果て、密かに逃がすしかないと結論づけた。アーネスト・サトウから艀《はしけ》の手配を頼まれたため、方々あたっていると手筈《てはず》が整ったということであった。

捕虜の二名、薩摩藩士・松木弘安《こうあん》と五代才助は農民に変装し、清水卯三郎の縁戚《えんせき》である武蔵国幡羅郡下奈良村（現在の埼玉県熊谷市）の吉田六左衛門家の離れに匿《かくま》われた。松木弘安と清水卯三郎は英語を学んでいた時に知り合っており、これは当然の成り行きだった。

京都では、薩摩藩国父・島津久光に対し、攘夷親征の御用を理由とする召命《しょうめい》の沙汰《さた》が八月二五日（七月一二日）に下りた。薩摩藩士・税所篤《さいしょ》と奈良原繁は、この沙汰書と島津久光の上京を求める前関白・近衛忠煕《ただひろ》らの書簡を携《たずさ》えて薩摩に向けて京都を発《た》った。ここまでに、近衛忠煕らが島津久光に上洛要請の書簡を何度も送っていたが、いつ薩英戦争が始まるか分からない時で、島津久光自身は身動きが取れなかった。

そんな折、福井藩士・村田巳三郎《みさぶろう》が京都に到着し、薩摩藩士・吉井幸輔《こうすけ》を訪ねた。吉井幸輔は、島津久光召命の沙汰が下りたので一ヶ月後には上京するだろうと語って朝廷改革決行に同意し、近衛忠煕に入説するよう求めた。

翌日、村田巳三郎が近衛忠煕を訪ねると、近衛忠煕は、天皇が福井藩の国論を非常に喜ばれているので国《くに》許《もと》に知らせるよう告げ、決断した際には尽力を依頼すると述べ、村田巳三郎が主張する島津久光上京前の朝廷改革断行については、もっともだと答えた。ここにきて一歩前進である。

二日後、諸藩士たちが連名で署名し、姉小路公知《あねがこうじきんとも》暗殺犯糾弾《きゅうだん》により、島津久光召命中止を上申した。その諸藩士たちとは、水戸藩士・梶清次衛門《せいじえもん》、熊本藩士・宮部鼎蔵《ていぞう》、轟武兵衛《とどろきぶへい》、徳島藩士・大津伊之助、柏木半平、鳥取藩士・佐善《さぜん》修蔵、中野治平、姫路藩士・河合惣兵衛《そうべえ》、伊舟城《いばらき》源一郎らである。これで、関白や議奏などは、このままでは議論が沸騰し有志五〇〇名が暴発して暗殺が起こるかもしれないと迫ったため、朝廷は島津久光の召命中止の沙汰を下した。

これを知った孝明天皇は、島津久光の召命中止を強く迫った三条実美《さねとみ》らに激怒し、彼らを不届者《ふとどきもの》と呼び出して、今回限りは言うに任せるが、次に同様のことがあれば関白共々辞職を覚悟せよとの勅諚《ちょくじょう》を下した。そこで、薩摩藩士・村山松根《まつね》が国許《くにもと》に召命中止を知らせるため京都を発《た》った。尊皇派というが、天皇を将棋の駒の如く玉《ぎょく》と呼んで、蔑《ないがし》ろにする輩《やから》は大勢いたのである。

そんな輩の巣窟《そうくつ》だった長州では、支藩の岩国藩主・吉川監物《きっかわけんもつ》を通して八月二一日（七月一八日）に、関白・鷹司輔熙《すけひろ》に攘夷親征を建議し、翌日には、監察使・正親町公董《おおぎまちきんただ》に小倉藩征討を懇請《こんせい》した。やはり長州は図に乗りすぎである。

この二日後の夜、近衛忠熙、二条斉敬《なりゆき》、徳大寺公純《きんいと》の屋敷に、幕吏《ばくり》に通じ逆賊から賄賂《わいろ》を受けて周旋していること、幕府への攘夷委任に賛成し攘夷親征に反対していること、島津久光召命や薩摩藩士の九門内往来の許可を周旋したことを罪として、改心を遅滞すれば島田左近や宇郷玄蕃《うごうげんば》のように誅戮《ちゅうりく》を加えることを予告した脅迫状が投げ込まれた。

幕府と朝廷の過激派対策と島津久光の策

その一方で、幕府は外国船砲撃や小倉藩領侵入について長州藩を詰問《きつもん》するために、使番《つかいばん》の中根一之丞に幕府軍艦の朝陽丸での長州派遣を命じた。中根一之丞は、九月五日（七月二三日）に小倉に到着し、小倉藩士・河野四郎と大八木三郎右衛門を同乗させて田ノ浦付近の状況を偵知《ていち》させた。

翌日、朝陽丸は長州藩詰問のため馬関《ばかん》に移動し、長州藩士・宮城彦輔、波多野金吾、入江九一、赤禰《あかね》武人が応接した。すると、小倉藩士の乗船を知った長州藩士五、六〇名が朝陽丸に抜刀して乗り込み身柄引き渡しを要求したことで、小倉藩士二名は、累が幕府に及ぶことを恐れて艦艇で自刃《じじん》してしまった。

そして、中根一之丞は藩庁のある山口に近い小郡《おごおり》の旅籠《はたご》へ来て、閣老の書を九月一一日（七月二九日）に長州藩郡奉行《こおりぶぎょう》の刺賀佐兵衛《さすか》に渡した。五日後、大組物頭御軍制総掛の国重徳次郎が答弁書を提出した。その内容は、攘夷は朝命によって実行したもので、小倉藩侵入の件は小倉藩の処置についてよくない点があり心配だった為で、ご了察下さいというものだった。じつに得手勝手な意見で、外国船砲撃の罪を朝廷に転嫁したり、他藩を陥《おとしい》れるとは、武士の風上にも置けない。

薩摩では、島津久光が召命《しょうめい》の沙汰《さた》の返書と、前関白・近衛忠熙《ただひろ》・忠房父子と右大臣・二条斉敬《なりゆき》連署の書状に対しての返書を九月五日（七月二三日）に奈良原繁に託《たく》した。翌日、奈良原繁は京都に向けて出発した。

この日、福井藩の藩論が逆転し、挙藩上京計画の首謀者が解職された。これは、村田巳三郎《みさぶろう》が一度帰国した際、挙藩上京は時期尚早と報告したことで、中根靫負《ゆきえ》ら保守派が盛り返したためで、もう少しという所で頓挫《とんざ》してしまった。

そうすると、京都の高台寺《こうたいじ》が九月八日（七月二六日）に放火された。高台寺は、前福井藩主・松平春嶽《しゅんがく》が宿舎としていた寺だった。犯人は尊攘派の鳥取新田藩などの藩士らだったが、松平春嶽が兵を率《ひき》いて京都に入り尊攘過激派を一掃するという噂が流れ、真木和泉の日記から、三条実美《さねとみ》に「越を拒之策」が献じられたことが窺《うかが》われ、真木和泉の指示だったかもしれない。

二日後、高台寺の放火を幕府側の仕業とする一方で、福井藩が本陣とする西本願寺の焼き討ちを示唆する貼紙が祇園社（八坂神社）の扉に貼り出されたため近隣住民が大騒動となり、翌日には武家伝奏が福井藩重役を呼び出して立ち退きを諭《さと》した。これに対して福井藩大番頭《おおばんがしら》・牧野主殿介《とのものすけ》が、幣藩《へいはん》ゆえのことで、どこへ移っても焼き払いは付きまとうに違いなく、人民の動揺は同じことで、かえって今のままのほうが良いのではないかと言上した。それよりも、貼紙の首謀者の捕縛命令が先決と思われるが……。

そんな中、会津藩が九月一二日（七月三〇日）に天覧馬揃《てんらんうまぞろ》えを行なった。これは、孝明天皇が九月六日（七月二四日）に、会津藩に九月一〇日（七月二八日）の天覧馬揃えを命じたが、雨天のため二日後に延期していた。しかし、この日も雨だったため、会津藩士が何度も出向いて弁明したが取り合ってもらえず、準備して夜に行なった。

雨の夜のことで、篝火《かがりび》をたいたものの操錬《そうれん》の様子ははっきりと見えず、一度目の操錬を終えたとき、日を改めるようにとの沙汰《さた》が下りた。それでも孝明天皇は、尊攘過激派がいつ何時《なんどき》謀反《むほん》を起こすかわからないご時世で、会津藩の手際のよさと従来の軍備熟練を称した。これ以後は、会津藩主・松平容保《かたもり》には絶大な信頼を置くこととなった。

九月一五日（八月三日）、朝廷は、会津藩に再び天覧馬揃えを行なうよう命じ、三日前の天覧馬揃えで警護を担当した岡山藩、鳥取藩、徳島藩、米沢藩にも天覧馬揃えの朝命が下りた。四藩は外様藩だが、その中の岡山藩主・池田茂政《もちまさ》は前水戸藩主・徳川斉昭《なりあき》の八男、鳥取藩主・池田慶徳《よしのり》も徳川斉昭の五男、徳島藩主・蜂須賀斉裕《なりひろ》は一一代将軍・徳川家斉《いえなり》の二二男で、親藩ともいえる状態の藩となっていた。

そうしていると、薩摩藩士・奈良原繁が入京し、前関白・近衛忠熙への島津久光の返書を携《たずさ》えて九月一六日（八月四日）に近衛邸を訪ねた。返書には、久光自身即時の上京は困難だが、策を奈良原に言い含めたので、事がその通り運べば即時に家老を率兵上京させることなどが書かれてあった。

しかし、京都を発《た》って一ヶ月と経たない間に状況が大きく変わっていた。福井藩の挙藩上京の噂により、阻止しようとする尊攘過激派のテロや脅迫行為が続発し京都が騒然としていることから、島津久光から託された件は実行できそうにないと書いた書簡を、薩摩在住の中山中左衛門《ちゅうざえもん》に送った。

仕切り直しとなった天覧馬揃《てんらんうまぞろ》えが九月一七日（八月五日）に、会津藩、徳島藩、鳥取藩、岡山藩、米沢藩によって行なわれた。鳥取藩主の池田慶徳《よしのり》の建言により小銃空発の使用許可が下りて京都の町に轟《とどろ》いた。これにより、尊攘過激派の公家《くげ》たちが恐怖でおろおろしていたという。こんな公家たちが攘夷を訴えているが、空砲で震え上がるとは話にならない。

それがこの日も三条大橋付近に、国賊である松平春嶽《しゅんがく》の入京を許さず押して上京すれば旅籠《はたご》すべてに放火するとの予告が貼り出された。そして、四条、五条、粟田口《あわたぐち》蹴上街道筋に、国賊の松平春嶽が入京すれば勅により即時に天誅を加えるとの高札が発見され、大津制札場にも福井藩御用達の商人・矢島藤五郎及び松平春嶽の関係者への宿舎提供者に対する天誅予告が掲《かか》げられた。

翌日、真木和泉が三条実美《さねとみ》に西国鎮撫《さいごくちんぶ》を説明した。西国鎮撫とは、長州の攘夷打ちに協力しなかった小倉藩を征伐するというものである。この二日後、孝明天皇は自身の出兵を嫌がり西国鎮撫使を中川宮《なかがわのみや》に命じたいと述べた。中川宮は、薩摩藩士・高崎正風《まさかぜ》に使いを差し向けて西国鎮撫使について意見を聞くと、これは過激派の奸策《かんさく》で即刻拒否するよう返答が来た。そこで、真木和泉を呼び出し、西国鎮撫使を辞すことを告げて決別を言い渡し、すんでのところで尊攘過激派の刃《やいば》をかわしたのである。

そんな中の長州では、長州藩士・吉田稔麿《としまろ》などの奇兵隊員たちが九月二一日（八月九日）、アメリカ軍との交戦で失った艦船の代用として、幕府所有で使番が乗って来た朝陽丸の提供を要求して拿捕《だほ》し、おまけに長用丸と改名までした。アメリカ軍に船を沈められたのは自業自得で、これは強盗以外の何物でもない。

この頃、天皇を大和に行幸《ぎょうこう》させた留守中に尊攘過激派が御所に放火し帰京を諦《あきら》めさせ、錦旗を箱根に翻《ひるがえ》して関東を征伐させる計画があり、そのために錦旗と旅行の準備が命じられており、三条実美らが装具を作っていると噂されていた。錦旗の噂とは興味深い。錦旗は天皇の軍旗で、古くから色々なデザインがあったが、どれも統一性がなく、実際には現物もなく詳細がどのようなものか誰も知らなかったのである。

そうすると、大津駅問屋場で、朝敵である松平春嶽らの道中に協力する者への天誅予告が九月二三日（八月一一日）に張り出された。翌日には、福井藩の宿舎の西本願寺の用人の松井中務《なかつかさ》が暗殺された。松井中務は、尊皇攘夷を唱《とな》えて長州藩士とも親密だったが、武術奨励や蝦夷地《えぞち》開拓を行ない、松平春嶽と接近したことで開国派と疑われたためである。

この日、右大臣・二条斉敬《なりゆき》は、孝明天皇の意向を受けて、鳥取藩主・池田慶徳に密書を送った。密書の内容は、一両日中に御前において、攘夷親征、大和行幸の可否は鳥取、岡山、米沢、徳島の四藩の評議に任せるという勅書《ちょくしょ》を出すので、天皇の内意を含んで回答すること、また、四藩が評定、結論を奏上《そうじょう》するまでは模様替えがないよう強く主張することを命じた。

これに対し、池田慶徳と岡山藩主・池田茂政《もちまさ》は二条斉敬に返書して、密命に従い死をかけて行幸を阻止すると伝えた。それで、池田慶徳と池田茂政の命で、水戸藩士・梅沢孫太郎が江戸に向けて京都を発った。これは、在府の異母兄弟の将軍後見職・徳川慶喜《よしのぶ》に、早急な親征の布告、中川宮の西国鎮撫使等の京都の切迫した情勢を知らせるためである。

それが、尊攘過激派に牛耳《ぎゅうじ》られた朝召《ちょうしょう》によって参内した池田慶徳《よしのり》、池田茂政、米沢藩主・上杉斉憲《なりのり》、徳島藩主の世子の蜂須賀茂韶《もちあき》の朝議参謀四候と近江大溝藩主・分部光貞《わけべ》、平戸新田藩主・松浦脩《まつらながし》、因幡鹿奴藩主・池田仲建の三候の七候は翌日、攘夷親征の書付を示された。その上に、この朝廷は攘夷親征の大和行幸《ぎょう》の詔《こうみことのり》を公布した。そして、関白・鷹司輔熙《すけひろ》は、長州藩支族の吉川監物《きっかわけんもつ》、同家老・益田右衛門介《まね》らを招き、藩主父子のいずれかの上京を命じた。

尊攘過激派の後ろ盾に鷹司輔熙が、公武一和派の後ろ盾に二条斉敬《なりゆき》が、共に朝議参謀四候を使っての、獅子奮迅《しふんじん》の裏工作が繰り広げられていた。

薩摩藩士・高崎正風《まさかぜ》が京都の会津藩邸を訪れ、公用方・秋月悌次郎《ていじろう》らに政局を牛耳《ぎゅうじ》る長州藩の追い落としのための政変を持ち掛けた。秋月悌次郎により藩主・松平容保《かたもり》が聞き入れ、中川宮《なかがわのみや》が決断し、これを調整して中川宮、会津藩、薩摩藩が協定を結んで、中会薩同盟なるものが始まった。

そもそも薩摩藩は、姉小路公知《あねこうじきんとも》暗殺犯が藩士の田中新兵衛と断定され、乾御門《いぬいごもん》の警備から外《はず》されて京都での立場が危うくなっていた。各藩を探った結論として、くしくも尊攘過激派の中心的存在の長州を京都から排除したい会津藩と利害が一致した。島津久光が奈良原繁に託した策とは、尊攘過激派征討だったのだ。

四―三　尊攘過激派の無謀な反乱と八月一八日の政変

天皇を大和に迎えて親征の先鋒《せんぽう》を志す天誅組が、九月二六日(八月一四日)に大和に向かって京都を発《た》った。公家《くげ》の中山忠光を主将に奉《ほう》じ、役職を決めて組織化した総勢三九名である。

ちなみに、土佐藩士・坂本龍馬は、この日付の姉の乙女宛ての手紙で「この人はおさなというなり、もとは乙女といいしなり。今年二六歳で馬によく乗り剣もよほど強く、長刀《なぎなた》もできて力は並の男よりも強く、顔は平井よりも少しよい。琴を良く弾き一四歳の時皆伝《かいでん》いたし」などと書いていて、その後は浮かれた内容が続いている。

これは、千葉周作の弟の千葉定吉の長女の佐奈（一八三八〜九六）と婚約したようである。平井とは、坂本龍馬の幼なじみの平井収二郎の妹の加尾で初恋の相手とされる。坂本家が豪商の才谷屋の分家の裕福な郷士だったのに対し、平井家は上士であるも下級で貧乏だった。それよりも、坂本龍馬は江戸の千葉定吉の小千葉道場にいたのだろうか、それならば、討幕運動においては蚊帳《かや》の外だったのではなかろうか。

京都守護職・松平容保《かたもり》は九月二七日（八月一五日）に、事態が極《きわ》めて切迫し、親征が布告されたことを報じるとともに、非常の尽力をするので必ず後の一報を待つよう求めた書簡を江戸の閣老に送った。これによって、交替のため国許《くにもと》への途上の会津藩兵が召喚《しょうかん》されて続々と京都に戻ってきたが、京都守護職始末によれば、愚かな壬生《みぶ》浪士らが起こした大和屋焼討ち事件の騒動のさなかで、怪しむ者はいなかったと説明されている。

そうすると、中川宮は西国鎮撫辞退を口実に、九月二八日（八月一六日）、他の公卿の参朝前に参内し、孝明天皇に対して尊攘過激派の公家の処分を請《こ》うと、天皇は計画に理解を示したものの、処分の内勅《ないちょく》は下りなかった。

薩摩藩士・高崎正風や会津藩士・秋月悌次郎らは、内勅が下りなかった事情を聞き落胆したが、孝明天皇は密かに中川宮のもとに使者を送り、朝の奏事を熟慮した結果、会津と鳥取の両藩に処理させるよう内勅を下した。関与は為にならないという理由で薩摩藩は除外されていたが、薩摩藩は、あくまでも当初の計画通りで実行すべきと主張し、さらに、前関白・近衛忠熙《ただひろ》、右大臣・二条斉敬《なりゆき》の同意を取り付けるというので、中川宮《なかがわのみや》も決断した。

中川宮、前関白・近衛忠熙・忠房父子、右大臣・二条斉敬、内大臣・徳大寺公純《きんいと》は九月二九日（八月一七日）、翌日の未明に参内し謁見して非常の大議を行なう決意を固め、この時に京都守護職、京都所司代も兵を率いて参内すること、加えて、中川宮と二条斉敬の護衛に会津藩が、近衛忠熙と忠房父子の護衛に薩摩藩がつくことも決まった。

そんな中の長州では、高杉晋作により足軽や農民、町人を主体とした奇兵隊が結成されると、藩士から成る正規部隊である撰鋒隊《せんぽうたい》との間に軋轢《あつれき》が生じた。両隊とも馬関《ばかん》に駐屯《ちゅうとん》していたが、撰鋒隊士は奇兵隊を「百姓兵」「烏合の衆」などと罵《ののし》り、奇兵隊士はフランス軍の陸戦隊に一方的に敗退した撰鋒隊を「腰抜け侍」と罵ったりするなど、両隊の対立が深刻化していた。奇兵隊は前田砲台、撰鋒隊は壇ノ浦砲台を担当しており、長州藩主の世子の毛利定広が九月二八日（八月一六日）に両砲台を視察することとなった。

最初に奇兵隊が銃隊の訓練、剣術試合などを披露し、続いて撰鋒隊が披露することとなっていたが、時間が押して日没が近づいたため撰鋒隊の披露は中止されてしまった。撰鋒隊士は視察を仕切っていた奇兵隊士の宮城彦輔の陰謀だとしてこれを恨《うら》み、宮城彦輔や奇兵隊を激しく罵倒し、宮城彦輔を襲おうした。これを知った宮城彦輔ら激昂《げっこう》した奇兵隊士数十人は、撰鋒隊の屯所である教法寺に押し寄せた。これに驚いた撰鋒隊士の多くは逃走したが、病臥中《びょうがちゅう》だった蔵田幾之進が奇兵隊士により斬殺された。

これで撰鋒隊は報復のため、奇兵隊用人の奈良屋源兵衛を拉致《らち》し、長時間冷水に浸けるなど虐待行為を行なって外に放り出し、奈良屋源兵衛は高熱を発してその日のうちに死亡した。藩は騒動の原因となった宮城彦輔に切腹を命じた。高杉晋作は切腹を免《まぬが》れたものの事件の責任を問われて奇兵隊総督を罷免され、河上弥市と滝弥太郎の二名が後任となり、奇兵隊の本拠は小郡《おごおり》に移動させられた。これを、教法寺《きょうほうじ》事件という。

それで、奇兵隊には身分制度がないと言われているが、創設した高杉晋作自身が奇兵隊は農兵隊であると断言していて、隊士になっても武士に取り立てられることはなく、隊の中では武士と農民などは服装などで細かく区別されていた。

その一方で天誅組は、天領の五條（現在の奈良県五條市）に到着し、九月二九日（八月一七日）に代官所を包囲して代官・鈴木源内に降伏を要求した。ゲベール銃隊を率《ひき》いる土佐藩浪士・池内蔵太《くらた》が空砲で威嚇《いかく》し、土佐藩浪士・吉村寅太郎が率《ひき》いる槍隊が裏門から突入した。

代官所の役人はどこでも三〇～四〇名程で幕臣は二割程度と少なく、残りは現地採用の農民である。このような少人数では、意気軒昂《いきけんこう》な天誅組に抵抗することは出来ず、代官所方は敗北し鈴木源内と下僚らは殺害された。天誅組は代官所を焼き払い桜井寺を本陣に定めた。

これについては、時代小説やテレビドラマなどでは、代官の鈴木源内が皇室をないがしろにしたため糾弾《きゅうだん》されたとしている。しかし、奈良県五條市本町一丁目の極楽寺霊園にある五條代官所役人墓所の説明板によれば、「鈴木源内は一三代目の五條代官で、天誅組の変当時は六〇歳ぐらいの温厚善良な人柄だったといわれる。長寿の老人を表彰するなどして領民からよく慕われた代官だったが、天誅組によって殺害された。後に地元の人たちによって、五人の部下とともにここに祀《まつ》られた」と書かれている。

この地元の人たちによる丁重な供養により、代官は善良な人物だったことが理解できる。なぜ五條代官所を襲ったのか、大和行幸に合わせて大和ならばどこでも良かったのではなかろうか。そうであれば、これは劣悪なテロ行為で許されるものではない。

八月一八日の政変と長州の変貌

京都では、中川宮《なかがわのみや》や松平容保《かたもり》らが九月三〇日（八月一八日）の午前一時頃に参内し、四時頃に会津、薩摩、淀藩兵により御所九門の警備配置が完了した。そこで、在京の諸藩主に参内を命じると共に、三条実美《さねとみ》ら尊攘過激派の公家《くげ》に禁足と面会禁止を命じ、国事参政と国事寄人《こくじよりゅうど》を廃止とした。そして、朝八時過ぎから兵を率《ひき》いた諸藩主が参内し九門を固めた。これが、八月一八日の政変である。

これにより、朝議によって大和行幸《ぎょうこう》の延期や尊攘過激派公家や長州藩主・毛利慶親《よしちか》、定広父子の処罰等を決議し、長州藩担当の堺町御門の警備を免じた。そのために、長州藩兵は失脚し、三条西季知《さんじょうにしすえとも》、三条実美、四条隆謌《たかうた》、東久世通禧《みちとみ》、壬生基修《みぶもとおさ》、錦小路頼徳《よりのり》、澤宣嘉《のぶよし》の公家七名とともに妙法院に集合して一〇月一日（八月一九日）に長州へと落ちていった。

これを知らない天誅組は、五條代官所の領地を天皇直轄の領地と定めた。そして、高取藩に土佐藩浪士・那須信吾らを恭順勧告に送り、高取藩もこれに服する旨《むね》を伝えてきた。ここでの問題は、孝明天皇から何一つ命じられてないことである。

長州では、幕府軍艦の朝陽丸が返還されて江戸に帰る準備をしていた幕府使番《つかいばん》・中根一之丞と従者らが、一〇月四日（八月二二日）の夜に刺客に襲われて殺害された。犯人は、長州藩士・吉田稔麿《としまろ》などの奇兵隊士らと思われる。これは、その後に起きた池田屋事件や禁門の変と続く時勢に押されて、解決に至《いた》らず曖昧《あいまい》なままとなってしまった。しかし、朝廷と幕府はこの傍若無人な幕吏《ばくり》殺害事件を最重視し、長州に対して態度を更に硬直化させていったのである。

翌日、長州藩士・近藤清石《きよし》、佐世《させ》一誠《いっせい》らが京都から帰国して八月一八日の政変の第一報を報告した。報告を受けた長州藩は驚愕《きょうがく》し、毛利定広の上京について議論するはずだったが、一転して政変への対応策の協議の場となり、代わって家老・根来上総《ねごろかずさ》と用談役・宍戸左馬之介《ししどさまのすけ》を上京させることとなった。

その一方で、孝明天皇は一〇月八日（八月二六日）に在京の諸大名を召集《しょうしゅう》して、九月三〇日（八月一八日）以降の詔勅《しゅうちょく》が真の意志であると表明した。これは、孝明天皇が意見を言おうにも、長州を中心とした尊攘過激派に牛耳《ぎゅうじ》られて不自由していたが、その憎き連中を追放し自由に意見が言えるようになった証《あかし》である。

これで孝明天皇は、京都守護職・松平容保、京都所司代・稲葉正邦、鳥取藩主・池田慶徳《よしのり》らの守衛の労をねぎらい、金一万両を藩兵に下賜《かし》した。たいした大盤振る舞いだが、どうやら薩摩藩が外《はず》されていて、姉小路公知《あねがこうじきんとも》暗殺の件が尾を引いているのか、それとも薩摩藩が辞退したものか。

朝廷は一〇月一〇日（八月二八日）に、薩摩藩国父・島津久光、前土佐藩主・山内容堂《ようどう》、前佐賀藩主・鍋島斉正《なりまさ》に上京を命じ、特に土佐藩には京都警衛のための藩兵を上京させるよう命じた。そして、紀州藩、伊勢津藩、彦根藩、大和郡山《こおりやま》藩に天誅組の追討令を出した。これは、孝明天皇による正当なものだが幕府を頭越しに命じている。

長州では、藩士・椋梨藤太《むくなしとうた》らが一〇月一二日（八月三〇日）に萩から山口に赴《おもむ》き、京都の政変は藩の要路が政策を誤っていて、責任者の毛利登人《のぼる》、前田孫右衛門、周布政之助《すふまさのすけ》の罷免を強訴《ごうそ》した。救われるのは、長州にも良識ある人物が残っていたことである。

そんな日に、朝廷は京都所司代・稲葉正邦に、長州藩主父子へ上京延引と藩士退京の御沙汰書《ごさたしょ》を伝達させた。これは、長州藩関係者は京都留守居役三名を除いて在京を禁じたものである。

そうした中で、横浜居留地の警備のために上海より呼び寄せられたフランス陸軍少尉のアンリ・カミュと士官二名は一〇月一四日（九月二日）、程ヶ谷宿（現在の横浜市保土ヶ谷区）に向かうため乗馬で井土ヶ谷村（現在の横浜市南区井土ヶ谷下町）に入ったところを、浪士三名に襲撃され、先頭のアンリ・カミュが死亡した。これを井土ヶ谷事件という。

その後、外国人と取引して、同胞の苦境の上に財を貯えている者は許し難《がた》い、よって天誅を加えると書かれた貼紙が一〇月二二日（九月一〇日）に神奈川奉行所に何者かによって貼られた。これでまた横浜の日本人町の商家数軒が店を閉めた。

こういった主張は、日本は長きにわたり自給自足で需要と供給のバランスが取れていたが、貿易によりこのバランスが崩れ、外国人に人気の絹などは国内で品薄となり高騰したことを背景としていた。これには幕府も対処したが、解決しなかった。ベストな対策は高騰した品物の増産だが、この当時の日本の製造方法では急な増産は無理があった。誰が悪いわけではないが、これが殺人テロの脅迫状に直結するのが、尊攘過激派が暗躍する当時の世相である。

未《いま》だに多くの尊攘過激派の存在に苦慮する幕府は一〇月二六日（九月一四日）、軍艦操練所へアメリカ公使プルーインとオランダ公使ポルスブルックの二人を呼び出し、破約攘夷の対応策として横浜鎖港交渉を開始した。幕府側は、老中・板倉勝静《かつきよ》、水野忠精《ただきよ》、井上正直、有馬道純《みちずみ》、外国奉行・竹本正雅《まさつね》と池田長発《ながおき》が出席した。両公使は老中らの申し入れに対し、要求は受け入れ難く、イギリス公使がこれを聞けばすぐに戦端を開くだろうと述べた。

この日、長州より派遣された家老・根来上総《ねごろかずさ》が京都の藩邸に到着し、京都留守居役・乃美織江が、藩主の嘆願書の件を朝廷に報告した。三日後に回答が来て、八月一八日の政変の時に、毛利讃岐《さぬき》以下多人数が武器を持ち運んで御所《ごしょ》近くに詰めたこと。屋敷に退却するようにとの御沙汰があったのに大仏まで引き取ったこと。七人の堂上を国許《くにもと》へ連れ帰ったこと。以上の三項目により嘆願書は受け入れられなかった。

毛利讃岐とは長州の支藩の清末藩主・毛利元純のこと、大仏とは妙法院のこと、七人の堂上とは都落ちした七卿のことである。これで根来上総は国許へ向けて京都を発《た》った。孝明天皇の怒りは謝ったくらいでは収まらない。

横浜に話を移すと、イギリス領事館の応接室で薩英戦争の第一回目の談判が一一月九日（九月二八日）に、三日後に第二回目が、その三日後には第三回目が行なわれ、イギリスから講和条件として、薩摩はイギリスに賠償金を支払い、犯人を捜査し処刑することが提示された。これに対して薩摩は、和睦派の佐土原藩家老・樺山舎人《かばやまとねり》らが、幕府の説得を受け入れて薩摩への和睦を促《うなが》し、薩摩藩士・重野安繹《やすつぐ》らは、イギリスからの軍艦購入を条件に扶助料を出すべしと議を決し、イギリスは軍艦購入の斡旋《あっせん》を承諾《しょうだく》するに至《いた》った。

その後、薩摩藩は薩英戦争の賠償金の二万五〇〇〇ポンドとなる六万三〇〇〇両を幕府から借用して一二月一一日（一一月一日）にイギリスに支払った。薩摩は幕府に一切返済することなく明治を迎えている。

生野の変

話を八月一八日の政変の二日前の九月二八日（八月一六日）に戻すと、薩摩藩浪士・美玉三平《みたま》が、但馬《たじま》の農兵組立ての許可が下りるよう要請し、国事御用掛の三条実美《さねとみ》の名の下に指令を下した。これが、生野《いくの》の変につながっていくことになる。

当地では、外国船が一八五四年（嘉永七年）に但馬沖を通過する事件が起き、その後も度々《たびたび》起こったことで外国船の脅威《きょうい》を排除するための海防が課題となるも、生野代官所の軍備が手薄で、能座村（現在の兵庫県養父市能座）の庄屋の北垣晋太郎が何度も自衛の農兵組立ての許可を要請していた。そこに、但馬《たじま》に立ち寄った美玉《みたま》三平が手助けしたものである。

そして一〇月八日（八月二六日）、八月一八日の政変で窮地《きゅうち》に追い込まれた在京の長州藩士より、一日も早く大和挙兵の応援を図《はか》るべく、農兵を利用した但馬挙兵の提案がされて、既《すで》にその意思を持っていた福岡藩浪士・平野次郎が但馬に向けて京都を発《た》った。

但馬国養父明神別当所（現在の兵庫県養父市尾崎）の普賢寺で一〇月一七日（九月五日）、第一回目の農兵組立て会議が行なわれた。この会議を前に生野代官・川上猪太郎は農兵周旋方を有力な農民に命じていたため、会議は一応のまとまりを見せ、次回は八日後に開催することを決めて解散した。

この時、能座村の庄屋の北垣晋太郎は京都で長州藩士・野村和作らと協議を重ねていた。野村和作らは、大和の天誅組を助けなければならず、そのために平野次郎が但馬に向かったので、但馬に帰り平野次郎を助けて大和の応援を図ってくれと諭《さと》した。北垣晋太郎は、一年は農兵の養成にあてて兵器を備《そな》え、明年《みょうねん》秋頃には隣国の有志と気脈を通じればと言ったが、許可が下りて二〇日ほどで農兵の募集もまだである。しかし、北垣晋太郎は長州藩士らの話を受け入れてしまうのである。

天誅組の変では、幕府は一〇月二〇日（九月八日）に、総攻撃を二日後と定めて諸藩に命じ、総兵力一万四〇〇〇名に及ぶ諸藩兵が各方面から進軍した。天誅組は、主将の中山忠光の命令が混乱し右往左往することなり、中山忠光の元から去る者も出始め士気は低下していた。

進退窮《きわ》まった主将の中山忠光は、一〇月三一日（九月一九日）に解散を命じた。この八日後、中山忠光は、極秘に土佐藩士・池内蔵太《くらた》らと共に辛くも諸藩兵の重囲《じゅうい》をかいくぐり脱出した。ここで、中山忠光らを取り逃がしたが、天誅組は壊滅した。天誅組のやったことは無計画で、猪突猛進の身勝手なテロ以外の何ものでもなかった。

生野《いくの》の変に話を戻すと、皮肉なことに、三日延期したことで天誅組の解散の日に第二回目の但馬の農兵組立て会議が養父郡高田村（現在の兵庫県朝来市和田山町高田）の大庄屋の中島太郎兵衛邸で行なわれた。会議は第一回目と同じく支配村の代表的な豪農や村役人二五、六名が集まり、代官所からは小川愛之助、木村松三郎が出席した。この時には北垣晋太郎も参加していた。

農兵組立ての意見はまとまり解散となったが、表向きはそう見せかけて、役人が帰った後に用意していた別室で挙兵の決行策を協議することとなり、福岡藩浪士・平野次郎も参加した。

この会議の結論は、農兵召集は表向きの会議に代官所役人が出席していたため問題はなく、すぐさま農兵を徴収《ちょうしゅう》して長州にいる七卿の一人を大将とし生野にて挙兵することで決まった。翌日には平野次郎が山口へ向かった。

平野次郎は一一月一一日（一〇月一日）に山口に赴《おもむ》き、世子の毛利定広に謁見して生野《いくの》挙兵を入説したが、長州藩内でも意見は分かれて賛同を得られなかった。翌日、七卿の中から沢宣嘉《のぶよし》が総帥になることが決まると、沢宣嘉のもとならば挙兵しようという声もあり、長州からは奇兵隊総督の一人である河上弥市が名乗りを上げた。

すると、河上弥市が行くならとさらに集まり、沢宣嘉《のぶよし》一行総勢二九名は三田尻を出港して、生野《いくの》の手前の延応寺（兵庫県朝来市生野町口銀谷）に一一月二一日（一〇月一一日）に到着した。やがて地元勢や薩摩藩浪士・美玉《みたま》三平らも駆けつけてきたため、総勢二九名だった一行はたちまち大人数となった。

そこで、白石廉作と川又左一郎が、沢宣嘉の書状を持って代官所へ走り、生野代官所借用の談判をするが、代官の川上猪太郎は備中窪屋郡倉敷村（現在の岡山県倉敷市）に出張中で不在のため、交渉には元締の武井庄三郎が応接した。武井庄三郎は、生野銀山町内での宿泊や滞在は御法度《ごはっと》だったが、沢宣嘉の書状を拝見し、通りがかりの一泊ならと町内の旅籠《はたご》を手配した。一行は、生野挙兵のため長逗留《ながとうりゅう》を希望していたが、とりあえず斡旋《あっせん》された丹後屋へ投宿し、陣容が整えられ、沢宣嘉の名で宣言書が起草された。

それが、この間の一行の動きは生野代官所に筒抜けで、旅籠から武井庄三郎のもとに刻々と連絡が入っていた。武井庄三郎は、一一月二二日（一〇月一二日）の午前二時頃に出石《いずし》藩、豊岡藩、姫路藩へ鎮撫要請の密使を派遣していた。それを知らない平野次郎らは、早朝に生野代官所を無血占拠し、沢宣嘉の諭告文を発表して農兵を募《つの》った。農兵は続々と集結し、たちまちにその数は二〇〇〇名を超えたが、生野代官所では、槍《やり》の柄《え》が折られるなど、常設していた武器は使えなくされていた。

そして、近隣諸藩の出動を押さえるべく沢宣嘉の密書を持って庄屋の太田六右衛門らが出石藩へ向かったが、武井庄三郎の密使の到着の方が早く捕縛されてしまった。そこへ、出石藩兵九〇〇余名が一一月二三日（一〇月一三日）に生野に侵攻した。すると、沢宣嘉が諸藩士数名と共に脱出し、二〇〇〇名を超えた農兵に動揺を与えた。

翌日には、豊岡藩兵が養父郡高田村（現在の兵庫県朝来市和田山町高田）の蓮正寺に着陣し生野に向かった。

そして、姫路藩兵一〇〇〇余名も生野に侵攻した。こうなると、本陣は解散状態となり、妙見山にいる長州藩士の河上弥市らを残して浪士たちが逃走し始めた。北は豊岡藩、東は出石藩、南は姫路藩に押さえられ、ほとんどの浪士は逃げ切れず自刃《じじん》するか捕縛され、生野挙兵はあっけなく終わりを告げた。

尊攘過激派の輩《やから》は世界情勢を見据えることが出来なかったが、この連中は国内をも見据えることが出来ない浅はかな烏合《うごう》の衆《しゅう》だった。

四—四　京都の公武一和派政府と懲りない長州の暴挙

幕府は、朝廷より再三の上洛の勅命《ちょくめい》により一一月二七日（一〇月一七日）に議論し、将軍後見職の徳川慶喜《よしのぶ》のみ上洛させて、将軍の徳川家茂《いえもち》は辞退と決定し天皇に上申した。将軍の上洛には幕府内に異議が多かった。それは、一代で二度の上洛は如何なものか、幕府財政が許さない等の理由が挙げられたが、内心はこの春の上洛に恥辱ともいうべき処遇を受けたことへの反発だったのである。

そんな中で、一橋家家老・中根長十郎が一二月二日（一〇月二二日）に江戸雉子橋《きじこばし》門外で暗殺された。犯人は尊攘派とみられるも不明である。加えて、宿場々々の本陣に放火するという予告状もあり、四日後、徳川慶喜《よしのぶ》は上洛のために陸路を避《さ》けて、幕府の軍艦操練所から蟠龍丸で上京の途に就《つ》いたのである。

この日、江戸の治安悪化を憂慮した幕府は、庄内藩など一三藩に江戸市中取締を命じた。庄内藩は浪士対策として、将軍上洛の警護を名目に集められた浪士組で帰府した新徴組《しんちょうぐみ》をその任務にあてることとした。これは、東北育ちの庄内藩士よりも、関東近辺で募集された新徴組の方が江戸の地理などにも詳しく、その任に最適だったことによる。

一八六三年一二月一四日(文久三年一一月四日)、京都所司代・稲葉正邦より命じられた軍艦奉行並・勝義邦が登城して将軍上洛について進言したが、幕閣は、将軍後見職が上洛したので将軍上洛は辞退する奉答書を翌日に提出し、勝義邦の進言は通らなかった。

それが、京都東町奉行・永井尚志《なおゆき》が帰府し、一八六四年一月五日(文久三年一一月二六日)、将軍上洛を説いた。これにより幕府は将軍の上洛を決め、出発を二月初旬(一二月下旬)に決定した。さすがは学問吟味甲科及第である。

長州に話を移すと、馬関《ばかん》海峡に一隻の蒸気船が二月一日(一二月二四日)の午後八時ごろ通りかかった。そこへ突然、長州側の前田砲台から砲撃が始まった。船は沈没し、六八名の乗務員が寒中の海に投げ出され二八名が溺死する大惨事となった。この時、前田砲台に詰めていた長州藩兵たちは勝鬨《かちどき》を上げて喜んだという。長州はアメリカとフランスに殲滅《せんめつ》されても攘夷一辺倒だった。

翌日、これが幕府所有の長崎丸で薩摩藩が借用している事実が明らかになると、藩候使節として桂譲助と従士一〇名余りが薩摩に向かった。薩摩藩で応対したのは、海江田信義と本田弥右衛門である。そこで桂譲助は、外国船と誤認して貴藩の船舶を砲撃してしまった。斬鬼《じんき》の至《いた》りに堪《た》えず、藩主父子も厚く謝意を示していると伝えた。

しかし、海江田信義らは、軽微な事件ではないとして藩主・島津茂久《もちひさ》に伝えると、激高して砲撃者の首級を出せと言う者もいたが、朝廷と幕府へ報告済みで、上京中の島津久光とも熟議の上で判断するということで桂譲助らは萩へ帰っていった。

その後、薩摩は京都で徳川慶喜《よしのぶ》に申告しようとしたが、幕府より公武において長州の処置を議して裁決するので、薩摩からの直接談判は猶予してほしいとされ、直ちに薩長の全面対立とはならなかった。

そんな中でも幕府は、ヨハネス・ポンペの下《もと》で学んだ奥詰医師で医学所頭取助の松本良順が二月三日（一二月一六日）に医学所第三代頭取となり、学制を改め理化学、解剖学、生理学、病理学、薬剤学、内科、外科の医学七科を定めた。これが明治になって東京帝国大学医学部となるが、この時点で基盤は立派に出来上がっている。翌日には将軍・徳川家茂《いえもち》が海路をとり再度の上洛を果すこととなり翔鶴丸《しょうかくまる》で出港した。

そうすると、横浜鎖港談判使節団総勢三五名が一八六四年二月六日（文久三年一二月二九日）に横浜からフランス軍艦ル・モンジュ号で出港した。正使が池田長発《ながおき》、副使が河津祐邦《すけくに》、目付が河田熙《ひろむ》である。これは、孝明天皇の攘夷勅命を受けた幕府が、開港場だった横浜の鎖港交渉をするためにヨーロッパに派遣した外交団であったが、各国を回れば一年はかかり、天皇には努力したが交渉は決裂し横浜鎖港は無理で、選択肢は開国しかないと報告しようとしていた。

この日、日瑞修好通商条約を江戸で締結した。瑞とは瑞西の略でスイスである。遣日使節エメ・アンベールは外交官ではなく時計協会会長を務める民間人で、時計を中心に貿易を推進するためだった。日本側は外国奉行・竹本正雅《まさつね》、菊地隆吉《たかよし》、目付・星野金吾だが、この時点で条約締結するとは横浜鎖港交渉がフェイクであることが見え見えである。

さて、横浜鎖港談判使節団は一八六四年二月一八日（文久四年一月一二日）に上海で、イギリス総領事オールコックと会談した。オールコックは、一八六二年三月（文久二年二月）に休暇帰国の後、再来日の途上で上海に立ち寄っていた。

オールコックは、横浜鎖港の件を質問されると、それは戦端を開くものだと論駁《ろんばく》し、幕府を助けて国内の不逞《ふてい》の徒《と》を鎮圧する政策を執《と》らせようと考えているが、幕府がだめなら京都に、京都がだめなら大名の有力者の薩摩などと各個に条約を結ぶだろう。これが、今日帯びている訓令であると述べた。これを聞いた使節団一行は、やる気が挫《くじ》かれる思いだったろう。

その後も、幕府による海外渡航は続いた。一八六四年三月一六日(文久四年二月九日)、第二次上海使節団として箱館奉行支配調役並・山口錫次郎以下約五〇名が健順丸に乗船し、上海に向けて兵庫より出航、一八六四年三月二八日(元治元年二月二一日)に上海に到着した。上海での貿易において、売れ残りは出たものの約一三〇〇両の利益を得た。

幕府は以前にも千歳丸を上海に送って貿易を求めたが、日本人だけで操船《そうせん》しての貿易船派遣という点では新たな試みだった。千歳丸の時のようなオランダ商人を通じてではなく、日本の名義で手続きを行なった。そのため、日中間の正式通商確立への道を一歩進めたとの評価もあり、近代化は着実に進んでいた。第二次上海使節団は一八六四年五月一四日(元治元年四月九日)に日本へ向けて上海を出港した。

参与会議での徳川慶喜の奮闘

京都に話を移すと、朝廷より一八六四年二月七日(文久三年一二月三〇日)に、将軍後見職・徳川慶喜《よしのぶ》、京都守護職で会津藩主・松平容保《かたもり》、前福井藩主・松平春嶽《しゅんがく》、前土佐藩主・山内容堂《ようどう》、前宇和島藩主・伊達宗城《むねなり》の五侯に、参与あるべきの沙汰《さた》が下りた。

これは、薩摩藩国父・島津久光が、優柔不断な朝議に賢明諸侯を参加させようと唱《とな》えたものだったが、島津久光自身は無位無官のため辞退していた。

そういうことで、徳川慶喜の宿舎の東本願寺で一八六四年二月九日(文久四年一月二日)に、山内容堂は欠席したが、松平容保、松平春嶽、伊達宗城、島津久光が参集し、薩摩藩士・小松帯刀《たてわき》、高崎五六《いつむ》や福井藩士・中根靭負《ゆきえ》も陪席して会談した。内容は、参与の勤務方、長州藩による長崎丸砲撃事件や横浜鎖港問題などだった。

それが、島津久光は二月一四日(一月七日)に、中川宮《なかがわのみや》と前々関白・近衛忠熙《ただひろ》を訪問し、建白書《けんぱくしょ》の内容を説明して武家伝奏に提出した。この建白書の中に、現在の情勢を招《まね》いたのは天皇のせいで、将軍のせいではないと認める詔《みことのり》を出せという内容が含まれていた。実に大胆不敵だが、これくらいしないと情勢が治まらないとみていたのだ。

第二回目の朝議参与会議が二月一五日(一月八日)に開かれた。辞退届を出している山内容堂は欠席し、徳川慶喜は病欠した。ここで、山内容堂の参与辞退、島津久光の官位問題について下問《げもん》があった。

翌日、松平春嶽の宿舎で朝議参与諸侯たちが集まって会合を開いた。山内容堂は欠席し、他に島津久光、福井藩主・松平茂昭《もちあき》が参加した。徳川慶喜の発議により、松平容保を征長副将とし松平春嶽を京都守護職とすること。征長軍には外様藩を加えないこと。島津久光を幕議に参画させること。以上四点について意見が交換された。

この頃、薩摩藩は、イギリスの商社よりフーキン号を購入した。横浜で購入したことで、おそらくジャーディン・マセソン商会ではなかろうか。値段は五万五〇〇〇ドルだった。生麦《なまむぎ》事件の賠償金の六万三〇〇〇両を幕府に借りて踏み倒したくせに、なんでこんな買い物が出来たのだろうか。人間性を疑う。

二月二〇日（一月一三日）に朝議参与会議が開かれ、徳川慶喜《よしのぶ》、松平春嶽《しゅんがく》、伊達宗城《むねなり》の三名が参加するみだったが、みだったが、島津久光が従四位下、左近衛権少将に任命された。四位以上であることが重要で、これで天皇謁見が可能となり、島津久光は晴れて朝議にも出席できるようになったのである。

するとと二月二二日（一月一五日）、これまで徳川慶喜を嫌っていた徳川家茂《いえもち》が二条城に到着し、徳川慶喜に万事依頼すると述べたことで、政事総裁職・松平直克《なおかつ》や老中・水野忠精《ただきよ》らも大変喜び、徳川慶喜に関する従来の嫌疑《けんぎ》までも頓《とみ》に氷解する模様だったという。

徳川家茂は、二月二八日（一月二一日）に参内し、孝明天皇から公武一和の勅諭《ちょくゆ》を賜《たま》わった。そして、宸《しん》翰《かん》の中に「国内外の危機的状況は、汝《なんじ》の罪ではなく、朕《ちん》が不徳のせいである」と書かれてあった。これは、島津久光の建言である。その後、天盃を賜わり天酌があった。今回の将軍上洛は公武一和の実を挙げたのである。

そうすると、二条城で三月二日（一月二四日）に会議が開かれ、中川宮《なかがわのみや》、関白・二条斉敬《なりゆき》、徳川慶喜、松平直克、水野忠精、松平春嶽、伊達宗城、山内容堂《ようどう》、島津久光らが長州処分問題や横浜鎖港問題を論じた。島津久光は長州討伐、藩主召還《しょうかん》と鎖港反対を主張した。それに対し徳川慶喜は、既《すで》に横浜鎖港談判使節団が出発していることを理由に鎖港実行を主張した。

三日後、徳川家茂が参内し、長州必罰、攘夷のための幕府、諸藩の武備充実、公武一和による天下一新の宸翰を受け取り、従一位宣下の内旨が伝えられた。孝明天皇は酒等を振る舞い、また徳川慶喜や老中を召《め》し出して、参与諸侯と協力して議論し皇運挽回に尽力するよう命じた。こうなると、大政委任しているようには思えないが、宸翰の草案は薩摩藩士・高崎五六《いつむ》の手によるものとの説もあり、薩摩が国政を牛耳《ぎゅうじ》ろうとしているようである。

そして、一八六四年三月一五日（文久四年二月八日）に再び二条城で会議が開かれた。参加者は中川宮、二条斉敬、徳川慶喜、松平直克、水野忠精、松平春嶽、松平容保《かたもり》、伊達宗城、山内容堂、島津久光で、議題はまたも長州処分問題と横浜鎖港問題である。島津久光は、長州討伐と藩主の呼び出し、それに横浜鎖港反対を主張したが、またもや徳川慶喜が横浜鎖港の実行を主張した。これは、薩摩などに国政を牛耳られることなく、幕藩体制を守りたかったからである。

とうとう徳川慶喜が一八六四年四月一四日（元治元年三月九日）に参与全員の辞退を願い出たことで、朝廷は四日後、松平春嶽と伊達宗城の参与の解任を通達し、翌日には、島津久光と松平容保の参与の解任を通達した。これで、徳川慶喜の望む通り、参与会議が崩壊したのである。

そして、徳川慶喜は一八六四年四月三〇日（元治元年三月二五日）に将軍後見職を免ぜられると同時に、禁裏御守衛総督《きんりごしゅえいそうとく》に就任した。禁裏御守衛総督とは、幕府の了解のもと、朝廷によって禁裏を警護する為に設置された役職のことで、江戸の征夷大将軍に対し京都の将軍といった職務で、徳川慶喜は幕藩体制を維持すべく主導権を握り、朝廷より絶大な信頼を得たのである。

長州の暴挙と横浜鎖港交渉

長州に話を移すと、薩摩商人の大谷仲之進が一八六四年三月一九日（文久四年二月一二日）に、加徳丸で帰国途中の田布施別府村《たぶせべふ》（現在の山口県熊毛郡田布施町）に寄港した。そこで、薩摩の密貿易を嫌っている長州の上関《かみのせき》義勇隊士の五、六名がこれを襲撃し、大谷仲之進は殺され加徳丸は積荷ごと燃やされた。

襲撃した隊士達は大谷仲之進の首を持ち帰り、総督の佐々木亀之助に報告した。佐々木亀之助はこの首級を大坂で梟首《きょうしゅ》して薩摩の密輸の斬奸状を建てれば、世間に全てを知らせることが出来ると思いついた。水井精一と山本誠一郎の二名が選ばれ、石灰漬けにした首を持って大坂に入り、在坂の藩の重臣に梟首の件を報告したが、そんなことをしても長州の粗暴ぶりが世間に知れるだけだと中止を求められた。

そこへ、京都潜伏中の久坂義助《よしすけ》ら過激派がこれを聞きつけて、二人のもとへ時山直八、杉山松助、野村和作らが現れ、「重臣の言うとおり長州の粗暴ぶりだけが世間に知れるのはまずい。そこで二人に、首級と斬《ざん》奸状《かんじょう》の前で自決して、長州は粗暴で今回の事件を起こしたのではないという証明をしてもらいたい」と語った。これを聞いた二人は、襲撃に参加してないし、自決に関しては佐々木亀之助から命じられてないため、上関《かみのせき》（現在の山口県熊毛郡上関町）に帰郷してしまった。

すると、野村和作と品川弥二郎が追いかけてきて、佐々木亀之助に、二人が拒《こば》むなら誰でもいいから潔く死ねる人間を差し出せと迫るも、佐々木亀之助が拒んだので、二人は山口に赴《おもむ》いて藩政府に薩摩罪状暴白の有効性を説き、誰かを大坂で自決させることで決定した。そうなると、水井精一と山本誠一郎は自分達が死ぬはずのところを誰かに身代わりさせるわけにもいかず、もはや自決は避《さ》けられないと覚悟を決めて大坂に戻り、四月二日（元治元年二月二六日）、南御堂前で首級と斬奸状を掲げ切腹して果てたのである。

襲撃されて殺された大谷仲之進たちは悲惨だが、襲撃に参加してない二人の切腹も合点がいかない。どうしてもというのなら久坂義助や野村和作らが切腹すればいい話で、長州過激派の連中は狂っているとしか思えない。

そうしていると、休暇帰国明けで再来日したイギリス公使オールコックが長州懲罰《ちょうばつ》を決意し、四月二二日（三月一七日）、フランス、オランダ、アメリカの公使に書簡を送った。オールコックが再来日すると、日本の様相は一変し、馬関《ばかん》海峡は航行不能となり日本国内の攘夷の傾向が強くなっていた。オールコックはこれを打破するため、四ヶ国連合艦隊で馬関砲撃を実行しようとしていた。

フランスでは、横浜鎖港談判使節団が四月二五日（三月二〇日）に外務大臣ドルーアン・リュイスと会見し、四日後、ナポレオン三世に謁見して将軍の親書を渡した。使節団一行は、五月七日（四月二日）には第一回日の交渉を行なった。まず、井土ヶ谷事件を謝罪すると同時に一九万五〇〇〇フランの扶助金を遺族に支払い解決したが、リュイスは横浜の鎖港交渉については全く取り合わず、逆に戦争をふっかける態度をとってきた。

その後も使節団は六回の会談を行ない、六月二〇日（五月一七日）にパリ約定に調印した。その内容は長州藩によるフランス船砲撃に対して、賠償の支払いは幕府が一〇万ドル（約六万両）、長州藩が四万ドル（約二万四〇〇〇両）。馬関海峡の自由航行の保証。輸入品の関税率の低減というものであった。

横浜の鎖港交渉は、横浜を対日貿易の拠点と考えるフランスの抵抗にあって失敗に終わり、池田長発《ながおき》は、他の国には寄らずそのまま帰国の途に就《つ》いたのである。

四―五　尊攘過激派の暴発と四ヶ国連合艦隊の報復

水戸藩の町奉行・田丸稲之衛門《いなのえもん》を総帥と仰《あお》ぐ尊攘過激派の藤田小四郎はじめ、藩士、郷士、神官、村役人ら六三名が五月二日（三月二七日）、筑波山に挙兵した。すると、数日にして一五〇名を超えた。これが天狗党で、東照宮参拝のため日光山へ向かったが、日光奉行が拒否したため日光を去り、下野国大平山に宿陣した。

その一方で、門閥派の市川三左衛門らが藩校弘道館の諸生と結んで反天狗派を結成し、藩政の実権を握った。これを諸生党と称し、天狗党の挙兵は両派の争乱を勃発させた。

天狗党は、五月一一日（四月六日）に宇都宮藩の家老らと会談し、挙兵の主旨を述べて協力と武器供与を求めたが拒絶された。それで二日後、宇都宮より徳次郎宿《とくじろうじゅく》（現在の宇都宮市徳次郎町）及び今市宿《いまいちじゅく》（現在の日光市今市）に移動した。この日、水戸藩主・徳川慶篤《よしあつ》と執政の武田耕雲斎《こううんさい》が登城し、幕府が横浜鎖港を断行しなければ天狗党は同港へ押し寄せて暴発すると懸念し、鎖港断行を訴《うった》えた。

その一方で、イギリス、フランス、オランダ、アメリカの公使は五月一九日（四月一四日）に長州懲罰《ちょうばつ》について会談した。この時点では、アメリカ公使プルーインのみが賛同していた。その後の会合により、五月二一日（四月一六日）にフランス公使ロッシュが、五月三〇日（四月二五日）にはオランダ公使ポルスブルックが賛同した。これで各国公使は、幕府に対して馬関通航の安全確保及び横浜鎖港の拒否に関する覚書《おぼえがき》を作成し、同文通牒を発《はっ》した。

京都に話を移すと、中川宮《なかがわのみや》の諸大夫である武田信発《のぶあき》（四二歳）の邸宅が五月二三日（四月一八日）に襲われて、彼の母親と家僕が暗殺された。これは、尊攘過激派が公武一和派の中川宮に警告を鳴らしているのだが、よりによって老婆を殺害するとは無差別殺人と言えるテロ行為である。

そして、将軍・徳川家茂《いえもち》が六月三日（四月二九日）に参内し、勅書《ちょくしょ》に奉答《ほうとう》した。これで朝廷は、徳川家茂の帰府を許し、必ず鎖港攘夷を成功させ、帰府後は諸事を徳川慶篤《よしあつ》と協議するように勅諭《ちょくゆ》が下された。これでは全く庶政委任ではない。徳川家茂は一週間後に京都を発《た》ち、更に九日後に大坂より幕府軍艦の翔鶴丸で出港した。

徳川家茂が六月二三日（五月二〇日）に江戸に到着すると、老中・板倉勝静《かつきよ》、牧野忠恭《ただやす》らは、天狗党による恐喝や殺人によって関東一円の治安が極度に悪化していることを問題視しており、水戸藩に対し天狗党を追討するよう求めた。すると、水戸藩士・市川三左衛門ら諸生党の約六〇〇名余が江戸の水戸藩邸に急行し、藩執行部から過激派を駆逐《くちく》して藩邸を掌握《しょうあく》した。

これを知った天狗党は、諸生党と対峙《たいじ》するため、太平山を経《へ》て筑波山に戻った。この頃、天狗党は総勢約七〇〇名に達しており、隊員の衣食や武器のための資金不足に悩まされ、栃木宿《とちぎじゅく》（現在の栃木市）や真鍋宿《まなべじゅく》（現在の茨城県土浦市真鍋）などに軍資金を要求し、拒否されると放火し罹災者を出した。これで天狗党の評判は更に悪くなった。

そして、中川宮の家臣・高橋健之丞が六月三〇日（五月二七日）に暗殺された。犯人は、尊攘過激派であるも特定できず。しかし、よほど尊攘過激派の輩《やから》は公武一和派の中川宮が目障《めざわ》りとみえる。

八月八日（七月七日）、天狗党と諸藩連合軍との間で戦闘が始まった。そこで、天狗党は機先を制して夜襲に成功し諸藩連合軍は敗走した。水戸へ逃げ帰った諸生党は、天狗党に加わっている者の一族の屋敷を放火し、家人を投獄して銃殺するなどの報復を行なった。それで幕府も本腰を入れて、若年寄・田沼意尊《おきたか》を天狗党追討軍総括に命じ、大番頭《おおばんがしら》・堀直虎にも天狗党討伐を命じた。

その後、江戸滞在の水戸藩主・徳川慶篤《よしあつ》の名代《みょうだい》として、支藩の宍戸藩主・松平頼徳《よりのり》が、乱鎮静《ちんせい》の名目で水戸へ行くこととなり、九月四日（八月四日）に江戸を出発した。これを大発勢《だいはっせい》という。ここで、大発勢の武田耕雲斎《こううんさい》や山国兵部《ひょうぶ》らが藤田小四郎に早まった行動だと諌《いさ》めたが、逆に嘆願されて天狗党に加わった。これにより、下総《しもうさ》小金などに屯集《とんしゅう》していた多数の尊攘派が加入し、天狗党は三〇〇〇名にも膨《ふく》れ上がった。

池田屋事件と馬関戦争の仲裁

京都では、長州間者《かんじゃ》の大元締として諸大名や公家《くげ》の屋敷に出入りして情報活動と武器調達にあたっていた古高俊太郎が、七月八日(六月五日)の早朝に新撰組に踏み込まれ、捕縛された。これは、新撰組諸士調役の山崎丞《すすむ》と島田魁《かい》らが、古高俊太郎の存在を突き止めて武器弾薬を押収し、諸藩浪士との書簡や血判書を見つけたことによる。

古高俊太郎は、壬生屯所《みぶとんじょ》の前川邸の蔵で近藤勇《いさみ》と土方歳三《ひじかたとしぞう》から厳しい取り調べを受け、これにより御所《ごしょ》に火を放って中川宮《なかがわのみや》を幽閉し、徳川慶喜《よしのぶ》、松平容保《かたもり》以下佐幕派大名を殺害して、孝明天皇を長州へ連れ去ろうとする計画を突き止め、会津藩に報告した。

これにより、松平容保から祇園社前の祇園会所に午後八時に集まるよう指示が出た。新撰組の隊員三四名が刻限通りに集合したが、会津藩兵は現れず、午後一〇時になると、近藤勇はタイミングが大事とばかりに、近藤勇を隊長とする一〇名、土方歳三を隊長とする一二名、井上源三郎を隊長とする一二名に分かれて京都の町の探索に出発した。

近藤勇が京都三条木屋町の旅籠《はたご》の池田屋に御用改めを告げると、主人の池田屋惣兵衛は驚いて二階への裏階段を駆け上がり御用改めを告げに行ったため、いち早く反応したのが近藤勇で、後に沖田総司《そうじ》、永倉新八、藤堂平助が続き、そこには二〇数名の志士がいた。

密会場所が判明し死闘が繰り広げられたが、数に押されて劣勢のところへ井上源三郎を隊長とする一二名が駆けつけ、尊攘過激派の七名を斬殺し四名を逮捕して片が付いた。そこへ土方歳三を隊長とする一二名、会津藩兵、桑名藩兵らも駆けつけ、逃げた志士や長州関係者二〇数名を逮捕した。

それが、近年の研究では、長州らの陰謀は新撰組による捏造《ねつぞう》で、新撰組の実力行使の正当化や尊皇攘夷派の信用失墜を狙った冤罪だとする説もある。そうは言っても、勅命により、長州藩は京都留守居役の三名以外の京都滞在は禁止である。

そんな中で、長州藩士・井上聞多《ぶんた》と伊藤俊輔《しゅんすけ》が七月一三日（六月一〇日）に横浜に到着し、長崎領事代理エイベル・ガウワーに会い、四ヶ国による馬関《ばかん》襲撃計画を聞いた。二人はイギリス公使オールコックに会って藩主説得を約束し、イギリス公使館通訳アーネスト・サトウに伴われ軍艦で送られた。

これは、長州ファイブがロンドンで、砲撃を受けた連合国が幕府に抗議するも幕府返答は煮えきらず、長州に対し重大な決意に至《いた》ったとの報道に驚いて、イギリス到着後、市内見学をしたり語学やマナーなどを学んでいる最中だったが二人が帰国を決意、二ヶ月程前にロンドンを発《た》ったためである。

そうしていると、久留米藩士・真木和泉と長州藩士・久坂義助《よしすけ》らが七月二四日（六月二一日）に長州兵を率いて大坂に上陸した。翌日には、長州藩家老・福原越後や藩士・来島《きじま》又兵衛らの長州軍が大坂に到着した。そして、七月二七日（六月二四日）には、真木和泉らが率《ひき》いる益田隊が山崎に布陣し天王山に本営を構え、福原隊が伏見に、国司《くにし》隊と来島隊は嵯峨《さが》天龍寺に布陣した。この状況に幕府は、何度も撤兵《てっぺい》を要求することとなる。

その一方で、井上聞多と伊藤俊輔が七月二六日（六月二三日）に姫島に到着し、ここから二人はボートで長州に向かった。翌日、二人は山口政事堂へ登庁し、この三日後、足軽身分の伊藤俊輔《しゅんすけ》は藩主に謁見《えっけん》できず、井上聞多《ぶんた》が君前《くんぜん》会議に出席した。その後、二人は藩士に攘夷の無謀を説いたが一笑に付され、二人の話に耳を傾ける者はいなかった。長州はいまだに攘夷一辺倒である。

そうした中で、幕府は八月二日（七月一日）にアメリカ公使プルーインの要求による三〇日以内の賠償金支払いを承諾《しょうだく》した。これは、長州に砲撃されたアメリカ商船ペンブローク号の船主のラッセル商会からの損害賠償請求書によるものである。幕府は、賠償金の一万ドルは支払うが、人心が安定するまで支払いの延期願いを出して同意を得ていたものの、一年も経過して再請求されると、これ以上の無理は言えず支払ったのである。

井上聞多と伊藤俊輔は八月六日（七月五日）に姫島に戻った。藩主は外国人に対して好意を寄せていたが、引き返そうにも事があまりにも過ぎてしまい、この事態が戦争なしで解決できるとは信じられない、更に、幕府の貿易独占に怒りを込めてアーネスト・サトウに語っている。

しかし、横浜、長崎、箱館での貿易は許可さえ取れば誰でも可能だった。何より、長州などの西国藩の多くは対馬藩を通して李氏朝鮮より密貿易を行なっており、そのことを棚に上げてよく言えたものである。翌日、アーネスト・サトウは横浜に、井上聞多と伊藤俊輔は長州に帰って行った。

禁門の変

八月一五日（七月一四日）、長州藩主の世子の毛利定広が、都落ちした五卿を伴い京都に向けて山口を出陣した。するとこの日、イギリス、フランス、オランダ、アメリカの四ヶ国の代表は長州懲罰に向けて行動開始を指示する覚書を作成し、海軍指揮官に交付した。こうなると、長州は京都に兵を進めている場合ではない。

そんな中で、横浜鎖港使節団が八月一九日（七月一八日）に横浜に帰港した。幕府は予定より早い帰国に驚き、時間稼ぎのために香港か上海に行って身を潜めよと命じた。正使として使節団を率《ひき》いた池田長発《ながおき》は、渡航前には開国を快く思っていなかったが、物理学、生物学、工業、農業、繊維、醸造等多数の書籍や資料を持ち帰っており、開国して近代化すべきと目覚めていた。帰国の四日後には、対外和親の政策を幕府に建議している。

京都では、朝廷が八月一九日（七月一八日）、長州藩の京都留守居役・乃美織江に長州軍の撤兵《てっぺい》の勅命《ちょくめい》を下し、徳川慶喜《よしのぶ》も撤兵の最終勧告を下した。大目付・永井尚志《なおゆき》が長州藩家老・福原越後に撤兵を説得すると、何度説得しても空振りだったものがこれに応じた。しかし、真木和泉らは撤兵する気はなかった。

翌日、禁門の変が起こった。これは、前年の八月一八日の政変により京都を追放された長州過激派勢力が、天狗党の決起に意を強くし、履物《はきもの》に「薩賊会奸」などと書き、踏みつけて進軍したと言われていて、薩摩と会津の排除を目指して挙兵したもので、御所に向けて発砲もした。会津勢も長州藩士の隠れていた中立売御《なかだちうりご》門《もん》付近の家屋を攻撃した。

長州勢は、戦いにおいて帰趨《きすう》が決した後に長州藩屋敷に火を放ち逃走した。戦闘そのものは一日で終わったものの、ここから上がった火で翌朝にかけて「どんどん焼け」と呼ばれる大火に見舞われ、北は一条通から南は七条の東本願寺に至《いた》る広い範囲で民家約三万戸と社寺などが焼失した。生き残った兵士は長州へ落ちていった。

この禁門の変による火災で八月二一日（七月二〇日）に六角獄舎の囚人の解放が行なわれたが、生野《いくの》の変の首謀者・平野次郎ら過激な志士らが、獄中にて幕吏《ばくり》によって殺害された。江戸時代では、この時点まで処刑されてなかったことの方が不思議だった。

禁門の変の主戦派だった真木和泉は、敗残兵と共に天王山に辿《たど》り着いたが、たいていの兵は逃亡して残ったのは一七名で、会津藩と新撰組に攻め立てられると皆で小屋に立て籠もり、八月二二日（七月二一日）に火薬に火を放って爆死し、禁門の変も終わりを告げた。

毛利定広は五卿を伴って京都に向けて出立していたが、禁門の変の敗北の報により山口へ引き返した。そして、八月二四日（七月二三日）には長州追討の勅命が下った。幕府はすぐさま長州征討の準備に取り掛かった。

そういうことで、長州掃討の主力を担った禁裏御守衛総督《きんりごしゅえいそうとく》で一橋家当主の徳川慶喜《よしのぶ》、京都守護職で会津藩主の松平容保《かたもり》、京都所司代で桑名藩主の松平定敬《さだあき》は協調により京都の政局を主導することとなった。これを一会桑《いっかいそう》政権と呼び、孝明天皇からも絶大な信頼を得たのである。

馬関戦争から長州征伐へ

幕府は八月二五日（七月二三日）に横浜鎖港談判使節団が調印したパリ約定の破棄をフランスに通告した。これにより日仏独自の協定がなくなり、四ヶ国の代表は何も障壁がなくなったとして、馬関遠征の最終覚書を作成し各海軍指揮官に通達した。

これを受け、四ヶ国の連合艦隊が八月二八日（七月二七日）と翌日にかけて横浜を出港した。連合艦隊は、イギリスが九隻、オランダが四隻、フランスが三隻、アメリカが一隻の計一七隻だった。

この日、孝明天皇は関白・二条斉敬《なりゆき》に対して、長州復権と会津追放を主張する十一卿の国事御用掛の罷免と蟄居謹慎処分を命じた。孝明天皇が主導権を取れるようになっていたのである。

ついに九月五日（八月五日）、馬関《ばかん》戦争が勃発した。四ヶ国連合艦隊はこの日から明後日にかけて一度破壊されるも、増強されていた馬関と彦島の砲台を砲撃、四ヶ国の陸戦隊がこれらを占拠し徹底的に破壊して終了した。

九月八日（八月八日）、馬関戦争の談判のため正使・高杉晋作、副使・杉孫七郎、渡辺内蔵太《くらた》、通訳・井上聞多《ぶんた》、伊藤俊輔《しゅんすけ》らが、ユーリアラス号に来て連合艦隊の各指揮官に藩主の書簡を置いて下船した。この三日後、毛利登人《のぼる》が正使として交渉が行なわれた。そこでキューパー司令官より、正使が別の男だと質問されると、高杉晋作と伊藤俊輔は睡眠不足と暑気あたりで欠席したと答えているが、二人は攘夷論者に狙われていることに気付いて姿をくらましていた。

更に三日後、長州藩士・宍戸備前《ししどびぜん》、毛利登人、井原主計《かずえ》、高杉晋作、伊藤俊輔らが、キューパー司令官らと馬関で和平交渉をした。連合艦隊側の条件は、（1）馬関海峡の通航解放。（2）石炭、食料、水の取引解放。（3）悪天候時に馬関への上陸許可。（4）馬関の砲台撤去。（5）三〇〇万ドル（約一八〇万両）の賠償支払である。

賠償金においては、あろうことか、攘夷を行なったのは朝廷の命令により幕府の許可を得てのことであるため支払いは幕府に言ってくれと何度も発言した。それを連合艦隊側は受け入れた。これにより、最終決定は四ヶ国の代表と幕府の間で話し合うこととなった。

ここでよく言われるのが、イギリスが彦島の租借《そしゃく》を要望したが高杉晋作が断固として拒否し、香港のような外国の領土になるのを防いだという逸話である。しかしこの話は当時の記録にはなく、ずっと後年になって伊藤俊輔《しゅんすけ》が述懐《じゅっかい》した話であり、アーネスト・サトウが著書で書いているように、高杉晋作は終始イエスマンだったというのが正解だろう。それは、四ヶ国での講和でイギリスのみの要望となれば、特にフランスが黙っていなかったと思われるからで、加えて、最終談判では幕府が全権だからである。

そんな中で、幕府は九月七日(八月七日)、長州征討の征長総督を紀州藩主・徳川茂承《もちつぐ》より尾張藩前々藩主・徳川慶勝《よしかつ》に変更した。副総督には福井藩主・松平茂昭《もちあき》を任命した。五日後、諸藩の攻め口が定められ、五道(芸州口、石州口、大島口、小倉口、萩口)より藩主父子のいる山口へ向かうことと決定した。やっと孝明天皇待望の長州征討が動き出したのだ。

その長州では、波多野金吾が九月一八日(八月一八日)にアーネスト・サトウを訪問し、家老らの横浜での便乗希望をキューパー司令官に打診してもらいたいと言うと、キューパーから公式文書で提出するよう言われたため、この日の夜に一通の書簡を持って来た。これは、江戸で四ヶ国代表と幕府の最終決定の席に長州からも代表を派遣したいというもので、その代表が家老・井原主計《かずえ》で、随員として杉孫七郎、山県《やまがた》半蔵、伊藤俊輔の四名だった。

そうした中で、馬関《ばかん》を引き上げた四ヶ国連合艦隊の一部が、九月二五日(八月二五日)に摂海《せっかい》(大阪湾)に現れた。これは、開国を認めない朝廷を牽制《けんせい》するためで、要するに脅《おど》しである。五日後、朝廷は幕府に対し、征長総督を速《すみ》やかに決定して進発し、徳川慶勝の就任が遅れるのであれば、副将以下諸藩を進撃させるよう征長を督促した。連合艦隊の脅しがあったにもかかわらず、朝廷は攘夷よりも長州征討が優先だったようである。

江戸では、幕府と四ヶ国代表との協議が一〇月六日（九月六日）に牧野邸で行なわれた。四ヶ国代表はイギリス、フランス、オランダ、アメリカの公使で、幕府側は老中・牧野忠恭《ただゆき》、水野忠精《ただきよ》、諏訪忠誠《ただまさ》、若年寄・酒井忠毗《ただます》、立花種恭《たねゆき》、外国奉行・竹本正雅《まさつね》、柴田剛中《たけなか》らと通詞が参加した。

問題は、三〇〇万ドルの賠償支払にするか兵庫早期開港と馬関開港の交換条件としての減額案を選ぶかで、幕府は、賠償支払については各藩が起こした不祥事の責任を負うのは仕方のないこととして了解し、兵庫早期開港と馬関開港については決定を渋った。翌日にも同じメンバーで協議が行なわれ、幕府が三〇〇万ドルを払うことで講和が成立した。

思い出してみると、フランスとアメリカは報復を済ませているし、解約したもののフランスは前年のパリ約定で、フランスのみだが幕府は一〇万ドル、長州は四万ドルの支払いと決めていた。それと、アメリカ商船の船主には要求通りの一万ドルを支払って解決していたようだし、イギリスは偶然なのか被害に遭っていない。三〇〇万ドルとはぼったくりもいいところである。

考えるに、三〇〇万ドルは一八〇万両くらいになるが、幕末の金貨の海外流出量は一〇〇万両と言われていた。しかし近年の研究では、一〇数万両から五〇万両くらいと幅があるが、外国船砲撃の賠償金のほうが遥《はる》かに多く、生麦事件や外国人殺傷事件の賠償金を合わせると膨大である。金流出による日本経済の損失の多くは尊攘過激派が起こしたものだった。

この支払いの原因を作った張本人らを乗せたイギリスのバロッサ号とオランダのジャンビ号が、一〇月一〇日（九月一〇日）に横浜に到着したが、長州の最大の懸念だった賠償支払については、幕府が既《すで》に解決していた。

長州では、山口政事堂で藩主・毛利敬親《たかちか》臨席の元で一〇月二五日(九月二五日)に君前《くんぜん》会議が開かれ、尊攘過激派の代表格だった井上聞多《ぶんた》は武備恭順論と藩政改革を説いた。会議は紛糾《ふんきゅう》したが、最終的に毛利敬親が武備恭順を言明して終わった。

幕府より禁門の変の一ヶ月後に、長州藩主・毛利慶親《よしちか》は官位を召し上げられ一二代将軍・徳川家慶《いえよし》の偏諱《へんき》である「慶」の字も召し上げられて敬親と改め、世子の定広も官位を召し上げられ一三代将軍・徳川家定の偏諱である「定」の字も召し上げられて広封《ひろあつ》に戻していた。

君前会議からの帰途、井上聞多が四人の刺客に襲われて瀕死の重傷となったが、蘭方医の所郁太郎《いくたろう》の手術で助かっている。翌日、周布政之助《すふまさのすけ》が禁門の変や馬関戦争などの責任を感じて山口矢原(現在の山口市幸町)の庄屋の吉富藤兵衛宅で切腹した。

これにより、藩の要職を占めていた過激派は次々と解任され、これに代わって登用された佐幕派の幹部らが藩を掌握し、藩主父子を諭《さと》して、一一月二日(一〇月三日)、山口より萩に謹慎させたのである。これに伴って、長州は藩領外へ自由に出向くことが出来なくなった。

長州を中心とした尊攘過激派の、完全な敗北であった。

第五章　尊攘過激派征討と将軍徳川慶喜政権

五―一　幕府の過激派征伐と近代化による海外渡航

征長総督・徳川慶勝《よしかつ》に命じられて派遣された尾張藩士・八木銀次郎並びに僧侶の鼎州《ていしゅう》と機外《きがい》が、一一月一九日（一〇月二〇日）に岩国で岩国藩主・吉川監物《きっかわけんもつ》と会談し、長州藩主父子は恭順の実をあげて罪を謝罪すること等を述べた。幕府は、長州を一〇万石程度の領地に転封《てんぷう》させ、藩主父子は幽閉する計画だったが、徳川慶勝は戦わずして長州征討を終了させようと模索していた。

しかし、大坂城で一一月二一日（一〇月二二日）に軍議を開き、一二月九日（一一月一一日）までに各自は攻め口に着陣し、攻撃開始は一二月一六日（一一月一八日）と決定した。

軍議を開いた二日後、征長参謀に任命されていた薩摩藩士・西郷吉之助が寛大な処分での早期解兵案を説明すると、徳川慶勝より長州藩処分の打ち合わせを任《まか》された。その一方で、吉川監物は一一月三〇日（一一月二日）に総督府へ禁門の変で上京した国司親相《くにしちかすけ》、益田親施《ちかのぶ》、福原越後《えちご》の三家老の切腹、四参謀は斬首、五卿の追放の降伏条件で開戦の開始を猶予《ゆうよ》するよう征長総督府に請願《せいがん》していた。

五卿とは、七卿落ちした中の五名で、残りの二名の、錦小路頼徳《にしきこうじよりのり》は病没し、澤宣嘉《のぶよし》は生野《いくの》の変で挙兵して敵前逃亡し、伊予小松藩領にて隠遁中《いんとんちゅう》である。そこで、徳川慶勝《よしかつ》の命により西郷吉之助は税所篤《さいしょ》、吉井幸輔と共に岩国に入り、吉川監物《きっかわけんもつ》と一二月二日（一一月四日）に会談した。これで、吉川監物は長州藩庁へ会談の決定事項を催促した。

これにより長州藩は一二月九日（一一月一一日）、三家老を岩国の龍護寺で切腹させ、翌日には、四参謀の宍戸左馬之助《ししどさまのすけ》、竹内正兵衛《たけのうちしょうべえ》、中村九郎、佐久間佐兵衛を野山獄にて斬首刑に処した。三家老の首実験が一二月一四日（一一月一六日）に広島の国泰寺で行なわれた。征長側は総督名代の大山藩主・成瀬正肥《まさみつ》、大目付・永井尚志《なおゆき》、目付・戸川安愛《やすちか》、長州側が吉川監物、志道安房《しじあわ》である。首実験が終了すると永井尚志は、長州藩主・毛利敬親《たかちか》、広封《ひろあつ》父子の捕縛の上での引き渡しと萩城の開城を言い渡した。

これに青ざめた吉川監物が会談したことで、広島に来ていた徳川慶勝が一二月一六日（一一月一八日）に「藩主父子からの謝罪文書の提出、五卿とこれに附属している脱藩浪士の始末、山口城破却」を命じた。よって、これが完了すれば長州征伐が終了することになった。

しかし、天皇に弓引いた朝敵の懲罰にしては軽すぎる。案の定《じょう》、小倉にいた征長副総督の松平茂昭《もちあき》や九州諸藩より不満があがった。西郷吉之助らは説得のため一二月二一日（一一月二三日）に小倉に向かった。

そんな中で、天誅組の主将で敵前逃亡して長州藩の支藩の長府藩《ちょうふ》で匿《かくま》われていた中山忠光が、一二月一三日（一一月一五日）に豊浦郡田耕村（現在の下関市豊北町大字田耕）で暗殺された。犯人は長府藩士ら六名である。それが、中山忠光は明治天皇の生母の中山慶子《よしこ》の弟で、長州は長い間これを隠していた。

横須賀造船所と横浜仏語伝習所

この時代、軍事力の要《かなめ》の一つが艦船であり、その製造能力が国の運命を左右したといっても過言ではないだろう。

幕府には、長崎造船所が既《すで》にあった。浦賀にも早くから造船所はあり、修理場として使用されていたが、どちらも小規模の艦船に限られ、横浜が開港されて外国船の修理を依頼されても断《こと》わるしかなかった。そこで、石川島造船所を大規模に改造すると決めたところへ、フランスが引き受けてくれた翔鶴丸《しょうかくまる》修繕の経緯より、勘定奉行・小栗忠順《ただまさ》が、幼い頃から懇意にしており箱館勤務でフランス通となっていた目付・栗本鯤《こん》に、フランス公使レオン・ロッシュの紹介を依頼した。

小栗忠順と栗本鯤は、ロッシュと通訳のメルメ・カションに会談を申し込み、一一月一日（一一月三日）に造船所の建設斡旋を依頼した。これを聞いたロッシュは、海軍のジョレス提督のアドバイスと、上海にいる造船技師のフランソワ・ヴェルニーを呼び寄せることとした。

これに対して軍艦奉行・勝義邦は、「大きな造船所建設の予算はどこにあるのか、二〇〇年かかっても日本で大きな蒸気船など造れるはずもなく、外国から輸入したものを使えば良いではないか」と猛反対した。その勝義邦は一二月八日（一一月一〇日）に軍艦奉行を罷免され、閉門蟄居となった。

これは、勝義邦の独りよがりの行動に憤《いきどお》りを抱いていた幕臣たちが神戸海軍操練所を調べてみると、脱藩者などの与太者を集めていることが分かり、幕閣に報告したことによる。また、幕府は長州と気脈を通じていることを調べ上げていたのである。

さて、ロッシュ公使、ジョレス提督ほかゲリエール号の艦長や士官などと小栗忠順、栗本鯤、製鉄所御用掛・浅野氏祐《うじすけ》らが同行して、一八六四年一二月二四日(元治元年一一月二六日)、幕府が建設を予定していた石川島の視察が行なわれたが、水深が浅いため問題ありと指摘された。代替地として横須賀を視察したところ、水深に問題がなく地形がフランスのトゥーロン軍港に似ていることなどから造船所設立の適地と結論が出て、小栗忠順《ただまさ》は横須賀に造船所建設を決めた。

栗本鯤《こん》は小栗忠順に予算は大丈夫か問うと、「今はないが予算にはすぐにやらねばならないものと後回しに出来るものがあり、これを調整すれば可能となる」と答えた。そして、「永久に残る土蔵の工場を造れば、幕府が倒れようとも日本の将来のためになる」と言った。

栗本鯤は、この時には何を意味するものか分からなかったが、明治になって横須賀造船所が必要に駆《か》られて使用されていることで、意味が解ったのだという。日露戦争において連合艦隊司令長官・東郷平八郎が小栗忠順の遺族を私邸に招《まね》いて、日本海海戦で勝利を得たのは、横須賀造船所で艦隊の十分な補給と整備を受けることが出来たからだと、故人の功績を称《たた》え感謝の言葉を惜《お》しまなかったという。

一八六五年一月六日(元治元年一二月九日)、老中・諏訪忠誠《ただまさ》がフランス公使ロッシュを自邸に招き、老中・阿部正外《まさと》と水野忠精《ただきよ》も同席して造船所建設について話し合い、フランスへの使節の派遣を申し出てフランス側も了承した。

そこへ、フランス人技師フランソワ・ヴェルニーが来日し、一八六五年二月一一日(元治二年一月一六日)に横須賀造船所建設案を提出した。計画では四年間で製鉄所一ヶ所、艦船の修理所二ヶ所、造船所三ヶ所、武器庫および宿舎などを建設し、予算は総額二四〇万ドルであった。

そして、契約書には老中・水野忠誠《ただのぶ》と若年寄・酒井忠毗《ただます》が二月二四日(一月二九日)に署名した。これにより、勘定奉行・小栗忠順が、造船所の工作機械購入のため既《すで》にオランダに派遣されていた軍艦頭取・肥田浜五郎に帰国命令書を送った。これは、今回造船所は新たに横須賀に設《もう》けることとなり、フランスの管理に任せることとなった。従って海外で伝習を受ける必要がないため、機械の注文が済んだらすぐ帰国せよとの内容だった。

幕府は、横須賀造船所建設に先立って四月一日（三月六日）に横浜仏語伝習所を設立した。場所は、武蔵国久良岐郡横浜町弁天町（現在の横浜市中区本町六丁目）だった。

これには、栗本鯤と小栗忠順が設立に関わり、設立後は、所長に歩兵頭並・川勝広道が就任し、フランス公使館通訳メルメ・カションが事実上の校長でカリキュラム編成と講義を受け持ち、カリキュラムは、フランス語だけでなく、数学、幾何学、地理学、歴史学、英語、馬術も教えた。それに、カションの指名により幕臣で箱館勤務の傍《かたわ》らでカションから英仏両語を、栗本鯤から漢語を習った塩田三郎が補佐した。

天狗党の降伏

天狗党の乱では、幕府軍の参戦により、説得に行き逆に加担した大発勢《だいはっせい》の過半は降伏したが、投降に反対した武田耕雲斎《こううんさい》らは脱出、天狗党とともに幕府軍と戦闘を交えながら北上し、大子村《だいご》（現在の茨城県久慈郡大子町《だいごまち》）に集結して態勢を立て直し、武田耕雲斎を総大将に、筑波挙兵組の田丸稲之衛門《いなのえもん》と藤田小四郎を副将に選出して、一八六四年一一月二九日（元治元年一一月一日）に京都へ向けて出発した。

孝明天皇は禁裏守衛総督・徳川慶喜《よしのぶ》が京都を離れることは歓迎しなかったが、徳川慶喜が承知せず重ねて懇請したので止む無く承諾《しょうだく》し、朝廷は一二月二八日（一一月三〇日）に、西上中の水戸浪士鎮定のための出陣を許可した。

翌日、天狗党は美濃の揖斐宿《いびじゅく》（現在の岐阜県揖斐郡揖斐川町）に到着すると、武田耕雲斎《こううんさい》らは、頼みの綱と思っていた徳川慶喜《よしのぶ》が勅命で西上軍討伐の大将となって出陣してくると知らされ、現在の福井県境の木の芽峠を越えて行った。

徳川慶喜は、追討軍を率《ひき》いて一八六四年一二月三一日（元治元年一二月三日）に京都を出発し大津に出陣した。そして、水戸藩主の弟の松平昭徳も、一八六五年一月一日（元治元年一二月四日）に在京の水戸藩の本圀寺《ほんこくじ》勢を率いて出陣した。これは、水戸藩の恥は水戸藩で取り除く気概《きがい》である。

その一方の天狗党は、一月八日（一二月一一日）に越前の新保宿（現在の福井県敦賀市新保）に入ると、長州藩の密使が、日本海側を通って長州へ来て一緒に行動しようと誘ってきた。山国兵部《ひょうぶ》は長州へ行くと主張したが、武田耕雲斎は降伏を決意した。翌日には嘆願書を提出したが、降伏文書ではないため受理されなかった。

徳川慶喜は、その後も降伏状が届かないことで一月一三日（一二月一六日）に本陣を海津（現在の滋賀県高島市マキノ町海津）へ移し、総攻撃を明日と決定した。天狗党は、加賀藩から徳川慶喜が総攻撃を決定したと知らされ窮地《きゅうち》に追い込まれた。総攻撃当日に鯖江藩の兵が後方から殺到すると、加賀藩に投降して武装解除し、一連の争乱は鎮圧された。

徳川慶喜は、一月一八日（一二月二一日）に天狗党の降伏状を正式に受理し、一八六五年一月二〇日（元治元年一二月二三日）に海津の陣を引き払った。加賀藩は、投降した天狗党八二三名を収容し、一八六五年二月二四日（元治二年一月二九日）に幕府へ引渡した。幕府は三五三名を処刑し、他は遠島や追放などの処分とした。

江戸時代の刑罰は厳しく、この辺が妥当と思うのだが、天狗党降伏の情報が水戸に伝わると、水戸藩では市川三左衛門ら諸生党が中心となって天狗党の家族らをことごとく処刑した。水戸藩は、糸の切れた凧《たこ》のようなどうしようもない状態となっていた。

長州の内乱と岩倉具視の動向

福岡藩士・月形洗蔵は一八六四年一二月三一日(元治元年一二月三日)、長州に匿《かくま》われていた五卿の一人、三条実美《さねとみ》と面会し、福岡藩主が五卿に心を寄せていることを告げ、福岡への移転を説得した。これに対し、三条実美は勅命《ちょくめい》であれば良いが、長州の諸隊や脱藩浪士が反対し騒擾《そうじょう》が起きる可能性があると語った。

そうすると、長州藩より征長総督府へ藩主父子からの謝罪文書が一八六五年一月二日(元治元年一二月五日)に提出された。これで、残りの降伏条件は五卿と山口城だが、山口は城ではなく館《やかた》であるため形式的な条件で、実質的に残っているのは五卿問題だけとなった。

それで、西郷吉之助らは一月八日(一二月一一日)に馬関《ばかん》海峡を越えて長府《ちょうふ》に入り運動中の月形洗蔵らと面会すると、長州藩内の紛争が解決次第、五卿は福岡の大宰府へ移転すると決定していた。西郷吉之助らは小倉と下関を往復して意見を聞き、一月一九日(一二月二二日)に広島に戻った。

長州藩内の紛争の最中だが、征長総督・徳川慶勝《よしかつ》は一月二四日(一二月二七日)、征長軍に撤兵を発令した。その後、徳川慶勝は広島の陣を撤収して帰途に就《つ》いたが、幕府より長州藩主父子と五卿の江戸拘引《こういん》の命令書が届くも、開き直って従わなかった。

その長州藩内の紛争とは長府《ちょうふ》の諸隊と藩庁の対立で、藩庁と小倉の征長軍に挟《はさ》まれた諸隊のために奇兵隊三代目総督の赤禰武人《あかねたけと》は周旋に動いていた。これに対して奇兵隊初代総督の高杉晋作は一月一一日（一二月一三日）の夜、長府の諸隊長に対して赤禰武人の融和策を非難し、即時挙兵を主張したが応じる者はいなかった。

それで、高杉晋作は諸隊に向かって、赤禰武人は大島の土百姓《どんびゃくしょう》であると発言した。何を根拠にこんな発言をしたのか疑問だが、赤禰武人は、周防国玖珂郡柱島（現在の岩国市柱島）の島医師の松崎三宅の次男として生まれ、長州藩の重臣である浦家の家老の赤禰雅平の養子となり武士の身分を手に入れていた。

翌日、高杉晋作ら過激派の長州藩諸隊が、佐幕派打倒のために功山寺でクーデターを起こした。奇兵隊は高杉晋作の赤禰武人に対する差別発言により不参加だったが、伊藤俊輔《しゅんすけ》は遊撃隊や力士隊と共に参加した。過激派たちは馬関《ばかん》を襲撃し、長州藩所有の軍艦三隻を奪取した。

そして、一八六五年一月二四日（元治元年一二月二七日）、庄屋の吉富藤兵衛に軍資金を依頼し、一八六五年一月二八日（元治二年一月二日）には遊撃隊三〇余名と馬関会所を襲撃して占領し金品を強奪した。

これまでの度重《たびかさ》なる悪行のためか、高杉晋作の妹・光《みつ》は、大西機一郎に嫁いで夫婦仲も良かった。しかし、離縁させられて村上衛門常祐の三男の半七郎を婿養子に迎え、二月六日（一月一一日）に高杉家の家督を継いでいる。

一八六五年（元治二年）春頃、地下人《じげにん》の松尾相永《すけなが》と藤井九成《きゅうせい》が、蟄居中の岩倉具視《ともみ》を訪ねた。これを機に、各藩の志士たちが頻々《ひんぴん》と訪ねて来ては政治情報を伝え、岩倉具視の意をうけて奔走するようになり、特に薩摩藩士・藤井良節《よしとき》、井上石見《いわみ》、水戸藩士・香川敬三、土佐藩士・大橋慎三らと密接に連絡を取り、討幕運動の中枢となっていった。

岩倉具視は秋頃には時事意見書の叢裡鳴虫《そうりめいちゅう》を書き、その後、秘かに薩摩藩士・井上石見に託して家老の小松帯刀《たてわき》に贈った。これは、宮廷外に同盟できる勢力を求めて、一八六二年(文久二年)に幕政改革を協力して検案した薩摩藩に朝廷一新の実現にも協力を望んでいたためで、岩倉具視は幕府の存在を認め、これを朝廷の最高指揮下に置こうと考えていたのだ。

薩摩の海外渡航と贋金づくり

一八六五年四月一七日(元治二年三月二二日)、薩摩藩士一九名が、留学と商用で鹿児島県いちき串木野市羽島浦の沖に停泊したグラバー商会のオースタライエン号で、イギリスに向けて密出国した。幕府に後《おく》れを取った薩摩は、ヨーロッパに行き最新の武器などを購入して軍備を整え、近代化促進のためにヨーロッパの学問を学ぶことにしたのである。

長崎の豪商小曾根《こそね》家の下《もと》で、日付の確信がないが一八六五年一〇月四日(慶応元年八月一五日)に亀山社中が結成されたそうだ。幕府が各国公使らに、長州征討の勅命《ちょくめい》後は長州に対して武器等の貿易禁止を言い渡していた。そのためグラバー商会は長州の要望に応《こた》えられず、薩摩藩に依頼してダミーの商店を造ることとした。それで薩摩藩が、何かの役に立つだろうと神戸海軍操練所の中の二〇余名を保護して長崎に移し、小曾根英四郎の自宅で面倒を見てもらい、海運業の労務をやらせていたことから結びついた。

亀山社中は、グラバー商会と薩摩藩が造ったのだが、それが幕府に知れるとまずい訳で、小曾根《こそね》家や神戸海軍操練所の修業生らが主体で造ったように装っていた。そして、社中とは集団の意味合いで、始めは労務の連中を社中と呼んでいたのだが、小曾根英四郎の自宅が亀山にあったことから、そのうちに亀山社中と呼ばれるようになったのである。

ベルギーでは、薩摩藩士・新納刑部《にいろぎょうぶ》と五代才助が一〇月一四日（八月二五日）に、シャルル・ド・モンブランとの間で一二ヶ条からなる貿易商社設立の仮契約書が交換された。その中で、藩の領地で鉱山を開き、藩の財政基盤の贋金《にせがね》鋳造に必要な鉱物資源を充当することも決めた。モンブランは、日本に興味を持ち既《すで》に二度来日しており、慶応遣欧使節団にも接触したが、爵位はあるが政府の役人ではないため相手にされず、薩摩藩に近づいて関係を築いていた。

一二月六日（一〇月二〇日）頃より薩摩藩では、贋金《にせがね》の二分金を鋳造し始めた。本物の二分金は金と銀の混合貨幣だが、贋金の二分金は金メッキした銀貨で、通称「天ぷら金」と言われた。鋳造場所は、島津家の別荘である仙巌園《せんがんえん》（別名が磯公園）の東約八〇〇メートルのところにある花倉御仮屋《けくらおかりや》であろうと言われている。これで、天保通宝と二本柱の贋金鋳造となった。

ここで考えたいのが、薩摩以外でも多くの藩が贋金を造っていたが、この頃から物価が上昇し始めて、翌年からインフレが顕著になったことである。一八五九年（安政六年）に開国して始めた貿易や、幕府が一八六〇年（万延元年）に行なった貨幣改革によってインフレが起きたと言われているが、それよりも薩摩の天保通宝や二分金鋳造の方がタイミングも絶妙で影響が大きかったと思われるが、どうであろう。

慶応遣欧使節団と留学生たち

幕府の慶応遣欧《けんおう》使節団が、イギリス郵便船ネパール号で六月二七日（閏五月五日）に横浜を出港した。これは、横須賀造船所建設及び軍制調査のためにヨーロッパへ赴《おもむ》くもので、正使が外国奉行・柴田剛中《たけなか》で、副使と目付は任命せず総勢が一〇名と少人数だった。

この頃に幕府は、馬関《ばかん》戦争の賠償金五〇万ドル（約三〇万両）を支払った。取り決めでは二回目以降は三ヶ月毎に支払わなくてはならない契約だったが、幕府も予算が厳しくなり、二回目を一年後に変更して欲しいと願い出た。

すると、イギリス公使ハリー・パークスは条件を出して、（1）条約の天皇の承認を得る。（2）神戸の開港を決めた一八六八年より早く開港する。（3）関税を全て五％に引き下げる――この三つの中のどれかとの交換条件で、三ヶ月毎の支払いを一年毎でも良いと言った。小栗忠順《ただまさ》は関税の引き下げに大反対したが、（1）と（2）は天皇から許可が降りるはずもなく、幕府は渋々（3）を選択した。

これまで関税において問題はなかったが、ここで日本が不利となった。事の発端は、長州による無軌道な砲撃であることは言うまでもない。

横浜を出航した慶応遣欧使節団は、八月二五日（七月五日）にマルセイユに到着した。そこに、横須賀造船所の技師で、造船所建設に必要な物品の購入とフランス人技術者の手配のために帰国していたフランソワ・ヴェルニーが出迎えに来ていた。

四日後、使節団一行はフランスのトゥーロン港を訪問した。トゥーロン港は、地中海のトゥーロン湾内に王政時代から現代にいたるまでフランス海軍基地が置かれている軍港で、横須賀の地形が似ていると言われたことで、ヴェルニーが帯同して案内してくれた。

慶応遣欧使節団は外務大臣ドルーアン・ド・リュイスと九月一九日（七月三〇日）に会い、正使の柴田剛《たけ》中《なか》が横須賀製鉄所建設と兵制の改革などを説明し、海軍技師や陸軍士官の雇用について協力を求めて承諾《しょうだく》を得た。二日後、海軍省を訪れ海軍大臣ジュスタン・ローパと会い、造船所建設、技師の雇用、器械類の購入について協力を仰いだ。この四日後、陸軍省を訪れ陸軍大臣代理アルマン・ベイクと会い、三兵伝習の教官の招聘《しょうへい》を頼み承諾《しょうだく》を得た。三兵伝習とは、歩兵、砲兵、騎兵の伝習である。

一方で、幕府のロシア留学生ら六名がロシア軍艦ポカテール号で九月一五日(七月二六日)に箱館を出港した。これは、ロシア語通詞・志賀親朋《ちかとも》と箱館駐在のロシア領事ゴシケーヴィチの勧請《かんじょう》を容《い》れて、箱館奉行支配調役並の山内作左衛門を目付役とし、開成所の生徒から五名が留学生に命じられ、留学期間は五年の予定としたものである。

一一月から一二月(一〇月)頃、佐賀藩士・石丸安世《やすよ》、馬渡八郎、広島藩士・野村文夫がグラバー商会の船で長崎からイギリスに向けて密航した。石丸安世は、幕府の海軍伝習所で学び、藩随一の英語の達人で、貿易などで藩の英語通訳として長崎に赴任《ふにん》していた。藩主の鍋島直正公伝には「石丸が英語を上手に操《あやつ》り、馬渡八郎らもいたので、幕府の通訳に頼らず英米国人と直接対話できた。このため貿易では常に優先権を握っていた」と書いている。

しかし、過激派からマークされ、また長崎奉行所からは罪には問われなかったものの、奉行所の事情聴取を受け、当分は外国人居留地に近づかないよう勧告されていた。佐賀藩士二名の渡航は藩命のようだが、野村文夫は、藩主・浅野茂長《もちなが》の命で蒸気船の購入のために長崎を往復し、一八六四年(元治元年)には、蒸気船の修理と英学学習で長崎を再訪していたとしか分からない。

フランスに話を戻すと、慶応遣欧《けんおう》使節団は一二月八日(一〇月二二日)の朝七時頃にパリを出発し、ロンドンのヴィクトリア駅に夕方六時過ぎに到着した。正使・柴田剛中《たけなか》は、イギリス外務省を一二月一三日（一〇月二六日）に訪れてヨーロッパに派遣された趣《おもむ》きを伝え、更に国書及び贈物の目録などを手渡した。そこで、三兵伝習の教官を招聘する意があることを示し、幕府の承諾が得られれば承認して欲しいと伝えた。これは、既《すで》にフランスと話が決まっており、外交上の方便だった。

使節団一行は、一二月一八日（一一月一日）にウリッジの王立造船所を訪れた。サ・ロンドン・アンド・チャイナ・エクスプレス紙によると、彼らはウリッジの造船所を視察し、女王陛下の艦船であるプリンス・アルパートとブラック・イーグルを詳しく調べたとある。柴田家は隠密の元締めの家柄で、ただ物見遊山に出かけたわけではない。

翌日はイングランド銀行や王立造幣局などを訪れた。王立造幣局では、来客者名簿に署名を求められ、柴田剛中が名簿をめくると日本人の署名があった。これは、一八六四年一月二二日付が志道聞多、野村弥吉、山尾庸三、遠藤謹助、伊藤春輔の五名、日付のないものが石垣鋭之介、関研蔵、高木政一とあり、これをメモした。先の五名は長州ファイブで、後の三名は変名で、石垣鋭之介が新納刑部《にいろぎょうぶ》、関研蔵が五代才助、高木政一が堀壮十郎で、薩摩藩留学生に同行した外交使節だった。

一二月二〇日（一一月三日）には、ロンドン塔やグリニッジにあるプレークリー氏の兵器工場などを訪れた。プレークリーは、アームストロング砲より便利な大砲を製作して有名になり、グリニッジに兵器工場を造った。ここで、薩摩人が車付きの野砲一門を注文した話が伝えられた。

二日後、汽車でロンドンからポーツマスへ移動して造船所を訪問し、翌日にも訪問して海軍工廠《こうしょう》を訪れた。この頃のポーツマス造船所は世界最大で、海軍工廠とは海軍直営の軍需工場で、世界最強のイギリス海軍の本拠地だった。

一八六五年一二月二七日（慶応元年一一月一〇日）には、プリマスの防波堤やアルバート橋などを訪れた。プリマスの防波堤は、海岸から一二・三キロメートルほどの場所に造られており、長さが約一・六キロメートル、高さが約一三メートル、平らな上部の幅は約一五メートルあり、工事期間が四〇年もかかったという代物である。そして、アルバート橋は、その当時ヨーロッパ第一の鉄橋で、長さが二キロメートル以上、高さが七〇メートル近くあり、橋の上を蒸気機関車が走り、橋の下を蒸気船が通っていた。

使節団一行は、一八六六年一月四日（慶応元年一一月一八日）にロンドンを発《た》ってパリを経由しマルセイユに移動して、一八六六年一月一九日（慶応元年一二月三日）に日本に向けて出航した。

兵庫開港要求事件

一八六五年一一月四日（慶応元年九月一六日）、イギリス、フランス、オランダの連合艦隊が兵庫沖に侵入した。大坂町奉行の松平信敏、井上義斐《よしあや》と目付・赤松左京がフランス軍艦キンシャン号を訪れて来航目的を問うと、安政五ヶ国条約の勅許《ちょっきょ》と兵庫の早期開港を迫ったのである。

すると幕府は、一一月一一日（九月二三日）に老中・阿部正外《まさと》と松前崇広《たかひろ》を派遣し、同乗してきたアメリカ公使を含む四ヶ国の公使との交渉を行なわせた。公使らは、兵庫開港について速やかに回答を得られない場合は、幕府には条約遂行能力がないと判断し、京都御所に参内して天皇と直接交渉すると主張した。両老中は大坂城に戻り、将軍・徳川家茂《いえもち》や幕閣と協議のうえ要求を拒《こば》むことは困難と判断、一一月一三日（九月二五日）に無勅許《むちょっきょ》で開港を許すことと決めた。

翌日、徳川慶喜《よしのぶ》が京都より大坂城に到着すると、無勅許での条約調印の不可を主張した。それに対し阿部正外と松前崇広は、もし諸外国が朝廷と交渉を始めれば幕府は崩壊すると自説を譲らなかった。しかし、勅許を得るために外国との交渉延期を主張した徳川慶喜の意見が通り、若年寄・立花種恭《たねゆき》が交渉に赴《おもむ》き延期が決まった。

すると朝廷は、無勅許で神戸開港を決めようとした阿部正外と松前崇広に、官位剥奪、謹慎の勅命を一一月一八日（一〇月一日）に下した。これに対して徳川家茂は、自身の臣下の老中職を頭越しに解任するのであれば将軍職はないも同然と、将軍職の辞表を突き付けて江戸東帰を発表した。すると孝明天皇は慌てて勅《ちょく》命《めい》を取り下げ、幕府人事に干渉しないことを約束した。ここは徳川家茂の勝ちだった。

そうしていると、四ヶ国の公使は、交渉の延期の先を要求し、一〇日以内に回答がなければ拒否とみなすと警告した。幕府と朝廷は一一月二二日（一〇月四日）より徹夜で会合し、孝明天皇より許しを得て、四ヶ国に対して孝明天皇が条約の批准に同意したと回答し、開港日は当初通り一八六八年一月一日（慶応三年一二月七日）となった。この場には、幕府の重臣や朝廷の重役も参加しており、天皇の同意を得たことは四ヶ国の外交上の勝利と思われた。

そんな中で、横須賀造船所建設が一八六五年一一月一五日（慶応元年九月二七日）に着工した。この際に、前《さき》の勘定奉行の佐渡奉行・鈴木重嶺《しげね》が、費用を投じて造船所を造っても完成時には幕府はどうなっているか分からないと計画の妥当性を問うと、勘定奉行・小栗忠順《ただまさ》は、幕府の運命に限りがあろうとも、日本の運命には限りがないと返答したという。

この頃になると、幕臣の中には、いずれ幕府が朝廷に政権返上するだろうと考える者も少なからずいたが、幕府というより日本の為に懸命に働いていたのである。

二日後、藩命により長州藩士の桂小五郎が木戸貫治と改名し、高杉晋作は谷潜蔵と改名した。藩命による改名とは、密偵を命じられたのだろう。イギリス公使館の書記官アルジャーノン・ミッドフォードは、幕末の日本はスパイだらけだったと書いているが、御庭方だった西郷吉之助はもとより、坂本龍馬、勝義邦など、幕末に活躍したと思われている者の多くがスパイだったようである。

五―二　幕府の近代化と開国政策に対する長州の悪あがき

アメリカ軍艦が納入のため一八六六年一月二三日（慶応元年一二月七日）に横浜に入港し、幕府はこの軍艦を富士山丸と命名した。これは、幕府が一八六二年一〇月（文久二年閏八月）に、アメリカにスループ二隻およびガンボート一隻を発注していた一隻である。

富士山丸は一年半前に完成していたが、馬関《ばかん》戦争によりリンカーン大統領が出航を差し止め、その他の軍艦の製造も中止した。しかし、リンカーンが暗殺され大統領がアンドルー・ジョンソンに代わると、放置されていた富士山丸が日本に納入されたのである。

そうしていると、文久年間オランダ留学生の西周《あまね》と津田真道《まみち》が一八六六年二月一〇日（慶応元年一二月二五日）に帰国した。二人は、オランダのライデン大学教授で経済学者、法学博士、文学博士のちに大蔵大臣となるシモン・フイッセリングについて自然法学、国際公法、国法学、経済学、統計学の五教科を学び、さらにカントの実証主義、J・S・ミルの功利主義の影響を受けた。

二人はフイッセリングから「熱心で親切な生徒であるばかりでなく、むしろ友人と思っているので名残おしく思う」「祖国では有益な人となり、貴君の社会で栄えあるものとなられるように」とのはなむけの言葉を受けた。

そして、西周は、オランダ留学中の一八六四年（元治元年）にライデンのフリーメイソンリーのラ・ベルトゥ・ロッジ・ナンバー7に入会して、日本人で最初のフリーメイソンと言われている。そして、津田真道が二番目だろう。

長州に話を移すと、一八六六年二月一八日（慶応二年一月四日）に長防臣民合議書《ちょうぼうしんみん》が作成された。これは、禁門の変により朝敵となり武家官位を剥奪され長門国《ながと》と周防国《すおう》を支配する正当性を失ったことに由来し、長防臣民という独立国家のような体裁をとっていた。

合議書は長州藩士・宍戸璣《たまき》によって起草されて木版印刷され、長州藩領内に配布された。その内容は、赤穂浪士たちが浅野長矩《ながのり》の私怨《しえん》を晴らすために討ち入りを行なった例を挙げて、皇国のために働いたが、冤罪《めんざい》で朝敵とされた藩主・毛利敬親《たかちか》のために長防臣民は七生報国《しちしょうほうこく》の忠義を尽くすべきであるということや、戦争の正当性と目的を領民に説くものだった。七生報国とは、何度生まれ変わっても国に尽くすという意味だが、いくら弁解しても天皇に弓引いた朝敵であり、孝明天皇と幕府が許すはずがない。

この頃に福沢諭吉が『西洋事情』の初編三冊を出版した。外編三冊は一八六七年（慶応三年）に、二編四冊は一八七〇年（明治三年）に出版した。初編三冊の構成は、巻之一では政治、収税法、国権、紙幣、商人会社、外国交際、兵制、文学技術、新聞紙、文庫など西洋のシステムを紹介し、巻之二ではアメリカとオランダを、巻之三ではイギリスを紹介している。

そして、福沢諭吉の得意とする理化学や器械学が強調されていて、生活に必要な病院、銀行、郵便の制度の紹介もされている。これにより、ヨーロッパやアメリカの民主主義や近代化とはどういうものか世間に広まったのである。

そうすると、長州藩主・毛利敬親《たかちか》の命令で木戸貫治（桂小五郎）らが三月七日（一月二一日）、京都の小松帯刀《たてわき》邸に出向いて、皇軍挙兵の談論が行なわれた。参加者は、長州藩士は木戸貫治、三好軍太郎、品川弥二郎、早川渉、薩摩藩士は島津伊勢、桂久武、小松帯刀、吉井幸輔、大久保一蔵、西郷吉之助、奈良原繁、亀山社中の坂本龍馬、寺内信左衛門、池内蔵太《くらた》の一四名である。

行軍挙兵の談論とは、蒙古《もうこ》襲来後の鎌倉幕府の末期症状と通商条約後の徳川幕府とが酷似してきており、更に孝明天皇の発言力がより強くなって「建武《けんむ》の中興《ちゅうこう》」の後醍醐天皇に似てきたことで、我々は孝明天皇の下で皇軍となり、討幕のために挙兵すべきとしたものである。

この時、坂本龍馬は建武の中興のことを知らず質問したため、この当時の誰もが読んでいた太平記を読んでおらず、日ごろ読書しないことがばれてしまった。

長州が示した六ヶ条の書簡が現存するが、主語を皇軍として現代文にすると下記のようになる。

1. 皇軍が戦いとなった時は、薩摩は二〇〇〇名規模の兵員を鹿児島から急遽《きゅうきょ》挙《あ》げ、いま在京の兵と合流し、大坂にも一〇〇〇名程を差し置いて、京都、大坂の両所の地域を固める。
2. 皇軍の戦いで我々の勝利がみえるとき、その節は、薩摩、土佐が朝廷に申し上げ、必ず長州の朝敵を解除するよう尽力する。

3．皇軍が万が一、敗色が濃くなっても、一年や半年で壊滅することはないので、その間にも、必ず長州の朝敵解除に尽力する。
4．幕府軍が江戸へ帰ったときは、朝廷に申し上げ、すぐさま必ず朝廷より長州の朝敵が免罪になるよう尽力する。
5．幕府兵が上京のうえ、一橋、会津、桑名などが今のような状況で朝廷を擁《よう》し奉《たてまつ》り、正義に逆《さか》らって、薩摩、土佐が行う周旋の尽力の道を遮《さえぎ》るならば、決戦におよぶ以外はない。
6．長州の冤罪《めんざい》が赦《ゆる》された上は、薩摩、土佐、長州は、誠心をもって協力し、皇国のため、皇威が輝き、回復に立ち至《いた》ることを目標に、誠心を尽くし必ず尽力することとする。

この六ヶ条は皇軍挙兵の意味も分かるが、長州の朝敵免罪の嘆願書となっている。長州は、抜け荷や贋金《にせがね》造りにより財政が豊かで武器購入にも尽力してくれた薩摩に頼むのが一番良いが、単独では会いにくく、武器搬送で世話になった亀山社中の面々を同席させたのだろう。

二日後の深夜二時頃、伏見の寺田屋に宿泊していた坂本龍馬と長州藩士・三吉慎蔵《みよししんぞう》が、伏見奉行所の捕り方三〇名程に囲まれた。真実かどうか判明しないが、いち早く気付いたお龍が風呂から裸のままで危機を知らせたと言われている。

坂本龍馬らの、薩摩藩士であるとの嘘も簡単に見破られ、宝蔵院流槍術《そうじゅつ》免許皆伝の三吉慎蔵は、手槍（柄の短い槍）を用い防戦して捕り方数名を殺傷し、坂本龍馬は谷潜蔵（高杉晋作）から貰った拳銃で二名を射殺した。しかし、坂本龍馬が銃を持つ手を刀で払われて指を負傷し銃を撃てなくなったことで、二人は脱出し伏見の薩摩藩邸に救援を求めて助かった。

ちなみに、現在の寺田屋と称する建物には弾痕や刀傷とお龍が入っていたであろう風呂があり、当時のままの建物として紹介されている。それが、京都市が当時の記録等を調査したところ、幕末の建物は鳥羽伏見の戦いの戦火で焼失しており、現在の建物は、当時の敷地の西隣に建てられたものであると公式に結論を出している。

また、土地と建物は大正時代に当時の主人である寺田屋の所有ではなくなっており、現在の寺田屋は昭和三〇年代（一九五五〜六四）に一四代寺田屋伊助を自称する人物が営業を始めたもので、幕末の寺田屋とは全く関係ないのだそうである。

そうしていると、イギリス公使館通訳のアーネスト・サトウが三月一六日（一月三〇日）に、無題・無署名でジャパン・タイムスに三つの記事を寄稿した。その骨子は下記の通りである。

1．将軍は主権者ではなく諸侯連合の首席にすぎず、現行の条約は将軍とだけ結ばれたもので、現行条約のほとんどの条項は主権者ではない将軍には実行できないものである。

2．独立大名たちは外国との貿易に大きな関心をもっている。

3．現行条約を廃し、新たに天皇及び連合諸大名と条約を結び、日本の政権を将軍から諸侯連合に移すべきである。

この主張は、大政奉還の英国版のようなもので、後に和訳されたものが「英国策論」と名付けられて広く読まれ、イギリスの対日政策を示すものと見なされて幕末に大きな影響を与えた。

薩長同盟の真相と坂本龍馬

薩摩藩の伏見藩邸に匿《かくま》われていた坂本龍馬は、薩摩藩の要請で三月一七日（二月一日）に駕籠《かご》で京都に向かった。

この日付の勝義邦の日記には、「聞く。薩、長と結びたりと云う事、実成るか。……又聞く、坂龍、今、長に行きて是等《これら》の扱いを成すかと。左《さ》もこれあるべくと思わる……」と書いていて、長州と薩摩の談論のことを書いたと思われる。この時、勝義邦は蟄居中《ちっきょちゅう》で江戸にいた。京都での談論の一〇日後の日記で、この当時としては結構《けっこう》早い情報入手と思われる。であれば、坂本龍馬は土佐藩の斥候《せっこう》の手元だったとみられているが、幕臣に各藩の情報を提供しているということは、土佐と幕府の二重スパイである。

そして、坂本龍馬が京都の薩摩藩邸に到着し薩摩藩の求めに応じて木戸貫治の書簡の裏面に、「表に記入された六ヶ条は、小松帯刀《たてわき》、西郷吉之助の両氏および木戸貫治、坂本龍馬も立ち会って話し合ったもので、少しも相違ない。将来になっても決して変わることがないことは、天地神明の知るところである」（現代語訳）と朱書している。

これで薩長同盟が結ばれたという人もいるが、坂本龍馬が「話し合った」と書いているだけで、同盟を結んだとは判断できない。

私の想像では、薩摩は木戸貫治から同意を頼まれたものの、朝敵の長州の援助に対して藩論が割れて苦慮していると、坂本龍馬が助けを求めて伏見藩邸に転がり込んできた。そこで、長州の敵にも味方にもならない方法として、坂本龍馬に確かに話し合ったよという裏書きをさせて送り返したのではなかろうか。

それに、木戸貫治が示した六ヶ条の書簡の日付が三月七日（一月二一日）で、坂本龍馬の朱の裏書の日付が三月二一日（二月五日）と二週間もずれているが、そもそも薩長同盟成立ならば、薩摩から同意書を発効するのが筋である。

それで、長州藩士・谷潜蔵より木戸貫治への四月一一日（二月二六日）付の書簡に、「薩摩も御尽力を以《もっ》て追々《おいおい》親和の兆《きざ》し有之《これあり》」と書かれていて、この時点では、薩長は仲良くなりかけているだけで薩長同盟は結ばれてないことが理解できる。

海外行御印章と懲《こ》りない長州

浅草の瑞穂屋《みずほや》の清水卯三郎が三月二六日（二月一〇日）に、勘定奉行・小栗忠順《ただまさ》宛にパリ万国博覧会への参加の願書を提出した。これは、幕府がパリ万国博覧会への参加を民間に呼びかけたことによるが、清水卯三郎は民間では唯一参加を認められた。

薩摩藩アメリカ留学生の五名がグラバーの援助で、五月一二日（三月二八日）に長崎から密航した。これによりイギリス留学生に帰国命令が出て、これから本格的に学ぼうとしていたところで打ち切られることになった。

一方、幕府は各藩にパリ万国博覧会参加の呼びかけを五月一九日（四月五日）に文書で通達した。まず薩摩藩が八月（七月）に名乗りを上げ、次に佐賀藩が一二月（一一月）に申し込んだが、他藩からの申込みはなかった。

そして、幕府は五月二三日（四月九日）に海外渡航差許《さしゆるし》布告を発令した。これにより留学と商用に限ってだが、現在のパスポートにあたる「海外行御印章《かいがいいきごいんしょう》」を受領すれば、身分を問わず誰もが、現時点で条約締結している八ヶ国への渡航が可能となった。慶応二年に発給された御印章は七一名分で、そのうち女性が一名、慶応三年は一六九名分で、現在に比べると非常に少人数だが、画期的な進歩である。

ちなみに、ここまででグラバー商会の手引きによる密航留学生は各藩合わせて三八名に上ると言われている。薩摩と長州以外で、佐賀藩、広島藩、熊本藩、土佐藩など結構な人数が密航したものの、費用が高く言葉の障壁もあり、幕府留学生と比べると学問修得はままならなかったようである。

長州に話を移すと、長州藩第二奇兵隊幹部の立石孫一郎が、同参謀の楢崎剛十郎と争いとなり殺害し、立石孫一郎に率《ひき》いられて脱走した約一〇〇名が、五月二四日（四月一〇日）早暁《そうぎょう》の強雨の中で倉敷代官所を襲撃し、代官所の小松原芳太郎ら九名を殺害した。

襲撃後、一行は総社（現在の岡山県総社市）に向かって宝福寺に宿営し、五月二七日（四月一三日）の早朝に浅尾藩の陣屋に到着して郡会所や観蔵寺、藩士宅などに放火した。浅尾藩陣屋内は大混乱に陥《おちい》ったが、浅尾藩が大砲三発を発射すると、第二奇兵隊の連中は陣屋から逃げ去った。やがて岡山藩、備中松山藩の大軍に囲まれると奴らは四散した。

ちなみに、倉敷代官所は幕府直轄の代官所で、浅尾藩は京都見廻役となっていた。幕府が奇兵隊士を捕えてみると、藩政府の指図だと自白した。これに対して長州藩士・木戸貫治が、第二奇兵隊から脱走した浮浪の者だの、自白は虚言だのと懸命に取り繕《つくろ》った。

しかし、幕府の見解は、第二奇兵隊のほぼ全員なのに脱走とはおかしいし、それに逃げ帰った先は長州であろうと委細掌握《いさいしょうあく》しており、謹慎処分中のはずの長州の宣戦布告だと判断し第二次長州征討へと発展していったのである。

そんな中、熊本藩士・横井佐平太と横井忠平が六月一〇日(四月二七日)に、アメリカに向けて長崎を密出港した。二人は兄弟で横井小楠《しょうなん》の甥《おい》である。長崎語学所でグイド・フルベッキに英語を学び、アメリカ留学を希望して、ニューヨーク在住のジョン・メイソン・フェリスに連絡して段取りされた。

この頃、幕府は国産蒸気砲艦の千代田形を竣工した。設計監修が小野友五郎、船体構造設計が春山弁蔵、機関設計が肥田浜五郎、艤装、船具設計が安井畑蔵、大砲の設計が沢太郎左衛門で、石川島造船所で建造した。機関は長崎造船所で製作され、ボイラーは肥田浜五郎の設計に基づいて、佐賀藩が三重津海軍所で製作し、大砲は関口製造所で造られた。近代化においては幕府が総合的なトップランナーだったが、大砲やボイラーなどは佐賀藩が一歩先を行っていた。

千代田形は、軍艦奉行だった木村喜毅《よしたけ》の先導により一八六二年六月四日(文久二年五月七日)より起工され、近海の海防のための一四〇トンと小型の軍艦で量産化が計画されていたが、木村喜毅の失脚により二番艦以降が建造されることはなかった。しかし、千代田形は箱館戦争に参加していて、実用可能な船を造っただけでも価値はある。

五―三　第二次長州征討と中止の影響

第二次長州征討において、老中・小笠原長行《ながみち》と大目付・室賀《むろが》正容《まさかた》が広島藩に先鋒の要請をしたが、藩執政・野村帯刀《たてわき》と辻将曹《しょうそう》が拒否したことで二人に謹慎を命じた。これにより藩士・船越洋之助など五五名は、七月五日（五月二三日）に小笠原長行と室賀正容の暗殺を計画した。

これを事前に知った藩主の世子の浅野茂勲《もちこと》は、「そなたらは行動するな、余が小笠原を殺《や》る」と止めに入った。これにより藩主・浅野茂長《もちなが》は小笠原長行を呼び出し、「広島藩は参戦しない。広島から出て行け」と冷たく申し渡したことで、小笠原長行は反論できず小倉に移った。その上で、浅野茂長は老中・松平宗秀を七月一三日（六月二日）に呼び出して、野村帯刀と辻将曹の罷免を願い出て放免された。広島藩の藩論は討幕に傾倒していたようである。

長州征討の攻め口は、山陽側が芸州口、山陰側が石州口、九州側が小倉口、瀬戸内海側が小瀬川口と四ケ所で、七月一八日（六月七日）に幕府艦隊の周防《すおう》大島への砲撃で小瀬川口の戦いが始まり、第二次長州征討が始まった。小瀬川口では幕府海軍が制圧した。

芸州口の戦いが七月二五日（六月一四日）に始まり、先鋒の彦根藩の軍勢が小瀬川を渡って岩国に入った。それが長州軍は、前夜のうちに広島藩領内に無断で侵入し、大竹の北側にある鍋倉山に陣取っていた。彦根藩兵は、そこから後方と側面からの攻撃を受けると小方《おがた》（現在の大竹市）へ敗走を始めた。これにより、長州藩兵は小瀬川を越えて長年の芸長の不可侵条約を無視し、幕府征長軍を追って広島城下近くまで攻めて来て、広島領民に対して強奪、放火まで行なった。

こうなると、征長軍は幕府歩兵隊と紀州藩の支藩の新宮藩の水野歩兵隊を投入した。第一線に出てきた新宮藩主の水野忠幹《ただもと》は、フランスから購入したミニエー銃で決死の戦いに臨《のぞ》んで頑強に反撃し、今度は長州軍が四十八坂まで退却、幕府海軍が艦砲射撃を加えると、ひたすら退却して岩国の先まで退《しりぞ》いていき、芸州口の戦いでは幕府側の勝利だった。これにより、水野忠幹は「鬼水野」と呼ばれて恐れられた。

石州口の戦いは七月二七日（六月一六日）に始まり、長州藩士の大村益次郎が兵を指揮して津和野藩領内に入ると、津和野藩は領内での戦闘を拒否し、案内をたてて長州藩兵を通過させてしまった。そのため、突然現れた長州軍に浜田藩兵は敗走した。

翌日、小倉口の戦いが始まった。幕府征長軍総督・小笠原長行《ながみち》が指揮する九州諸藩と長州藩士・谷潜蔵や山縣《やまがた》狂介らが率《ひき》いる長州軍との戦闘が馬関《ばかん》海峡を挟《はさ》んで数度行なわれた。

老中・板倉勝静《かつきよ》は勝義邦を軍艦奉行に復帰させ、会津藩と薩摩藩との対立を解消し薩摩藩の出兵の約束を取り付けるよう命じた。勝義邦は、八月二日（六月二二日）に大坂に到着し薩摩藩と交渉したが拒否され、会津藩との対立も解消しなかった。そのため、勝義邦は板倉勝静との間が気まずくなり、大坂に留まり続けることとなった。勝義邦は子供の使いのごとくで、肝心な時にはいつも役に立たなかった。

それにしても、長州ごときは近代化の進んだ幕府の陸海軍だけで事足りるが、将軍・徳川家茂《いえもち》が江戸を出陣したのが一八六五年六月（慶応元年五月）、大坂城到着が一八六五年七月（慶応元年閏五月）で、諸藩を巻き込んで一年もの間ぐずぐずしていては士気も上がらなかったことが、第二次長州征討が中途半端になった原因の一つではなかろうか。

そんな中で、外国奉行・菊地隆吉《たかよし》らがベルギー特派公使オーギュスト・ト・キント・デ・ローデンベークと会見し、日白修好通商条約を八月一日（六月二一日）、江戸で締結した。

翌日、箱館奉行・小出秀実《ほずみ》と目付・織田信重が江戸に到着して、ロシアとの領土問題に関する上申書を提出したが、将軍や老中の滞在する大坂に向かうよう指示され、大坂で九月六日（七月二八日）にロシア派遣の内命を受けた。これは、樺太の領有権において両国の共用で決定したが、縄張り争いのような騒動が多発していたからである。

二人は、九月二五日(八月一七日)に帰府し、翌日、正式にロシア派遣の指示が下った。ただし、織田信重より目付・石川利政に変更され、慶応遣露《けんろ》使節団正使の小出秀実、目付の石川利政ら総勢一九名が一一月一八日(一〇月一二日)に横浜を出港した。

そんな中、外国奉行の柴田剛中《たけなか》と朝比奈昌広がイタリア使節ヴィットリオ・アルミニョンと会見し、日伊修好通商条約を八月二五日(七月一六日)に江戸で締結した。

将軍家茂の死と長州討伐の中止

一四代将軍・徳川家茂が、八月二九日(七月二〇日)に大坂城で死去した。徳川家茂は遺言で後継者に四歳の田安家当主・徳川亀之助を指名していた。しかし、この国難を乗り切るには、徳川慶喜《よしのぶ》の将軍就任しかないと考える老中・板倉勝静、稲葉正邦、京都守護職・松平容保《かたもり》、京都所司代・松平定敬《さだあき》らは相談し、これを拒《こば》む徳川慶喜に承諾《しょうだく》を懇願《こんがん》した。

徳川家茂の訃報《ふほう》は九月三日(七月二五日)に江戸表《えどおもて》に届いた。ここで、正室の和宮《かずのみや》は将軍後継には幼年の亀之助より然《しか》るべく人物を立てるべきと答えている。

第二次長州征伐に話を戻すと、九月五日(七月二七日)に小倉口の赤坂、鳥越の戦いで熊本藩が参戦し長州軍を圧倒する戦いを見せたが、二日後、徳川家茂の訃報により幕府軍総督の小笠原長行は戦闘を中止し、九州諸藩も小倉城から撤退《てったい》した。小倉藩は城に火を放って香春に退却したが、その後、小倉藩家老・

島村志津摩の指導で軍を再編して粘り強く抵抗を続け、戦闘は長期化していった。

その一方で、征長軍は九月一五日（八月七日）に芸州口を撤退した。これによって、第二次長州征伐は長州軍の勝利と言われているが、実際には芸州口と小瀬川口では幕府軍が勝利し、石州口では長州軍が勝利し、小倉口では征長軍が撤退したことで一進一退の戦いとなったが、長期化すれば、征長軍の勝利は間違いなかった。

翌日、朝廷が長州追討の勅諚《ちょくじょう》を下したことで、徳川慶喜《よしのぶ》は長州征伐の続行を決めたが、この三日後に長州出陣を中止して、九月二八日（八月二〇日）に将軍・徳川家茂《いえもち》の死を公表し、朝廷に働きかけて休戦の勅命《ちょくめい》を発してもらうこととし、徳川宗家を相続した。

長州征討が中途半端に終わったことで、都落ちや罷免された公家《くげ》を復帰させせろという声が大きくなった。そこで岩倉具視《ともみ》は、徳川慶喜が徳川宗家を相続するも将軍就任を固辞したことから、この隙《すき》に王政復古を実現しようと企み、姉婿《あねむこ》の中御門経之《なかのみかどつねゆき》に列参事件を行なうよう指揮した。

これを受けた中御門経之らを中心とした公家二二名が、追放されている公家の復帰、朝政改革など国事について建言するため朝廷に押しかける騒擾《そうじょう》事件が一〇月八日（八月三〇日）に発生した。しかし、孝明天皇はこれを退《しりぞ》け、逆に謹慎等の処分を下し、岩倉具視の企《くわだ》ては失敗した。

また、幕府の立てた制札が引き抜かれる事件が頻発《ひんぱつ》し始めた。特に鴨川にかかる三条大橋の西詰北に立てられた制札が三度に渡って引き抜かれたことから、新撰組に制札の警備を命じた。

そこへ、土佐藩士八名が一〇月二〇日（九月一二日）に、三条大橋西詰に出現し、制札を引き抜こうとした。報を受けた原田隊が現場に急行したが、所詮は不埒《ふらち》な烏合《うごう》の衆《しゅう》で連携がうまく取れず、土佐藩士たちは退路を確保して、八名のうち五名を逃してしまった。

五―四　幕府の積極的外交政策の中の天皇崩御と四候会議

土佐藩士・結城幸安と薩摩藩士・中井弘が一一月二一日（一〇月一五日）に、イギリス留学に向けて横浜を密出港した。ロンドンに到着したが、留学どころか何もうまくいかず半年ほどで帰国した。

一一月二三日（一〇月一七日）、隅田川浪五郎が外国奉行から御印章を取得した。これが、日本国旅券の第一号と言われている。隅田川浪五郎は、アメリカ人興行師リチャード・リズリー・カーライル率《ひき》いる帝国日本芸人一座の一人で、この一座の構成は、隅田川一家五名、浜碇《はまいかり》一家七名、松井一家五名、それに後見人の高野広八の総勢一八名だった。

そうすると、幕府イギリス留学生取締の二名と留学生の一二名の計一四名が、一二月一日（一〇月二五日）に幕府の発行した御印章を持参し、イギリスに向けて横浜から出港した。乗船すると、船内の日本人は留学生らだけかと思いきや旅芸人が乗船していた。彼らも御印章を持参していて、松井源水の巡業団九名と鳥潟小三吉一座五名だった。

その一方の帝国日本芸人一座は、サンフランシスコへ向けて一二月五日（一〇月二九日）に、イギリス帆船のアーチボールト号で横浜を出港した。

薩摩では、パリ万博参加のための薩摩藩使節兼博覧会御用・岩下方平《みちひら》らが一八六六年一二月一六日（慶応二年一一月一〇日）に鹿児島から出港した。これは、五代才助らがモンブランと結んだ商社協定の目的も含んだ渡航だった。

幕府は、水戸藩主の弟の松平昭武を一八六七年一月三日（慶応二年一一月二八日）に御三卿の清水家を相続させ徳川を称した。徳川慶喜《よしのぶ》は、聡明だった異母弟の徳川昭武を、自身が将軍となりその世子に考えていたようである。この時に、パリ万博の使節としてフランス派遣と五年間の留学を伝えられた。七日後、徳川慶喜が征夷大将軍に就任した。

そんな中で、日丁修好通商条約を一月一二日（一二月七日）に江戸で締結した。丁抹と書いてデンマークと読む。ここまで一一ヶ国と締結したが、これが徳川幕府最後の条約締結となった。

翌日、フランス軍事顧問団の団長シャルル・シャノワーヌ参謀大尉とジュール・ブリュネ大尉ら一五名が横浜に到着した。この翌日には、大田村陣屋（現在の横浜市中区山手町）で、幕府のエリート部隊の伝習隊に歩兵、砲兵、騎兵の三兵の軍事教練を開始した。顧問団は後に四名が追加派遣されて一九名となった。

孝明天皇崩御

京都に話を移す。孝明天皇は風邪気味だったが一月一六日（一二月一一日）に宮中《きゅうちゅう》で執《と》り行なわれた神楽見物をして体調を崩し、病の床に臥《ふ》した。翌日には高熱を発し、苦痛を訴《うった》えて典薬寮医師・高階経由《たかしなつねよし》が診断にあたり、風邪だろうと発汗剤などを献《けん》じたが、容体は回復しなかった。

一月二〇日（一二月一五日）には、伊良子光順《みつおさ》など他の典薬寮医師も次々と召集《しょうしゅう》され、昼夜詰めきりでの診察が行なわれた。翌日、高階経由が再度診断し、痘瘡《とうそう》に罹患《りかん》している可能性が浮上した。その翌日には、痘瘡に罹《かか》ったことを武家伝送などへ正式に発表した。

四日後には順調に回復に向かい、水痘期《すいとうき》といって吹き出物から膿《うみ》が吹き出し始め、更に楽になり機嫌が良くなると将軍・徳川慶喜も参内した。一月二七日（一二月二二日）には食欲も出て順調に回復に向かい、次の日になると膿庖期《のうとうき》に進み、膿も止まって吹出物の瘡蓋《かさぶた》が乾き始めた。

一月二九日（一二月二四日）の朝からは、食欲も旺盛で機嫌はますます良好となり全快待ちの状態となっていたが、夜半に容体が急変し、翌日の早朝に崩御《ほうぎょ》した。

孝明天皇は佐幕派で尊攘過激派の長州を嫌っており、幕府に政策を委任するのが最良と信じていて、討幕派にとって最も厄介《やっかい》な存在だった。長州藩の品川弥二郎日記の孝明天皇崩御前後の一月二五日～二月三日（一二月二〇日～二九日）の記述を見ると、次のようにある。

一月二五日「二〇日　主上《しゅじょう》御疱瘡被遊候由伝聞《そうろうよしつたえきく》　薩ヨリ緋絹《ひぎぬ》献納致シ候由」
一月二六日「二一日頃　新納氏東土ヨリ著」
一月二八日「二三日　西郷氏ヲ訪フ」
一月三〇日「二五日　崩御」
二月二日「二八日　大久大山氏ヲ訪フ　夜御楯木戸山田留守　手紙認」
二月三日「二九日　石川井原清水帰国　村田伊集院西郷大坂送行　過二七日践祚有之　今日御発表有之」

ところで、孝明天皇の死因についてはヒ素による毒殺とする説もあるが、一月二五日（一二月二〇日）に書いている「薩ヨリ」が薩摩よりで、「緋絹」がヒ素の隠語ならば、孝明天皇の疱瘡の病気見舞いに薩摩がヒ素入りの何かを献上したということだろうか。

時は下って一九七五年（昭和五〇年）、孝明天皇の診断をしていた伊良子光順《みつおき》の診察日記が発見された。滋賀県で開業医をしていた曾孫の伊良子光孝氏は、滋賀県医師会報において一九七五年（昭和五〇年）から一九七七年（昭和五二年）まで、この日記の内容を「天脈拝診日記」と題して連載した。

これによると、「兎《と》も角《かく》、天皇は痘瘡《とうそう》に罹患《りかん》された。しかし、医師団の必死の看病で普通痘瘡が辿《たど》る経過を順調に推移して御回復が決定的になった。この時点で暗殺を図る何者かが痘毒失敗を知って、あくまで痘瘡による御病死とするために痘瘡の全快前を狙って更に、今度は絶対失敗のない猛毒を混入したという推理がなり立つ」と、毒殺ではないかと推理している。

活発化する外交

一八六七年一月一九日（慶応二年一二月一四日）、幕府第一陣の開成所物産学出役・田中芳男ら総勢一三名が、パリ万博に向けて品川より出港し、一八六七年三月二四日（慶応三年二月一九日）にパリに到着した。これは開会式の一週間前だが、準備など考えると少々遅いのではなかろうか。続いて、徳川昭武が、将軍・徳川慶喜の名代《よしのぶみょうだい》として、慶応遣仏《けんふつ》使節団一行三三名と共にフランス郵船アルフェ号で、二月一五日（一月一一日）に横浜を出港した。この時、フランス公使レオン・ロッシュが横浜へ見送りに来ていた。

第二回パリ万国博覧会は四月一日（二月二七日）に開会した。パリ万博は、日本が初めて正式に参加した国際博覧会で、徳川幕府と佐賀藩と薩摩藩が出展した。

幕府の慶応遣仏使節団は、四月一一日（三月七日）にパリに到着しグランドホテルに投宿した。そこへ、シャルル・ド・モンブランが「琉球王国パリ万博委員長」の名刺を持って訪れ、対応した駐仏公使の向山《むこうやま》栄五郎は、この肩書はどういうことか問いただした。確かめると、この名刺の出所は薩摩藩だった。薩摩藩は幕府に先んじて二月六日にパリに到着しており、佐賀藩のように幕府の下《もと》で日本国の一員としてではなく、独立国の如く独自に出展していた。

これに驚いた幕府は、フランス外務省アジア局長に申し入れたところ、博覧会と外交は別物で、博覧会の責任者より打合わせ会議への出席を促《うなが》された。そのため、幕府からは外国奉行支配組頭・田辺太一《やすかず》、薩摩藩からは使節兼博覧会御用・岩下方平《みちひら》とモンブランが四月一三日(三月九日)にパリ万博における日本側の出展について会談した。

会談の結果として、幕府と薩摩藩は隣り合っているものの、幕府の日本国に対して琉球薩摩国として別々の国の如く出展することとなった。それがために、幕府の国家主権を疑問視する記事をフランスの新聞に掲載されてしまった。その上に、薩摩の不注意な発言により、琉球に日本の主権が無いことも掲載されてしまった。

それで、博覧会での日本の様子はどうだったかというと、幕府と佐賀藩はあまり売れず少々の赤字だったし、薩摩藩は売れ行きが伸びず大赤字だった。それが、幕府の下《もと》で出店した浅草の商人・清水卯三郎が数寄屋造りの茶屋をしつらえて、三名の柳橋芸者(おすみ、おかね、おさと)にお茶を運ばせたり、独楽《こま》を回させたりしたことで、噂が噂を呼んで連日押すな押すなの大盛況となった。

幕府にはグランプリの金メダルが贈られ、徳川昭武が受け取った。一八六二年(文久二年)に開催されたロンドン万博に続いてジャポニズムを広めることとなった。

ロシアに話を移すと、遣露《けんろ》使節団の正使の小出秀実《ほずみ》が二月六日（一月二日）にロシアのアジア局長ピョートル・ストレモウホフと第一回目の会談を行なった。慶応遣露使節団一行は、ピョートル・ストレモウホフとの間で何度も交渉し、北緯五〇度を国境とすることを主張したが、結局、樺太における国境を画定《かくてい》することはできず、これまで通り両国での使用とされた。そして、三月三〇日（二月二五日）に日露間樺太島仮規則の仮調印を行なった。

京都では、広島藩の執政・石井修理《しゅり》が二月八日（一月四日）、老中首座・板倉勝静《かつきよ》に大政奉還の建白書を提出した。翌日には、武家伝奏の飛鳥井《あすかい》雅典にも提出した。孝明天皇崩御《ほうぎょ》直後のタイミングでのこの行動は意味深だが、幕閣は、幕藩体制を強化し大政奉還は拒否すべしと考えていた。

イギリスでは、幕府イギリス留学生らが二月一七日（一月一三日）に、新聞によりセント・マーチンヒル劇場で松井源水巡業団らが興行していることを知り出向くと、松井源水らは大いに喜び、興業は大盛況だと語った。その後、巡業団一行がパリに来ると、徳川昭武も出かけて行き、祝儀として金一〇両を下げ渡している。

アメリカとの動きを見てみよう。二月二七日（一月二三日）、慶応遣米使節団がアメリカ郵便船コロラド号で横浜を出港した。一行は正使が勘定吟味役の小野友五郎、副使が開成所頭取並の松本寿太夫で総勢九名だった。この使命の目的は、約一年前に納入された富士山丸以外の二隻の取消確認と精算の上に、既製の軍艦の別途購入と海軍、陸軍、勘定方の依頼による兵器、書籍類の購入などだった。

一行はアメリカ政府の特別列車でニューヨークより四月二六日（三月二二日）にワシントンに到着し、ウォルムレー・ホテルに落ちつくと、その日の夜、小野友五郎は万延遣米使節の咸臨丸《かんりん》で世話になったジョン・ブルックの訪問を受けた。ジョン・ブルックは、南北戦争で南軍の科学技術士官として勤務していた。南北戦争中に造られた軍艦や兵器の図面や模型を示して購入のための説明をしてくれた。

これを踏まえて、使節団一行は五月二日（三月二八日）にアメリカ国務長官ウィリアム・スワードを公式訪問し、老中連名の国務長官宛の公式書簡に英訳文を添えて渡した。

小野友五郎は五月一四日（四月一一日）、アメリカ陸軍総司令官ユリシーズ・グラントに会見し、一一インチのダールグレン砲とその台車、付属品一式や陸戦兵器としてスペンサー銃一〇〇〇挺、銅薬莢の製造機械、海軍用蒸気式消火ポンプも購入し、更には二万ドル相当の最新科学技術書も購入した。

ここに至《いた》るまでに、グラント総司令官が色々紹介するも、ジョン・ブルックが何度もホテルに来て説明してくれた的確な助言のおかげで、何を購入すべきか正しい選択をして素早く決めることが出来た。極《きわ》めつけは、アメリカ海軍省との交渉の末、実に欲しかった製鉄艦のストーンウォール号を購入できたことだった。

これで、ワシントンに到着して一ヶ月半程で目的を達成した使節団一行は、ニューヨークを六月一二日（五月一〇日）に出港し、来た時と逆行する航路を取って帰国の途に就《つ》いたのである。

ちなみに、使節団の何人かがニューヨークで興行していた帝国日本芸人一座と会っている。この頃の日本の曲芸のレベルは世界でもトップクラスで、行く先々で大盛況となり次々と渡航して興行したことで、欧米において日本人どうしの交流がたびたび見られるようになった。

その頃、国内においても外交政策は活発化していた。

フランス公使レオン・ロッシュが三月一一日（二月六日）、徳川慶喜《よしのぶ》と大坂城で会見し、兵庫開港を求めた。兵庫開港期日の一八六八年一月一日（慶応三年一二月七日）が一年以内に迫っても準備が進んでいない現状に、諸外国は苛立《いらだ》って来たのである。

徳川慶喜《よしのぶ》は、兵庫開港について三月二四日（二月一九日）に主要九藩に諮問《しもん》して藩主上洛を要請した。主要九藩とは、尾張藩、紀州藩、福井藩、薩摩藩、熊本藩、佐賀藩、鳥取藩、土佐藩、宇和島藩である。ちなみに、土佐、宇和島に比べて加賀藩、仙台藩、福岡藩、広島藩、岡山藩などの方が雄藩と言えるが、決めた基準は何だったのだろう。

翌日、ロッシュが徳川慶喜に再度謁見《えっけん》した。この時、デンマーク人でフランス海軍に仕官していたエドゥアルド・スエンソンも同行していて、スエンソンは江戸幕末滞在記で、徳川慶喜を非の打ち所のない国王と書いている。

徳川慶喜は、朝廷に兵庫開港の勅許《ちょっきょ》を四月九日（三月五日）、一六日（一二日）、二六日（二二日）の三度にわたり奏請《そうせい》したが、容《い》れる所とならなかった。徳川慶喜は兵庫開港が優先課題と考えたが、ままならなかったようである。思い出してみると、兵庫開港要求事件で一八六五年一一月（慶応元年一〇月）に孝明天皇の同意を得ていた。江戸時代では、前《さき》の天皇や将軍が決めたことは勝手に変更できないと思うのだが、何故もう一度協議するのだろうか。

そうしていると、イギリス公使ハリー・パークスが四月二九日（三月二五日）に徳川慶喜に謁見した。この時のイギリス公使館の面々は、徳川慶喜の風貌や人格など全てにおいて第一人者に相応《ふさわ》しい人物とベタ褒めしている。翌日、オランダ総領事ポルスブルックが徳川慶喜に謁見した。

五月二日（三月二八日）には、ロッシュが徳川慶喜に謁見した。翌日には、フランス軍事顧問団のシャルル・シャノワーヌとジュール・ブリュネが謁見した。シャノワーヌは、幕府陸軍の大規模な改革の必要性などについて述べた。これに対し徳川慶喜は、江戸で陸軍総裁・松平乗謨《のりかた》から承《うけたまわ》ること、必要経費は勘定奉行より支給すると回答した。改革を進めよということである。

五月四日（四月一日）には、アメリカ公使ヴォールクンバーグが徳川慶喜に謁見した。

このように、徳川慶喜は次々と各国公使たちと会い、諸外国と約束した一八六八年一月一日（慶応三年一二月七日）の兵庫開港を確約した。

いろは丸事件

土佐海援隊は大坂に物資を運ぶため五月二二日（四月一九日）に、大洲藩から借用契約していた約一五〇トンのいろは丸で長崎を出航したが、四日後の午後一一時頃、長崎に向かっていた紀州藩の約八八〇トンの明光丸と備中国笠岡諸島（現在の岡山県笠岡市）の六島沖南方付近で衝突した。

これで自力航行不能となったいろは丸は、風雨が激しくなった翌日の早朝に、鞆《とも》港（現在の福山市鞆地区）への曳航《えいこう》中に宇治島沖で沈没した。

ここで土佐藩士・坂本龍馬は、紀州藩は万国公法を知らないとの目算《もくさん》があり、万国公法をたてに交渉に引っ張り出せば自分の土俵で相撲がとれる。これで、紀州藩から多額の賠償金をせしめることを考えた。それで紀州側に、事故の交渉は現場近くで行なうのが国際ルールと鞆を指定した。

しかし、藩命を受けて長崎へ航行中だった明光丸は鞆へ立寄ることは避けたかったが、国際ルールをふりかざして一戦も辞さない覚悟で食い下がる坂本龍馬に根負けした。

衝突から五日後に鞆で交渉が始まった。実は、この事故で海援隊のいろは丸側に国際ルール上で重大なミスがあった。それは、二隻が正面衝突しそうになった場合、お互いに面舵《おもかじ》、つまり右折して回避することになっていたが、いろは丸は左折し、右折の明光丸に衝突した。

それが、万国公法に基づき非は明光丸にあると主張する坂本龍馬に、全て藩命に従うとする船長の高柳楠之助の言葉で、国際ルールを知らないことがはっきりすると、坂本龍馬は急場しのぎの一万両を要求して交渉は平行線をたどり、五月三〇日（四月二七日）に交渉が決裂すると、明光丸は長崎に向けて出港し、坂本龍馬は停泊中の長州藩船に乗り込み後を追った。

そして、交渉が六月一七日（五月一五日）より長崎で再開した。海援隊側は、銃火器三万五六〇〇両、金塊など四万七八〇〇両を積み込んでいたとして損害賠償を要求した。これに対して紀州側は幕府の公裁を仰ぐべきと反論するのみだった。

そうすると、紀州藩の勘定奉行・茂田《しげた》一次郎《かずじろう》は坂本龍馬との交渉を避け、土佐藩参政・後藤象二郎《しょうじろう》と交渉にあたったが、このころ貿易の重要性を認識して坂本龍馬と急接近中だった後藤象二郎が紀州の申し出に乗るはずもなく交渉は決裂した。

そこで、紀州藩にイギリスへの渡航経験を持つ薩摩藩士・五代才助を紹介した。これにより六月二八日（五月二六日）に決着した。五代才助は密貿易で坂本龍馬とも親しく、薩摩、土佐両藩ともに討幕に向けて結びつきを強めていたときだけに見事な連携だった。これにより、紀州藩が賠償金七万両を支払うことで決着した。

何とか収まったように思える今回の交渉だが、二〇〇六年（平成一八年）に鞆《とも》の沖の海底に眠るいろは丸を潜水調査した際に、安物と思われる古伊万里焼の茶碗の破片などが大量に発見されたが、坂本龍馬が主張した銃火器は見つからなかったし、金塊も見つかっていない。

つまり、銃火器や金塊は、坂本龍馬お得意のハッタリであろう。それにしても、法の上に眠るものは救われずとは言え、ここまでやると詐欺そのものである。

四侯会議と赤松小三郎の口上書

そんな中で、薩摩藩士・大久保一蔵が二月一九日（一月一五日）、謹慎となっている岩倉具視《ともみ》に討幕に関しての書簡を送った。岩倉具視も討幕を考えるようになったが、時期尚早として自重するよう返書した。

その一方で、薩摩藩士・西郷吉之助は将軍・徳川慶喜《よしのぶ》が勅許《ちょっきょ》を得ずとも神戸開港は条約通り行なうと表明したことで、四侯《しこう》会議をもって阻止すべく島津久光に上申のために帰郷することとし、京都を出発して三月六日（二月一日）に鹿児島に到着し、島津久光に謁見《えっけん》して上申し同意を得た。

続いて西郷吉之助は土佐に来て、土佐藩士・福岡藤次が陪席する中で前藩主・山内容堂《ようどう》と三月二二日（二月一七日）に会見し、承諾《しょうだく》を得た。そこで、亀山社中を土佐藩の外郭組織とすべく請願している。そもそも亀山社中は赤字続きで、薩摩藩は毎月一名あたり三両二分を払っていて、その上にならず者ばかりで気苦労も多い。土佐藩士が多いことより土佐藩に引き取ってもらって厄介払《やっかいばら》いしたのである。その後、西郷吉之助は三月二九日（二月二四日）、前宇和島藩主の伊達宗城《むねなり》に謁見して上申し同意を得た。

薩摩藩国父・島津久光は、四侯会議のために総勢約七〇〇名の兵を従えて、五月一五日（四月一二日）に京都に到着した。三日後には前宇和島藩主・伊達宗城が、この翌日には前福井藩主・松平春嶽《しゅんがく》が入京した。松平春嶽は、薩摩藩士・小松帯刀《たてわき》に説得されていた。

上洛した島津久光、松平春嶽《しゅんがく》、伊達宗城《むねなり》が五月二四日（四月二一日）に、薩摩藩邸で神戸開港問題について協議した。これは、徳川慶喜《よしのぶ》の開国政策を止めようと画策《かくさく》するための確認と調整であろう。

そんな日に、土佐藩士・中岡慎太郎が十津川郷士・前田雅楽《うた》と共に洛北に滞在している岩倉具視《ともみ》に会った。これは、土佐藩士・大橋慎三が一八六六年（慶応二年）に上洛して岩倉具視に面会し、見識の高さに驚いて中岡慎太郎に紹介したとされている。見識が高いと言っても、岩倉具視は国政は素人で国際情勢には疎《うと》く外交も未経験だが、策士の中川宮《なかがわのみや》も認める策士である。岩倉具視は朝廷が指示し幕府が実務を行なえばいいと考えていたが、討幕に考え直し、その方法論が志士たちにとっては絶妙に思えただけではなかろうか。

そうしていると、前土佐藩主・山内容堂《ようどう》が六月三日（五月一日）に上京し、四侯《しこう》会議のメンバーが全員揃《そろ》った。第一回目の四侯会議が、六月六日（五月四日）に福井藩邸で行なわれ、山内容堂、伊達宗城、松平春嶽、島津久光が対談した。議題は、朝廷の人事、長州処分の問題、兵庫開港の問題で、四侯連携の下で徳川慶喜と協議することを確認した。

幕府も、六月一四日（五月一二日）に幕政改革を行なった。内容は現職老中の人事で、松平康英が会計総裁、小笠原長行《ながみち》が海外事務総裁、稲葉正邦が国内事務総裁、稲葉正巳《まさみ》が海軍総裁、松平乗謨《のりかた》が陸軍総裁となった。これまでの老中制度は、勝手掛《かってがかり》と外国掛だけが専従制であとは連帯責任制だったが、全官職を専従制にした。

海軍総裁は海軍大臣、陸軍総裁は陸軍大臣、海外事務総裁は外務大臣と理解できるが、会計総裁は、財務大臣と年貢米のことより農政にも関わる総理大臣といったところで、国内事務総裁は、町奉行などの法務大臣や普請奉行管轄の建設大臣に該当し職掌範囲は広いようである。おおざっぱだが、欧米の政府を参考にして近代化へ前進していたと思われる。

この翌日、外国奉行・柴田剛中《たけなか》が大坂町奉行に異動した。これは、大坂町奉行としての仕事のためというよりも、兵庫開港に向けて、摂津国八部郡二茶屋村（現在の神戸市中央区元町通五丁目）にあった善福寺を宿所とし、運上所や埠頭《ふとう》、居留地の造成、西国往還の付け替え工事などを進めるためである。

さて、第五回四候会議が、六月一六日（五月一四日）に二条城で開かれ、徳川慶喜、山内容堂、伊達宗城、松平春嶽、島津久光が対談した。徳川慶喜を交えては初めての会議である。

徳川慶喜は、兵庫開港に向けての勅許《ちょっきょ》獲得の周旋を依頼した。島津久光は、長州藩主父子の冠位復旧と幕府の反省が優先され、その後に、全国の諸侯による会議で開港勅許を協議すべきだと主張した。これに対して山内容堂は、王政復古を説き、長州藩主父子の冠位復旧と開港勅許は同時に行なうべきだと主張した。この頃には、国政は朝廷に一本化する考えが主流となっていた。

第七回四候会議が二条城で開かれた六月二一日（五月一九日）、上田藩士・赤松小三郎が松平春嶽に「御改正之一二端奉中候口上書」を提出した。この建白書には、松平春嶽の「続再夢紀事」に全文が転写されている。その内容は、七ヶ条からなる憲法構想で、『赤松小三郎ともう一つの明治維新』の著者の関良基《よしき》氏によると、前年に福沢諭吉が出版した『西洋事情』の影響が大きいそうだが、近代国家を目指して民主化を考慮したもので、この時代のものでは秀逸である。

日付が不明だが、島津久光にも「数件御改正之一二端奉中候口上書」を提出している。この建白書は、鹿児島県歴史資料センター黎明館《れいめいかん》に所蔵されていて、赤松小三郎直筆の原本と推測される。

それから、歴史作家の桐野作人《さくじん》氏が、盛岡藩の記録「慶応丁卯雑記《けいおうていおうざっき》」に、赤松小三郎が幕府に提出した建白書として、「御改正口上書」の全文が転写されているものを発見した。これには「赤松小太郎卯五月幕府え建白」と書かれていて、「小太郎」は転記ミスと考えられ、「卯五月」とは、慶応三年が干支《かんし》（えと）が丁《てい》卯《ぼう》（ひのと・う）の年にあたり、十干《じっかん》を省いて十二支のみ記載したもので、一八六七年六月（慶応三年五月）に提出されたことが確認できる。

第八回四候《しこう》会議が六月二三日（五月二一日）に二条城で開催され、徳川慶喜《よしのぶ》、伊達宗城《むねなり》、松平春嶽《しゅんがく》、島津久光が対談し、山内容堂《ようどう》は欠席した。

ここで薩摩藩は、これを機に幕府から雄藩連合側へ主導権を奪取し、朝廷を中心とした公武一和の政治体制へ変革しようと図ったが、その一方で、徳川慶喜は幕藩体制の強化と近代化を主張して譲らなかった。これまた、島津久光は徳川慶喜に敗れた。

傍若無人な尊攘過激派の長州勢を京都から追放し、国政を牛耳《ぎゅうじ》ろうとしていた薩摩や島津久光も退《しりぞ》けて、徳川慶喜が強い将軍となって国政を取り仕切り、旧来の徳川幕府がよみがえる兆《きざ》しが見えてきたのである。

そんな中で、近代国家を目指して民主化を考慮した赤松小三郎の建白書は、その後の政策に影響したのだろうか。

第六章　討幕同盟から江戸城無血開城まで

六―一　討幕同盟とイカルス号事件

土佐藩浪士・中岡慎太郎の手紙により、土佐藩士・乾《いぬい》退助が広島藩士・船越洋之助、土佐藩士・福岡藤次らと京都の料亭の近安楼で六月二〇日（五月一八日）、武力討幕について密談した。この手紙の内容は、一ヶ月前に会談した岩倉具視《ともみ》のアドバイスではなかろうか。これを受け、京都の小松帯刀《たてわき》邸において、土佐藩士・毛利恭助、谷中太郎、乾退助と薩摩藩士・小松帯刀、吉井幸輔、西郷吉之助らが会談し、六月二三日（五月二一日）に薩土《さつど》密約を結んだ。

翌日、乾退助は前土佐藩主・山内容堂《ようどう》に拝謁し、時勢が武力討幕へ向かっていることを説いて薩土密約の内容を報告した。山内容堂は大坂でアルミニー銃三〇〇挺の購入を許可し、帰国するため六月二九日（五月二七日）に京都を出発した。乾退助は、大坂でアルミニー銃三〇〇挺を購入し山内容堂に同行した。山内容堂は佐幕派だが、討幕派に対峙《たいじ》するためにも最新兵器は必要と考えてのものだろうか。

ここで押さえておきたいのが、幕末には各藩同士の同盟が結ばれているが、たいていは一部の藩士たちだけの同盟であって、藩主や家老などの多くの藩の重臣たちが蚊帳《かや》の外では、藩同士の正式な同盟とは言い難《がた》いということである。

そうしている間に、中川宮《なかがわのみや》、山階宮《やましなのみや》、摂政・二条斉敬《なりゆき》、前関白・鷹司輔煕《すけひろ》、左大臣・九条道孝、内大臣・近衛忠房、権大納言《ごんのだいなごん》・一条実良《さねよし》、鷹司輔政《すけまさ》、議奏・正親町三条実愛《おおぎまちさんじょうさねなる》、長谷《ながたに》信篤、将軍・徳川慶喜《よしのぶ》、老中・板倉勝静《かつきよ》、稲葉正邦、若年寄・大河内正質《まさただ》、京都所司代・松平定敬《さだあき》、前福井藩主・松平春嶽《しゅんがく》、前宇和島藩主・伊達宗城《むねなり》らが六月二五日（五月二三日）に参内して朝議を開き、夜を徹しての激論の末に、徳川慶喜の主張が通り兵庫開港と長州寛典論《かんてんろん》を奏請《そうせい》し、明治天皇の勅許《ちょっきょ》を獲得した。

そんな中で、佐賀藩士・大隈重信と副島種臣《そえじまたねおみ》が、徳川慶喜に大政奉還を勧めることを計画し、脱藩して京都へ赴《おもむ》いたが、捕縛の上に佐賀に送還された。佐賀藩士では珍しく暴発した一例だが、この頃には、幕府は政権を朝廷に返上して国政を一本化すべきと考える者が全国中に数多くいたのである。脱藩の罪は重いものになるが、藩主から、二人は佐賀藩にとって必要な人物として一ヶ月の謹慎処分で済んだ。

すると、イギリス軍艦サーペント号が新潟に来航し、艦長のブロックが七月三日（六月二日）に願随寺で新潟奉行所の役人と会見した。新潟開港にも各国が興味を示してきたようである。

兵庫に話を移すと、勘定奉行・小栗忠順《ただまさ》と塚原昌義の建議による日本初の株式会社である兵庫商社が七月六日（六月五日）に設立された。関税が概《おおむ》ね二〇％の時には貿易黒字だったものが、一律五％になると、小資本の日本の商店は外国の大資本の商社に敵《かな》わず貿易赤字となった。この解決策として、兵庫開港に向けて資本統合された貿易商社を組織したのである。それればかりか小栗忠順は、兵庫商社の建議書に、商社による利益を使ってガス灯、郵便局、鉄道の設置を提案していたのである。

それが、薩摩藩士・西郷吉之助はイギリス公使ハリー・パークスに、兵庫商社はイギリスの貿易利益を損なわせるとけしかけている。幕府に対する敵愾心《てきがいしん》ばかりで、日本のためにならない視野の狭い言動である。

そんな中で、アメリカ公使ヴォールクンバーグがアメリカ軍艦シャナドー号で新潟に来航し、新潟奉行・白石千別《ちわき》と七月一二日（六月一一日）に会見した。

四日後、土佐藩参政の後藤象二郎《しょうじろう》が京都に到着した。これは、四侯《しこう》会議に出席している山内容堂《ようどう》に会って大政奉還論を説くためだったが、四侯会議は崩壊し、山内容堂は土佐に向けて京都を後にしていた。

そうすると、後藤象二郎は七月二二日（六月二〇日）に薩摩藩家老・小松帯刀《たてわき》を訪ねて大政奉還の建白を打診した。小松帯刀が賛同し、薩摩と土佐で同盟を結ぶ話に発展した。二日後、薩摩から小松帯刀、大久保一蔵、西郷吉之助の三名が、土佐から後藤象二郎、福岡藤次、寺村左膳、真辺栄三郎の四名が出席して薩土盟約を締結した。

そうした時に、広島藩家老・辻将曹《しょうそう》が小松帯刀と会談した。小松帯刀は、後藤象二郎を推薦して芸薩土《げいさつど》盟約を結んだ。ここで後藤象二郎は、藩兵一〇〇〇名を出陣させると約束すると、八月二日（七月三日）には真辺栄三郎、寺村左膳を伴って土佐に向けて京都を発《た》った。

この日、イギリス公使ハリー・パークスがイギリス軍艦バシリスク号で新潟に来港した。パークスは市中を視察して白石千別と会談した。さらに、フランス軍艦ラプラース号が新潟へ来航し、艦長のアメットが八月八日（七月九日）に勝楽寺で白石千別と会見した。

八月一三日（七月一四日）、三河吉田宿で最初の「ええじゃないか」のお札が降った。これは、「天から神符が降ってくる、これは慶事の前触れだ」という話が広まるとともに、民衆が仮装して、囃子《はやし》言葉の「ええじゃないか」等を連呼しながら集団で町々を巡って熱狂的に踊ったもので、翌年春頃まで、主に近畿、四国、東海地方などで発生した騒動である。これは過去にも何度か起こった騒動で、これを知る者が意図的に広めていたとしたら、尊攘過激派には神官もいたしその辺の工作活動とも考えられるが、どうであろう。

また、幕府の近代化は粛々《しゅくしゅく》と進んでいた。九月六日（八月九日）、外国人宿泊客向けの築地ホテル館建設工事が着工した。これは、江戸開市に伴い江戸に滞在する外国人が増えることを見越して、パークスがホテル建設を要請したもので、横浜外国人居留地に土木建築事務所を開設していたアメリカ人のリチャード・ブリジェンスが設計し、建設工事は勘定奉行・小栗忠順《ただまさ》が担当した。

小栗忠順は、「民間でこれを行なうものがあれば土地は幕府が無償で提供し、資金は民間から資本を募《つの》り、利益を出資金に応じて分配する」とした。これは株式会社の考え方で、この頃にこの仕組みを運用できる日本人は小栗忠順ぐらいだろう。これに応じたのが、清水組（清水建設の前身）の二代目、清水喜助である。これは翌年の一八六八年九月二五日（慶応四年八月一〇日）に完成した。

明治になって総理大臣を歴任した大隈重信は「明治政府の近代化政策は、小栗忠順の模倣に過ぎない」と語ったとされるが、近代化の基礎は幕府が築いていたのである。

イカルス号事件と芸長薩土の動き

長崎に話を移すと、福岡藩士ら九名が八月五日（七月六日）に夕涼みの散歩に出て丸山遊郭に入ると、イギリス軍艦イカルス号の水兵二名が泥酔して寝込んでいた。何を思ったのか、金子才吉が二名に斬りかかり殺害して立ち去った。同行していた八名も何も分からず走り去った。

二日後、金子才吉は福岡藩の兵舎である水ノ浦の屯営所を訪れ、藩の重役にイギリス水兵殺害の犯人は自分だと告白し、隙《すき》を見て割腹自殺した。福岡藩は、当夜同行した者は福岡へ帰し、このことを厳重に隠蔽した。これをイカルス号事件という。

新潟より加賀藩を訪れていたパークスは陸路で大坂に移動し、イカルス号事件の情報により長崎に赴《おもむ》くと、犯行は土佐海援隊の仕業だとの噂が広まっていた。これにより、パークスは大坂へ再度移動して老中・板倉勝静《かつきよ》とこの事件について会談した。会談を受け、パークスは犯罪者を追及し処罰を決めるため、土佐の須崎港に九月三日（八月六日）に入港するも、事件の談判を二度行なったが結論が出ず、後の処理を通訳のアーネスト・サトウに託して、三日後に土佐を出港した。

アーネスト・サトウは九月八日（八月一一日）に前土佐藩主・山内容堂《ようどう》と高知城下の開成館で会見したが、なにも判明せず、アーネスト・サトウは現地調査のため、翌日には土佐藩所有の夕顔丸で長崎に向けて須崎港を出港した。

長崎に到着すると、海援隊には無法者が多く頻繁《ひんぱん》に騒動を起こしていたことと、事件直後に海援隊の船が出港したことで、犯人を薩摩に逃がしたと噂になっていた。土佐藩下目付・岡内俊太郎が調査のため薩摩に赴いたが、その報告では海援隊に繋《つな》がる証拠は得られず、アーネスト・サトウは一〇月一六日（九月一九日）に横浜に戻っていった。

この時、坂本龍馬は岡内俊太郎に薩摩製の贋金《にせがね》を入手するよう頼んでおり、これを藩に届けて贋金鋳造を上申するよう勧めた。坂本龍馬は早くから贋金鋳造を考えており、薩摩にたびたび赴《おもむ》いても何も分からなかったが、岡内俊太郎が訪れた時には、英語学教授として薩摩に招聘《しょうへい》されていた土佐藩士・中浜万次郎の人伝《づ》てで手に入れることが出来たのである。

土佐藩はこれをきっかけに贋金《にせがね》鋳造を始めたようだが、幕末に贋金を造っていた藩は、土佐藩以外に、福岡藩、久留米藩、豊後岡藩、広島藩、長州藩、宇和島藩、加賀藩、水戸藩、会津藩、陸奥二本松藩、仙台藩、盛岡藩、秋田藩、出羽久保田藩などが判明している。やはり、幕末に起きたインフレは贋金の影響が大きかったのではなかろうか。

京都に話を移すと、上田藩士・赤松小三郎が国許《くにもと》へ帰る前日の九月三〇日(九月三日)に下京区東洞院通五条下ル西側和泉町で暗殺された。犯人は薩摩藩士・中村半次郎と田代五郎左衛門らである。赤松小三郎は、一八六六年(慶応二年)より京都で私塾を開き英国式兵学を教えていた。門下生には、薩摩、熊本、会津、福井、大垣などの各藩士から新撰組の隊士までが含まれており、更に薩摩藩から兵学教授として招聘《しょうへい》されて、薩摩藩邸で約八〇〇名を教え藩士たちの練兵も行なっていた。

薩摩藩士の書簡などから、幕府のスパイと勘違いされたことが分かり、西郷吉之助や大久保一蔵などが首謀者ではないかと言われている。

そんな中で、上京してきた土佐藩参政の後藤象二郎《しょうじろう》が、一〇月四日(九月七日)に薩摩藩邸に家老の小松帯刀《たてわき》を訪ねると、小松帯刀は薩土盟約の破棄《はき》を伝えた。その理由は、土佐藩では藩論を大政奉還に決定したが出兵は決定せず、後藤象二郎は、前藩主・山内容堂《ようどう》の建白書《けんぱくしょ》だけを持って高知を出発し、一〇〇〇名の藩兵を上洛させると豪語しておきながら、これを実行しなかったことである。

三日後、広島藩家老・辻将曹《しょうそう》が薩摩藩邸を訪ねると、小松帯刀は芸薩土での討幕計画で土佐の参加が難しいことにより、長州を入れて芸長薩《げいちょうさつ》による武力討幕にすべきと主張した。これで、辻将曹は長州の参加は了解するも、武力は大政奉還を迫るためのもので、結実すれば王政復古を発して新政府を樹立すべきだと訴《うった》えた。議論の末に小松帯刀はこれに賛同した。

そこで二人は、芸長薩同盟を結ぶため長州に向けて説明役を派遣することとし、広島藩士・植田乙次郎《おとじろう》、薩摩藩士・大久保一蔵らが山口で長州藩士・木戸準一郎（貫治より改名）らと芸長薩盟約の詳細を協議し、一〇月一七日（九月二〇日）に合意した。

この翌日、薩摩藩国父・島津久光が病気療養のため鹿児島に到着した。京都で体調を崩した島津久光は六日前に大坂を出航していたが、明治になると大久保や西郷が勝手にやったことだと言って激怒している。どうやら島津久光は同盟など一連のことは知らなかったとみられる。

土佐では坂本龍馬が一〇月二一日（九月二四日）に土佐・浦戸村に上陸し、翌日、家老の渡辺弥久馬や大目付の本山只一郎を通じて、藩に対して乾《いぬい》退助の武力討幕に藩論を統一し、ライフル銃一三〇〇挺の購入を薦《すす》めた。これは、馬関《ばかん》にいた木戸準一郎より長崎にいた坂本龍馬宛の一〇月一日（九月四日）付の手紙に、乾退助の武力討幕が必要だと綴《つづ》られていた。

これに賛同した坂本龍馬は、ライフル銃一三〇〇挺を購入して馬関に来て、山口にいた木戸準一郎に宛てた一〇月一七日（九月二〇日）付の手紙に、後藤象二郎の大政奉還論ではなく、乾退助の武力討幕論に賛同すると書いていた。そこで、土佐藩主・山内豊範《とよのり》の小銃購入会議が一〇月二四日（九月二七日）に開かれて購入に決定し、坂本龍馬に慰労金五〇両が下賜《かし》された。二日後、坂本龍馬は浦戸を出港した。しかし、藩の実権を握っている前藩主・山内容堂が参加していないことが気に掛かる。

薩摩藩では、島津久光や多くの藩士は佐幕派で討幕の出兵には反対者が多く、藩内での意志統一が図《はか》れなかったため出兵することが出来なかった。そのために、出発直前に芸長薩による計画が万事休すとなったのである。

そんな中で、土佐藩参政・後藤象二郎《しょうじろう》が一〇月二八日（一〇月二日）に、大政奉還の建白書を老中首座・板倉勝静《かつきよ》に提出した。ここでは、三藩出兵により武力を持って将軍・徳川慶喜《よしのぶ》に大政奉還を迫り結実させて、王政復古の大号令を発して新政府を樹立する計画だったが、後藤象二郎の行為は抜け駆けである。

この時点での討幕とは、幕府は消滅するが、徳川家は諸侯と同格となり、天皇の下での朝議に出席して国政に参加出来ると考えられていた。

六―二　討幕への謀略の混乱から挙兵上洛まで

薩摩藩士・大久保一蔵と長州藩士・品川弥二郎が一〇月三一日（一〇月六日）に、愛宕郡岩倉村（現在の京都市左京区岩倉）にある中御門経之《なかのみかどつねゆき》の別邸で岩倉具視《ともみ》と会見し、王政復古の偽の詔勅《しょうちょく》と職制案と、岩倉具視の腹心の国学者・玉松操《みさお》がデザインした錦旗の図案を受け取った。錦旗は、大久保一蔵が半分を京都の薩摩藩邸で、もう半分は品川弥二郎が材料を長州に持ち帰って仕立てた。

また、「トンヤレ節」と言われる歌も作られ、作詞が品川弥二郎、作曲が大村益次郎とされているが、作曲者は品川弥二郎と親しかった祇園の芸妓の中西君尾《きみお》という説もあり、作詞作曲者が誰なのか確証はないようである。この歌は、当時の日本人ならついつい口ずさむような調子だった。

それにしても、岩倉具視は国政の経験も外交経験もなく国際情勢にも疎《うと》かったが、プロパガンダについては策士だったようで、勤皇の志士らが秀逸《しゅういつ》と思ったのはこの辺だろう。

そうしていると、広島藩は老中首座・板倉勝静に二回目の大政奉還の建白書を一〇月三日（一〇月六日）に提出した。これは、後藤象二郎の裏切りに憤慨《ふんがい》して建白はしたものの、薩摩の出兵不可で次の手が打てず計画は仕切り直しとなった。

二日後、薩摩藩邸で芸長薩による討幕の密議が行なわれた。薩摩は、島津久光をはじめ佐幕派が支配的で討幕の兵を挙げるのに苦慮していて、偽《にせ》の勅書《ちょくしょ》でも持ち帰れればと願った。すると長州も欲しがったため、広島藩が根回しをして、植田乙次郎《おとじろう》、大久保一蔵、広沢兵助が、中山忠能《ただやす》、正親町三条実愛《おおぎまちさんじょうさねなる》、中御門経之と面会し、討幕の宣旨《せんじ》降下を要請した。

江戸に話を移すと、薩摩藩邸で伊牟田《いむた》尚平、相楽《さがら》総三、益満《ますみつ》休之助らが一一月四日（一〇月一〇日）に決起集会を開いた。これは、西郷吉之助の密命を帯びて、江戸薩摩藩邸を本拠地として集められた約五〇〇名の浪人により、江戸町内を意図的に混乱させる工作活動で、主な活動は、何の罪もない江戸町民に対して強盗、辻斬り、放火、強姦を行なうことだった。

その一方で、将軍・徳川慶喜が一一月七日（一〇月一三日）に、オランダ留学より帰国していた目付・西周助に、イギリスの議院制度について諮問《しもん》し、ナポレオン三世への親書の書き方についても相談した。これは、徳川慶喜が国家元首として議会を制定し、国を治めるための行動である。もしかすると、赤松小三郎の建白書の影響だろうか。

この日、薩摩に討幕の密勅《みっちょく》が下り、翌日には長州に下りた。いずれも中御門経之、中山忠能、正親町三条実愛の署名があったが、明治天皇の御画日《ごかくじつ》も御画可《ごかくか》も欠き、摂政《せっしょう》・二条斉敬《なりゆき》の手も経《へ》ていない偽物だった。これについては明治の中頃に正親町三条実愛《おおぎまちさんじょうさねなる》が、討幕の密勅は二条摂政にも賀陽宮《かやのみや》（中川宮《なかがわのみや》）にも極秘で、自分と中御門経之《なかみかどつねゆき》、中山忠能《ただやす》、岩倉具視《ともみ》だけが知っていたと証言している。

大政奉還と挙兵上京の動き

そうすると、世に言う大政奉還が一一月八日（一〇月一四日）に朝廷に提出された。二条斉敬らは困惑したが、薩摩藩士・小松帯刀《たてわき》や土佐藩士・後藤象二郎《しょうじろう》らが周旋して、翌日、徳川慶喜《よしのぶ》を加えた朝議で勅許《ちょっきょ》の沙汰書《さたしょ》が授けられた。

大政奉還の現代語訳の一部を紹介する。

陛下の臣たる慶喜が、皇国の時運の沿革を考えたところ、朝廷の権力が衰え藤原氏が政権を執《と》り、保元の乱と平治の乱で政権が武家に移って、徳川家康に至《いた》って更なる寵愛を賜《たまわ》り、二百年余りも子孫がそれを受け継いできた。

そして私がその職を奉じて参りましたが、政治の当《まと》を得ないことが少なくなく、今日の形勢に立ち至ってしまったのも、ひとえに私の不徳の致すところ、慙愧《ざんき》に堪えない次第です。

最近では外交が盛んとなり、権力を一つとしなければ国が成り立たないため、旧習を改めて政権を朝廷に返し、広く天下の公議を尽くした上で天皇の決断を仰ぎ、皆心を一つにして協力し、共に皇国を守っていったならば、万国と並び立つことが出来ると存じます。

私が国家に貢献できることは、これに尽きるのですが、今後についての意見があれば申し聞く旨《むね》、諸侯へは通達しておきます。以上、本件について謹んで奏上いたします。

ここで徳川慶喜は「諸侯に通達しておきます」と断《ことわ》っている。朝廷と諸侯との間を取り持つのは自分だと表明し、自らが朝廷に乗り込み旧習を改めて政令が一途に出るよう望んでいた。それならば、これは大政奉還ではなく政権奉帰で、討幕の密勅の情報を得たことで、幕府を消滅させて武力討幕派の気勢を削ぎ武力衝突を回避しながら政権の安定を図《はか》るねらいだったのだ。

政権奉帰の急報は、一一月一三日（一〇月一九日）に江戸に到達した。これで大騒ぎとなり、撒兵隊頭並・秋山鉄太郎が撒兵隊一大隊を率《ひき》いて出陣した。これ以降、遊撃隊、陸軍歩兵隊、伝習歩兵隊などの幕臣たちが京大坂に続々と出陣していった。

その一方で、薩摩藩士・小松帯刀、大久保一蔵、西郷吉之助、長州藩士・広沢兵助、福田侠兵《きょうへい》、品川弥二郎の武力討幕派六名が一一月一三日（一〇月一九日）に、討幕の偽勅を持ち広島藩の軍艦万年丸で大坂を出港した。三日後に山口に到着して、長州藩士・木戸準一郎と会談し討幕挙兵を進めるべく再確認をした。翌日、毛利敬親《たかちか》、広封《ひろあつ》父子に拝謁し、討幕の偽勅を提示して上洛出兵を要望した。

同盟関係にある広島藩士・寺川文之進が福井に向けて一一月一七日（一〇月二三日）に広島を発《た》った。寺川文之進は、松平春嶽《しゅんがく》に会って広島藩主の書簡を渡し、新たな王政の国事への尽力を嘆願した。これを承諾《しょうだく》した一一月二三日（一〇月二九日）付の松平春嶽の返書が現存する。広島藩士・寺尾生十郎は土佐へ向けて出発していた。

その一方で、徳川慶喜は一一月一八日（一〇月二四日）、京都所司代・松平定敬《さだあき》に命じて、将軍職辞退の上書を提出させた。ここで注目すべきは、徳川慶喜《よしのぶ》は征夷大将軍であり内大臣だが、内大臣は辞任していないことである。征夷大将軍は一将軍だが、内大臣は太政《だじょう》大臣、左大臣、右大臣に次ぐ朝廷の役職で、徳川慶喜は内大臣に留《とど》まり国政を治めるつもりでいた。しかし、朝廷は徳川慶喜の将軍職辞退の要請を却下した。

翌日、朝廷から要請を受けた元尾張藩主・徳川慶勝《よしかつ》が上洛し着陣した。これは、広島藩が福井藩や土佐藩にしたように直接依頼せず、朝廷を介したものだろうか。

そうしていると、薩摩藩士・小松帯刀《たてわき》らの持参した討幕の偽勅により、薩摩藩主・島津茂久《もちひさ》が一一月二三日（一〇月二八日）に率兵上洛を了承した。この時、佐幕派の島津久光は病床の床にあり、一人蚊帳《かや》の外だったと思われる。

二日後、広島藩主の世子の浅野茂勲《もちこと》が藩船で一一月二四日（一〇月三〇日）に岩国港に赴《おもむ》いた。朝敵で領外へ出られない長州藩主の世子の毛利広封《ひろあつ》と付人の藩士・木戸準一郎らと直接会談を行ない、政変に向けてバックアップを約束し協力を要請した。藩主の世子は老齢の藩主の代理で、そういうことならば芸長同盟が藩に認められているということである。

そんな中、幕府の依頼により、イギリス海軍顧問団のリチャード・トレーシー中佐以下一二名の士官が来日した。これで、陸軍はフランス、海軍はイギリスと体裁は整ったが、政変の時だけに複雑である。

芸長薩土四藩同盟

一一月二八日（一一月三日）、各藩士たちが変装して御手洗《みたらい》（現在の広島県呉市大崎下島）の隣村の大長村にある新谷《にいや》道太郎の実家である本徳寺の客殿に現れた。御手洗は、風待ち潮待ちで江戸中期より繁栄した港町で、大坂に連動した米相場が出来て西国一七藩の船宿があり、お茶屋が四軒あった。遊郭だった若胡子屋《わかえびす》の拝観に、長岡藩士・河井継之助《つぎのすけ》、鳥取藩士・河田左久馬、土佐藩士・中岡慎太郎、坂本龍馬、長州藩士・木戸準一郎、高杉晋作、吉田松陰《しょういん》らの記録がある。幕末の志士たちは京都や長崎ではもっぱら酒と女と殺人テロだったが、ここでも羽根を伸ばしていたようで、四藩にとっては集合しやすい場所だったのである。

このメンバーは、広島藩は池田徳太郎、船越洋之助、加藤種之助、高橋大義、新谷道太郎、長州藩は木戸準一郎、大村益次郎、山縣《やまがた》狂介、山田市之丞、土佐藩は後藤象二郎《しょうじろう》、坂本龍馬、薩摩藩は大山格之助、大久保一蔵で、この日は会合を行なわず宴会を催《もよお》した。

翌日より会合を開き、一二月二日(一一月七日)、政変に向けて、広島藩、長州藩、薩摩藩、土佐藩の芸長薩土四藩同盟が結ばれた。この時に示されたと思われる下記の新政府綱領八策《しんせいふようりょうはっさく》がある。

第一義　天下有名ノ人材を招致《しょうち》シ顧問ニ供フ
第二義　有材ノ諸侯ヲ撰用シ朝廷ノ官爵《かんしゃく》ヲ賜《たま》イ現今有名無実ノ官ヲ除ク
第三義　外国ノ交際ヲ議定《ぎじょう》ス
第四義　律令《りつりょう》ヲ撰シ新タニ無窮《むきゅう》ノ大典《たいてん》ヲ定ム律令既《すで》ニ定レバ諸侯伯皆此《これ》ヲ奉ジテ部下ヲ率ユ
第五義　上下議政所
第六義　海陸軍局
第七義　親兵

第八義　皇国今日ノ金銀物価ヲ外国ト平均ス
右預メ二三ノ明眼士ト議定シ諸侯会盟ノ日ヲ待ツテ云云　〇〇〇自ラ盟主ト為リ此ヲ以テ朝廷ニ奉《たてまつ》リ始テ天下萬民ニ公布云云　強抗非礼公議ニ違フ者ハ断然《だんぜん》征討ス権門《けんもん》貴族《きぞく》モ貸借《たいしゃく》スル事ナシ慶応丁卯《ていぼう》十一月　坂本直柔《なおなり》

これは、新政府設立後の政治綱領であり、坂本龍馬自筆本が国立国会図書館と下関市立長府博物館所蔵の二枚が残っている。ここでの日付の慶応丁卯十一月は慶応三年一一月で、坂本龍馬は通称ではなく本名を記載しているが、慶応三年一一月一五日に近江屋で暗殺されており、慶応三年一一月一日から一五日の間に書かれたことになる。

しかし、大掴《づか》み過ぎて理解しづらい内容で、どう見ても未完成と思われる。これは私の想像だが、土佐藩参政・後藤象二郎《しょうじろう》が、懇意《こんい》にしていたイギリス公使館書記官のミットフォードなどから、イギリス政府について聞いてまとめたものを、坂本龍馬に書かせたものではなかろうか。この後に紛失などで他に知れて藩重役の後藤象二郎の名前が記載されていると藩に嫌疑《けんぎ》がかかるため、郷士でお尋ね者の坂本龍馬ならトカゲのしっぽ切りで済まされると考えたと思うが、どうであろう。

それよりも、これを見ると船中八策《せんちゅうはっさく》を思い浮かべる人も多いのだろうが、そもそも船中八策は存在したのか調べてみると、土佐出身の坂崎紫瀾《しらん》が一八八三年（明治一六年）に、それまで無名だった坂本龍馬を題材とした「汗血千里駒」なる小説の連載を土陽新聞（高知新聞の前身）に掲載すると評判となり、大阪の出版社で単行本として出版されて全国に広まった。

坂崎紫瀾は、板垣退助の自由民権運動にも関わっていて、明治政府で薩長出身者が主導権を握っている中で、土佐出身の英雄を創ってイメージアップを考えたものだろうか。しかし、坂崎紫瀾は船中八策には触れていない。船中八策が初お目見えするのは大正年間の小説である。元々なかった話が、尾ひれを付けて膨らんだものと思われる。

このように、幕末で名を残した人物は、後付けで物語が作られたために英雄にされただけで、真実を調べてみるとかなり違った印象を持つことが多いのである。

近江屋事件と挙兵上京

上京した土佐藩士・坂本龍馬が一二月六日（一一月一一日）に、若年寄・永井尚志《なおゆき》に面会した。坂本龍馬は永井尚志の家に度々出向いているが、永井尚志は幕府の要人で徳川慶喜《よしのぶ》に一番気に入られたとも言われる身で多忙のため会えないことも多かったようだ。

すると、福井藩士・中根靫負《ゆきえ》が一二月一〇日（一一月一五日）に、永井尚志に面会した。この時、永井尚志が土佐藩士・後藤象二郎について、正直で公私混同しない人物と好意を持って褒《ほ》めているが、坂本龍馬については、聞きようによっては大洞《だいほら》吹きと聞こえるような内容を語っている。永井尚志は学問にも長《た》けて、人物評も的確な人格者で信憑性の高い話だろう。

この日の夜、坂本龍馬と中岡慎太郎が、近江屋（現在の京都市中京区塩屋町）の二階で襲われた。坂本龍馬はすぐに死んだが、中岡慎太郎はまだ生きていて、二日後の未明に死んだという。

犯人は、箱館戦争で一八六九年（明治二年）に降伏した京都見廻組の今井信郎《のぶお》が取り調べの中で、近江屋の暗殺は組頭の佐々木只三郎が配下の渡辺吉太郎、高橋安次郎、桂隼之助、土肥仲蔵、桜井大三郎、今井信郎らを引き連れて行ったと自供している。

坂本龍馬は、伏見奉行所の役人二名を射殺した凶悪犯で、捕まれば斬首刑は必定だが、捕縛を試みると拳銃で返り討ちにあうと考えられる。これも私の想像だが、伏見奉行所を支配していた京都所司代の松平定敬《さだあき》が、兄であり京都守護職の松平容保《かたもり》に坂本龍馬の捕縛を相談した。松平容保としては会津藩士に命じるところを、土佐藩との関係悪化を恐れて幕臣からなる見廻組に命じたのではなかろうか。

それで、いろは丸沈没事件の賠償金七万両は一二月五日（一一月一〇日）に、一旦土佐藩が預かった後に坂本龍馬率《ひき》いる海援隊に支払われるはずだったが受取人がいなくなった。

そうしていると、薩摩藩主・島津茂久《もちひさ》が兵約三〇〇〇名を率いて一二月一三日（一一月一八日）に三田尻（現在の山口県防府市）に到着し、長州藩主の世子の毛利広封《ひろあつ》と会見した。二日後、大坂に到着し、その三日後に京都の相国寺《しょうこくじ》に着陣した。

広島藩主の世子の浅野茂勲《もちこと》は、藩兵四〇〇名を、総督の岸九兵衛は藩兵二〇〇名を率いて上洛し、一二月二三日（一一月二八日）に妙顕寺に着陣した。

長州の兵一二〇〇名は、広島藩兵に変装して御手洗《みたらい》を出港し、打出浜《うちでのはま》（現在の兵庫県芦屋市）に到着して上陸し、一二月二四日（一一月二九日）に西宮まで進出した。

江戸に話を移すと、薩摩藩屋敷から竹内啓《ひらく》が隊長の出流山挙兵組三〇名ほどが一二月一九日（一一月二四日）に出発した。これは、下野《しもつけ》出流山満願寺の千手院に拠《よ》って檄文を発し一五〇名を超える一団となった。翌日には、上田修理《しゅり》が隊長の甲府城攻略組約一〇名が出発した。

これは、江戸町民から薩摩御用盗と呼ばれて恐れられていたが、範囲を広げて浪士らを甲州（山梨県）、野州（栃木県、群馬県）、相州（神奈川県）に派遣し、幕府が歩兵を派遣すれば、その虚に乗じて江戸城を葬《ほうむ》らんとの計略だった。薩摩の勝手だが、庶民にとっては迷惑な暴力である。

六—三　王政復古のクーデターと薩摩征伐

薩摩藩士・大久保一蔵と西郷吉之助が一二月二六日（一二月一日）に、王政復古の大号令を一八六八年一月二日（慶応三年一二月八日）に発令すると決定し、翌日には後藤象二郎《しょうじろう》にこれを告げた。この二日後には、将軍領地の朝廷返上の勅令《ちょくれい》を告げた。

ここで、前土佐藩主・山内容堂《ようどう》が一二月二九日（一二月四日）に海路で高知を出発した。この翌日、後藤象二郎が松平春嶽《しゅんがく》に薩摩の政変計画を告げて、山内容堂の上京までは王政復古の会議の延期を周旋してもらうよう依頼した。

後藤象二郎は、小御所会議で議長を務める中山忠能《ただやす》に、徳川慶喜《よしのぶ》と松平春嶽の事前協議の参加と山内容堂の上京までの王政復古の延期を要請し、大久保一蔵にも山内容堂の上京までの延期要請をした。更に翌日には、岩倉具視《ともみ》にも同様に要請した。この念入りな周旋は、クーデター阻止を考えていたのだろう。

そんな中で、福井藩士・中根靭負《ゆきえ》が一八六七年一二月三一日（慶応三年一二月六日）に二条城に赴《おもむ》き、徳川慶喜に王政復古のクーデター計画について知らせた。しかし、徳川慶喜は何もアクションを起こしていない。将軍である徳川慶喜自身が御所《ごしょ》に乗り込めば、クーデターを阻止することも可能だったのではなかろうか。ここはターニングポイントの一つだったのかもしれない。

神戸に話を移すと、各国の艦隊が停泊する中で、兵庫奉行・柴田剛中《たけなか》は一八六八年一月一日（慶応三年一二月七日）に運上所を開きイギリス、フランス、オランダ、アメリカ、プロイセン等の公使や領事たちが出席の下で開港式典を行ない、西洋の新年と、兵庫開港、大坂開市の祝賀の宣言書を読み上げた。幕臣は粛々《しゅくしゅく》と職務を全《まっと》うしていた。

そんな日に、天満屋事件が起こった。これは、土佐藩の海援隊士と陸援隊士が、海援隊士の紀州藩士・陸奥宗光の情報で、坂本龍馬と中岡慎太郎の暗殺は七万両を騙《だま》し取られた恨みによる紀州藩の犯行であると聞き、紀州藩公用人の三浦休太郎を討つことを計画したことによる。

その結果、紀州藩では三浦休太郎は頬《ほお》と頤《あご》に傷を負い、三宅精一と関甚之助も軽傷を負い、護衛していた新選組は宮川信吉と舟津釜太郎が死亡し、重傷一名、負傷者三名を出した。一方の襲撃側は中井庄五郎が死亡し、二、三名が負傷した。

王政復古の大号令と小御所会議

翌日、前土佐藩主・山内容堂《ようどう》が京都に到着した。そして、クーデター計画の会議が夕方から深夜にかけて行なわれた。ここで、長州藩主父子の官位復活と入京の許可、追放された五卿《ごきょう》の赦免《しゃめん》、久我建通《こがたけみち》や岩倉具視《ともみ》ら謹慎中の四卿の処分解除などが決定された。それが、大久保一蔵らとしては、王政復古の大号令の際に徳川慶喜辞官納地《よしのぶじかんおさめち》の勅命を出して、徳川家を無力化しようと企図していたが、山内容堂や松平春嶽《しゅんがく》らが抵抗したため審議は留保された。

ここでのクーデターとは、尾張藩、福井藩、広島藩、土佐藩にとっては、幕府や摂関制度《せっかんせいど》といった旧来のあり方を一新し、有能な人材を集結させた新政府を樹立するという意識で、徳川家を排除しようとする薩摩過激派らとは温度差があった。辞官納地の勅命とあるが、辞官は内大臣の辞職で、納地は旗本領約四〇〇万石を除く徳川幕府直轄領約四〇〇万石の奉納である。

そして、尾張藩、福井藩、広島藩、薩摩藩、土佐藩の藩兵が一月三日（一二月九日）の未明に御所九門を封鎖し、中川宮《なかがわのみや》や摂政《せっしょう》・二条斉敬《なりゆき》を始め佐幕派の要人の御所への立ち入りを禁止した後に、明治天皇臨御《りんぎょ》の下《もと》、御所《ごしょ》内学問所において王政復古の大号令が発せられた。

新政権の樹立と天皇親政を謳《うた》い、摂政、関白、将軍職の廃止、幕府の廃止と京都守護職、京都所司代の廃止、新たに総裁、議定《ぎじょう》、参与の三職を置くなどの方針が発表された。その勢いで、京都守護職の会津藩兵、京都所司代の桑名藩兵、それに京都見廻組、新撰組などは御所周辺から排除されて二条城に移動した。

これは、八月一八日の政変を参考にしたやり方で、岩倉具視《ともみ》の職制案により新たに設置された総裁、議定、参与の三職のメンバーは次の通りである。

総裁　有栖川宮熾仁親王《ありすがわのみやたるひと》

議定　仁和寺宮嘉彰親王《にんなじのみやよしあきら》、山階宮晃親王《やましなのみやあきら》、（公家）中山忠能《ただやす》、正親町三条実愛《おおぎまちさんじょうさねなる》、中御門経之《なかのみかどつねゆき》、（武家）尾張元藩主・徳川慶勝《よしかつ》、福井前藩主・松平春嶽、広島藩主世子・浅野茂勲《もちこと》、薩摩藩主・島津茂久《もちひさ》、土佐前藩主・山内容堂

参与　（公家）大原重徳《しげとみ》、長谷信篤《ながたに》、万里小路博房《までのこうじひろふさ》、岩倉具視、橋本実梁《さねやな》、（武家）尾張藩士・丹羽賢《にわまさる》、田中

不二麿《ふじまろ》、荒川甚作、福井藩士・中根靭負《ゆきえ》、酒井十之丞、毛受鹿之助《めんじゅ》、広島藩士・辻将曹《しょうそう》、桜井与四郎、
久保田平司、薩摩藩士・岩下左次右衛門、大久保一蔵、西郷吉之助、土佐藩士・後藤象二郎《しょうじろう》、神山
郡廉《くにきよ》、福岡藤次

そして、徳川慶喜《よしのぶ》の政権奉帰が受理され征夷大将軍を解任されて徳川幕府が消滅し、一応新政府の体裁が整い、ここから天皇を中心とした新たな時代となった。これは、気脈の通じた公家たちと協定して、年少の明治天皇を操《あやつ》って政変を起こしたに過ぎず、摂政、関白、各大臣などに代わるものとして総裁、議定《ぎじょう》、参与をセットしただけで、具体的な役職もなく国政を治めるには無理がある。国政の実務は、幕府役人が粛々《しゅくしゅく》と行なっていたのだ。

そこへ、加賀藩主・前田慶寧《よしやす》が藩兵を率《ひき》いて上洛した。上洛の目的は、薩摩などの思い通りにさせることなく京都の情勢をひっくり返すことだったが、時すでに遅く王政復古の大号令が発せられていた。幕末において加賀藩は大藩ゆえにのんびりしていたと言われるが、近代化も怠《おこた》りなく、早くから密貿易も行なっており、それも出貿易である。中国がメインだろうがルソンに行った資料も残っていて、ルソンとはこの当時はスペイン領だったフィリピンである。

王政復古の大号令が発せられた一月三日（一二月九日）夕方六時頃から、小御所《こごしょ》において会議が開かれた。ここで山内容堂《ようどう》が、この場に徳川慶喜がいないのはおかしいと言い出すと、松平春嶽《しゅんがく》が助け船を出し、徳川慶勝《よしかつ》もこれを支援した。これに対して、岩倉具視《ともみ》や大久保一蔵は徳川家の罪状を並べて断固拒否した。島津茂久《もちひさ》が大久保一蔵に賛同したが、後藤象二郎は山内容堂に加勢して激論となり、岩倉具視と薩摩藩対その

他大勢となるも、議論というより言い争いとなり休息をとることとした。
すると、岩倉具視は浅野茂勲《もちこと》に、この会議での妥協はあり得ず、いざというときは非常手段を取らざるを得ないとの覚悟の程を語り賛同を得た。これを聞いていた辻将曹が後藤象二郎に伝え、後藤象二郎はここに至《いた》っては無駄な抵抗になると悟り山内容堂を説得した。

休憩が終わり会議を再開すると、岩倉具視の脅しの如きロビー活動の効き目が出て、徳川慶喜の辞官納《じかんおさめ》地《ち》の勅命を出すことと決まった。

翌日、徳川慶勝と松平春嶽が二条城を訪問し、王政復古と将軍職辞任の承認並びに辞官納地について報告した。これを聞いた会津藩主・松平容保《かたもり》と桑名藩主・松平定敬《さだあき》は激怒して、薩摩藩を討つべしと強硬論を訴《うった》えた。

そんな中で、長州藩家老・毛利内匠《たくみ》が上洛を許されたことで、一月四日（一二月一〇日）に藩兵を率いて京都に進軍し、薩摩藩本陣の相国寺《しょうこくじ》に着陣したが、未《いま》だに朝敵で上洛不可が浸透していたことで、滞在していた旧幕府軍と一触即発となった。そのため徳川慶喜は、親幕的大名や幕臣の不満が高まることによる軍事衝突を避け恭順を示すため、幕府の兵など全てを引き連れて一月六日（一二月一二日）に大坂城に向けて二条城を退去した。

この日、熊本藩家老・溝口孤雲《こうん》が在京の諸藩の重役を執りまとめ、薩摩藩を批判する連書を提出した。世情を知っているというか、爽快な肥後もっこすがいたものである。

在京の諸藩の重役は、加賀藩・糟屋《かすや》十兵衛、仙台藩・但木《ただき》土佐、熊本藩・溝口孤雲、福岡藩・久能四郎兵衛、佐賀藩・酒井平兵衛、柳河藩・十時摂津《とときせっつ》、久留米藩・山村源太夫、対馬藩・扇《おうぎ》源左衛門、徳島藩・蜂須賀信濃、岡山藩・澤井権次郎、鳥取藩・眞野代次郎、津藩・藤堂仁右衛門、米沢藩・眞野寒助、秋田藩・長瀬兵部、南部藩・西村久次郎、津軽藩・西館平一郎、新発田藩・窪田平兵衛、二本松藩・田辺市左衛門ら一八名である。

薩摩御用盗に対する藩邸焼討

江戸では、江戸薩摩藩邸からの荻野山中陣屋襲撃隊が一月九日（一二月一五日）に荻野に到着し、陣屋に鉄砲を打ちかけて門を破り土蔵にある武器や食料を奪って火を放ち、翌日には近隣の村々に軍資金と称して金を強要した。小さい村だが一〇〇〇両以上をかき集めた。更に翌日には薩摩藩邸に向けて戻っていった。

それから、上田修理《しゅり》を隊長とする攻略組が甲府城攻略に向かっていたが、事前に八王子千人同心に露見してしまった。八王子宿の伊勢屋に投宿していた浪士一行を伊豆韮山代官所の増山健次郎らが捕縛に向かい、攻略組の計画は失敗し襲撃者たちは散り散りになり薩摩藩邸に逃げ込んだ。

一月一四日（一二月二〇日）夜、鉄砲や槍などで武装した約五〇名が御用盗のため薩摩藩邸の裏門から外に出たところへ、かねてより見張っていた新徴組《しんちょうぐみ》に追撃され、賊徒は散り散りとなり再び薩摩藩邸へ逃げ込んだ。二日後には新徴組が屯所《とんじょ》としていた赤羽橋《あかばねばし》の美濃屋に三〇名余りの賊徒が鉄砲を撃ち込んで、これもまた薩摩藩邸に逃げ込んだ。

この翌日、江戸城二ノ丸御殿が焼失した。これは薩摩藩と通じた奥女中の犯行と噂された。江戸城は一八五九年一一月（安政六年一〇月）に本丸御殿が、一八六三年七月（文久三年六月）に西丸御殿が、一八六三年一二月（文久三年一一月）に本丸御殿と二ノ丸御殿が焼失し、財政難のため本丸御殿は再建されず、今回の火事で西丸御殿のみとなった。

しかし、たかだか八年二ヶ月ほどの間に本丸御殿が二度、西丸御殿が一度、二ノ丸御殿が二度焼失したのは、幕末の混乱で江戸城の警備が手薄になったと考慮しても多過ぎる。この中の多くは討幕派の手先の犯行と考えてもよさそうだが、どうであろう。

この日、外国掛《がいこくがかり》の老中・小笠原長行《ながみち》は、アメリカ公使館の書記官アントン・ポートマンに江戸〜横浜間の鉄道敷設免許を発給した。江戸と貿易港の横浜への鉄道を敷設《ふせつ》したい前向きな姿勢は感心するが、王政復古の大号令が発《はっ》せられていて有効なものだろうか。

この日の夜、三田春日神社（現在の東京都港区三田二丁目）前にある庄内藩の屯所が銃撃され使用人一名が死亡し、そしてまた賊は薩摩藩邸に逃げ込んだ。

相次ぐ薩摩の狼藉《ろうぜき》により、幕府と関係のある商家だけでなく、多くの商家も押し込み強盗に襲われ、場所を選ばない放火により長屋の住民たちまで焼け出され、若い娘が白昼堂々乱暴される事件も起きるなど、江戸中がテロの恐怖に覆《おお》われていた。留守を預かる老中・稲葉正邦は、武力行使も辞さない強硬手段を決意し、庄内藩に加え出羽《でわ》上山藩、越前鯖江藩、武蔵岩槻藩、出羽松山藩に薩摩藩邸の襲撃を命じ、戦闘指揮は庄内藩監軍の石原倉右衛門に命じた。

一月一九日（一二月二五日）の未明に薩摩藩邸を包囲し、交渉役の庄内藩士・安倍藤蔵《とうぞう》が門内に入り、薩摩藩の留守居役・篠崎彦十郎を呼び出して賊徒浪士の武装解除をした上で一人残らず引き渡すよう通告したが、拒否された。これにより討入《うちいり》が決行され、包囲する各藩兵たちが砲撃を始め、同時に西門を除く三方から薩摩藩邸に攻撃を開始した。すると、藩邸に隠れていた浪士たちがたまらず火を放ち逃亡した。

その中でも相楽《さがら》総三ら二八名は、薩摩藩帆船の翔鳳《しょうおう》丸で品川を脱出したが、幕府軍艦の開陽丸、回天丸、朝陽丸と交戦し辛くも江戸湾を離れ逃げ延びた。これは、小規模ながら日本初の近代兵器による海戦だった。相楽総三らが京都の薩摩藩邸に到着すると、西郷吉之助は彼らの江戸での活躍――と言っても強盗、辻斬り、火付、強姦の犯罪行為を称賛して迎えたという。

その一方の逃げ遅れた益満《ますみつ》休之助ら一一二名は捕縛された。これまでに強奪した三五万両は運び出したようだが、焼け落ちた屋敷より金メッキされた贋金《にせがね》の二分金が数多く見付かっている。

旧幕府の国内外の対応と薩摩藩過激派の孤立

一月八日（一二月一四日）、フランス公使レオン・ロッシュは大坂城の徳川慶喜《よしのぶ》に拝謁し、挙兵を強く勧めた。これを知ったイギリス公使ハリー・パークスが登城して大坂城の白書院で論争した。旧幕府にフランス、討幕新政府にイギリスといった構図である。

その一方の討幕新政府は同日、王政復古の大号令を諸大名に布告した。この日、王政復古の急報が江戸に到達した。二日後には、王政復古の大号令を庶民にも布告した。これで日本中が王政復古のクーデターを知ることとなった。

徳川慶喜はイギリス、フランス、オランダ、アメリカ、イタリア、プロイセンの代表と一月一〇日（一二月一六日）に大坂城で会見し、外交権は全て自分にあると宣言した。外交素人の討幕新政府の面々が引き継いだところで無理があり、開国して八年半の実績を持つ旧幕府の役人たちが業務を執《と》り行なうのも仕方がないことであろう。

この日、若年寄・永井尚志《なおゆき》が上京して、松平春嶽《しゅんがく》や後藤象二郎《しょうじろう》らと会談し、討幕新政府との交渉をまとめて二日後に帰坂した。その内容は、徳川慶喜が内大臣を辞任し、その勅許《ちょっきょ》が下りた後に参内して議定《ぎじょう》に就任させること。納《おさめ》地問題については公論で決することなどである。

この日、徳川慶喜は大目付・戸川安愛《やすちか》に命じて、朝廷に挙正退奸《きょせいたいかん》の上表を提出させた。この上表には、王政復古が不正な手段によって行なわれたこと、自身は国のために政権奉帰を行なったこと、今後は天下の公論に従って政治を行なうことが明確に述べられていた。戸川安愛は、松平春嶽と山内容堂《ようどう》に預けて帰坂したが、岩倉具視《ともみ》に握り潰《つぶ》されてしまった。

ところが一月一八日（一二月二四日）、岩倉具視が徳川慶喜救済案に賛成し、松平春嶽らの主張が通った。これを受け、徳川慶勝《よしかつ》と松平春嶽が一月二〇日（一二月二六日）に大坂城に赴《おもむ》き、徳川慶喜に上洛の督促と辞官納地の諒承《りょうしょう》を進言した。それで、徳川慶喜は一八六八年一月二二日（慶応三年一二月二八日）に辞官納地を承認した。

そんな日に、大目付・滝川具挙《ともたか》と勘定奉行並・小野友五郎が、約二〇〇名の兵を引き連れて大坂城に到着、徳川慶喜に江戸の薩摩藩の情報を伝えて率兵上京を進言した。徳川慶喜は新政府の中心人物となるための上洛を考えていたが、江戸での人道的に許しがたい数々の悪事と京都での狂暴的な言動から、薩摩征討も考慮しなくてはならなくなった。

そこで徳川慶喜は、海軍奉行並・小栗忠順《ただまさ》、歩兵奉行・戸田勝強《かつきよ》、京都西町奉行・高力忠長《こうりき》、京都東町奉行・大久保忠恕《ただざと》を陸軍奉行並に任命し、数に勝る旧幕府軍の作戦として、薩摩藩邸を取り囲み兵糧攻《ひょうろうぜ》めを採《と》った。戦わずして勝利に持ち込めると踏んでいたが、抗戦派の数が多く、これが遂行できない情勢であると悟ることとなる。

その一方で、岩倉具視《ともみ》が一八六八年一月二五日（慶応四年一月一日）、徳川慶喜《よしのぶ》の辞官納地と謝罪が行なわれれば議定就任《ぎじょうしゅうにん》を了承した。そもそも岩倉具視は、古《いにしえ》の御代《みよ》の如く朝廷が政権を握ればよいと考えていただけで、大久保一蔵や西郷吉之助ら薩摩藩過激派は、完全に孤立したのである。

六―四　鳥羽伏見の戦いと江戸城大評定

大目付・滝川具挙《ともたか》は徳川慶喜の無罪と薩摩藩を訴《うった》える討薩表を持ち、旧幕府軍の先鋒《せんぽう》を率《ひき》いて一月二六日（二月二日）に京都に向かった。その途中で、鳥羽の関所を守る薩摩藩士・椎原《しいはら》小弥太と問答の末に薩摩藩の陣地から発砲された。これにより滝川具挙は淀城に避難した。この横暴な薩摩藩の発砲の瞬間から、鳥羽伏見の戦いが始まったと言われている。

翌日、討幕新政府の緊急会議が行なわれ、岩倉具視は松平春嶽《しゅんがく》らの反対を退《しりぞ》けて徳川征討を決定した。ここで討幕新政府は、議定《ぎじょう》・仁和寺宮嘉彰《にんなじのみやよしあきら》親王を軍事総裁に任命し、議定・伊達宗城《むねなり》、参与・東久世通禧《みちとみ》、烏丸光徳《からすまるみつえ》ら三名を軍事参謀に任命した。

そして、長州藩士・広沢真臣《さねおみ》と井上聞多《ぶんた》が参与に就任した。これは、長州藩からの初めての就任である。とにかく長州は、一八六三年（文久三年）の八月一八日の政変後、退京の御沙汰書《ごさたしょ》が出て以降の約四年半は、京都留守居役以外は京都より追放されたため、極秘に少人数が隠密行動をするだけで、討幕運動そこのけで逃亡活動が主体だった。やっと京都に腰を下ろせたのである。

それにしても、王政復古のクーデターより一ヶ月に満たない間に政局が大きく動き、最終的には武力討幕の形に収まった。多くの書籍には、幕府は薩摩の策略にまんまと嵌《はま》ったと書かれているが、江戸の町や関東の村々を襲った薩摩の非人道的な行為は許されるものではない。

徳川慶喜は大坂在住の各国公使に、薩摩の横暴に対して交戦に至《いた》った旨《むね》を通告した。ここに鳥羽伏見の戦いが本格的に開始された。それが、尾張藩、福井藩、広島藩、土佐藩は、幕府と薩摩の遺恨戦《いこんせん》であるとして参戦しなかった。

そうすると、一月二八日（一月四日）早朝の兵庫港で、薩摩藩の平運丸は明石海峡に、春日丸と翔凰丸《しょうおう》は紀淡《きたん》海峡に向けて出港した。これを旧幕府軍艦の開陽丸が発見し、停船命令として空砲を撃つも無視したため、すぐさま臨戦態勢に入った。春日丸は、戦闘を継続せず鹿児島へ逃げ延びることが出来たが、機関故障で由岐浦《ゆきうら》の岸に乗り上げた翔凰丸は、拿捕《だほ》を恐れて自焼した。これを榎本武揚《たけあき》は、敵ながらあっぱれと讃《たた》えたというが、この海戦による死傷者は双方皆無だった。

この日、討幕新政府は征討大将軍府の本営を東寺に設置した。仁和寺宮《にんなじのみや》が征討大将軍に命じられ、偽の錦旗と節刀を与えられた。この錦旗は、岩倉具視と薩長で勝手に作った軍旗を、気脈の通じた公家《くげ》たちと協定して、年少の明治天皇を操《あやつ》って錦旗だと認めさせたものである。長州ら尊攘過激派の言い方を借りれば、玉《ぎょく》を手に入れた方が勝ちということだろう。

翌日には、討幕新政府軍は偽の錦旗を掲《あ》げて本陣から出発した。午後になると淀近くまで進向し、前線の諸隊に慰労の言葉を掛けると、今度は伏見に赴《おもむ》いて市街を巡回し、日没までに東寺へ戻っていった。これは、偽の錦旗を掲《かか》げて、討幕軍が皇軍であることを認識させるための作戦である。

そうした中で、淀藩は藩主・稲葉正邦が老中を在職している藩として鳥羽伏見の戦いには旧幕府軍に加勢して出兵したものの、一月二九日（一月五日）に徳川慶勝《よしかつ》の命を受け、家老・田辺権太夫《ごんだゆう》が藩論を尊皇でまとめて淀城の城門を閉め、旧幕府軍の収容を拒否した。

これで、旧幕府軍はひとまず橋本まで退《しりぞ》くこととなった。旧幕府軍の銃器は討幕軍の銃器に比べて最新型で、その上にフランス式の訓練を受けており、討幕軍は防戦一方になっていたが、所詮、戦闘には休める場所がなければ万事休すで、淀城の城門を閉められたのは旧幕府軍の最大の敗因となった。

すると、津藩が旧幕府軍から離反し、一月三〇日（一月六日）に大山崎から橋本に布陣する旧幕府軍を砲撃した。錦の御旗の効果であろう。また裏切りが出て、旧幕府軍は敗走を余儀なくされた。これで枚方《ひらかた》（現在の大阪府枚方市）で評議を開いて、陸軍総督の老中格・大河内正質《まさただ》、陸軍奉行・竹中重固《しげかた》、大目付・滝川具挙《ともたか》の三名が後方に退却し、大坂での決戦を決定した。

この時、大坂城にいた徳川慶喜《よしのぶ》は、城兵に徹底抗戦せよと指図してから大坂城を立ち去った。三十六計逃げるに如かず、敵を欺《あざむ》くにはまず味方から――徳川家の本拠地は江戸にあり、徳川慶喜は孫氏の兵法を知っていたのだ。徳川慶喜には、老中の酒井忠惇《ただとし》、板倉勝静《かつきよ》、若年寄の平山敬忠《よしただ》、京都守護職の松平容保《かたもり》、京都所司代の松平定敬《さだあき》らも同行した。残留者は、大河内正質、竹中重固、滝川具挙の三名で、若年寄・永井尚志《なおゆき》は同行を辞退し大坂に残留した。

そんな中で、兵站《へいたん》責任者に任命された小野友五郎は、徳川慶喜より大坂城の御用金などを江戸に持ち帰るよう命じられ、大坂城にある一八万両や什器、刀剣などを運び出して幕府軍艦に積み込み、幕府軍の負傷兵らとともに二月二日（一月九日）に大阪を出港した。

その後、旧幕府軍は和睦《わぼく》と称して討幕軍を大坂城に招《まね》き入れた。大坂城引き渡しの役目は目付・妻木頼矩《よりのり》で、尾張藩と福井藩の立会いの上に長州の支藩の徳山藩兵と岩国藩兵に引き渡したが、その会議の途中で本丸御殿の台所より火の手が上がり、やがて火薬庫が爆破炎上して大坂城は全焼した。

これで大坂での決戦が出来なくなった。永井尚志は同行を辞退したとされているが、この後には全軍を率《ひき》いて江戸に凱旋《がいせん》している。徳川慶喜は明治になって、永井尚志を老中にしようとしたが、旗本の老中就任は慣例がないと反対され若年寄にさせるのが精いっぱいだったと語っている。永井尚志は、昌平黌《しょうへいこう》の学問吟味《がくもんぎんみ》で甲種及第《こうしゅきゅうだい》の秀才であり交渉能力が高く、徳川慶喜にも気に入られていた。これも私の想像だが、これら一切の後始末を徳川慶喜から命じられていたのではなかろうか。

その一方で、討幕新政府は二月二日（一月九日）に副総裁を新設し、議定《ぎじょう》の三条実美《さねとみ》と岩倉具視《ともみ》が就任した。これが新政府の実質的なトップと考えて良い。翌日には、徳川慶勝に旧幕府につくか討幕新政府につくか去就を明らかにするよう迫った。尾張藩では、佐幕派のふいご党が藩主の徳川義宜《よしのり》を奉《ほう》じて旧幕府に加担しようとしているとの情報が届いたためである。

江戸城大評定と遠国奉行所

江戸に話を移すと、前日に品川に到着していた徳川慶喜らが、二月五日（一月一二日）に浜御殿に移動し江戸城に入った。そして、総登場が命じられて直ちに大太鼓が打ち鳴らされ、夜半から大評定が始まった。

引き続き江戸城大評定が二月八日（一月一五日）にも行なわれ、有能多弁な小栗忠順《ただまさ》が滔々《とうとう》と主戦論を展開し、それに歩兵奉行・大鳥圭介らが支持して、討幕軍との交戦を決定した。明治になって、洋式兵法を熟

知していた大村益次郎が小栗忠順《ただまさ》の戦法に対し、これをやられていたら討幕軍はひとたまりもなかったと述懐している、

小栗忠順は主張を通したことで安心したのか屋敷に帰って少々仮眠し、再び登城すると、恭順にひっくり返っていた。これは、席を外している間に大久保忠寛が恭順を訴《うった》えて納得させたためである。憤慨した小栗忠順は、徳川慶喜《よしのぶ》に直諫《ちょっかん》し遣《や》り込めると、徳川慶喜が言《ごん》に窮《きゅう》して座を立とうとした裾《すそ》を押さえて睨《にら》みつけた。徳川慶喜は怒りを抑えきれず、小栗忠順の全役職を罷免したが、この時点では恭順と決めたわけではなく決断しかねていた。

その一方で、討幕新政府は朝廷の開国和親の宣言により政権移譲を表明した。これにより朝廷の鎖国攘夷は破棄され、未《いま》だに多数存在する攘夷派志士たちは切り捨てられることとなった。あれほど攘夷運動をやっていたものが、一部のずる賢い連中はイギリスと結託し、尊皇攘夷から開国討幕へと切り替えていたようである。

討幕新政府は、参与兼軍事参謀・東久世通禧《みちとみ》を神戸に派遣した。東久世通禧は、イギリス、フランス、オランダ、アメリカ、イタリア、プロイセンの六ヶ国代表と会見して、国書により王政復古の告知を伝えた。各国公使たちは、この時点までは、討幕新政府を日本の正式な政府と見ていなかった。そもそも討幕新政府の中には外国人を暗殺した者、公使館を焼討ちした者、外国船を砲撃した輩《やから》も入っていたわけで、国書を伝えることで討幕新政府の正統性を知らしめる必要があった。

長崎に話を移すと、大政奉還と王政復古の大号令は既《すで》に伝わっていたが、鳥羽伏見の戦いでの幕府軍の敗戦の報が二月三日(一月一〇日)に届くと、三日後、長崎奉行・河津祐邦《すけくに》は、警備当番だった福岡藩の長崎

聞役《ききやく》を招《まね》き、奉行は東上するので長崎表《ながさきおもて》の政治、外交貿易などを佐賀藩聞役及び地役人《ぢやくにん》と協議の上で執行することと告げた。

この翌日には、河津祐邦は、地元の調役に五〇〇〇石の米と六〇〇〇〇両の金を託して、これを地役人らへの当面の手当とし、町方掛に米五〇〇〇石、代官へ米二〇〇〇石、寺社方へ米五〇〇〇石を渡し、これを市中一同への当座の配当とする処置をとった。そして、江戸の役人とその家族と必要器具、書類などや幕府公金をイギリス船に運び入れ、二月八日（一月一五日）に長崎を出航した。

すると、土佐海援隊の菅野覚兵衛が、奉行が持ち逃げしたとして土佐藩の夕顔丸で追いかけた。そして、土佐藩士・佐々木高行が、海援隊士を率《ひき》いて長崎奉行所を接収した。しかし、幕府の所蔵金を江戸に持ち帰るのは全く問題ないが、犯罪者のように考えるのはいかがなものだろうか。二日後、薩摩藩兵約三〇〇名が長崎に到着したが、河津祐邦が絶妙のタイミングで難を逃れたことで無駄な武力衝突は回避された。

幕府の奉行所は他にも数多あったが、新政府の新任の役人と引き継ぎを行ない、名称を裁判所と変えていった。ただ、幕府の与力や同心などの役人は引き続き業務を行なっていた。執政経験のない討幕新政府に奉行所の実務が出来るはずもなく、新政府の方から頼んで残ってもらっていたのである。

六―五　討幕新政府の政策と徳川慶喜の上野恭順

前々尾張藩主・徳川慶勝《よしかつ》が二月八日（一月一五日）に名古屋に向けて京都を発《た》った。これは、討幕新政府は徳川慶喜追討令を発していたが、尾張以東には幕府譜代の大名が多く、討幕軍の通過に不安を感じ、江戸に戻っていた徳川慶喜《よしのぶ》の反撃も考えられた。そのため、徳川慶勝《よしかつ》に朝廷に就《つ》くことを確認し、交通の要衝《ようしょう》にあたる尾張藩内の佐幕派勢力を粛清《しゅくせい》し、近隣の大名を朝廷側に就くよう説得するため帰国を命じていたのだ。

討幕新政府は二月一〇日（一月一七日）に第一次官制を公布した。職掌は以下の通りである。

【総裁局】総裁：有栖川宮熾仁《ありすがわのみやたるひと》親王　副総裁：議定・三条実美《さねとみ》、岩倉具視《ともみ》　顧問：参与・大久保一蔵

【神祇事務科】総督：議定・中山忠能《ただやす》、有栖川宮熾仁親王、白川資訓《すけのり》　掛：六人部雅楽《むとべうた》、樹下茂国《じゅげしげくに》、谷森善臣

【会計事務科】総督：議定・岩倉具視、中御門経之《なかのみかどつねゆき》、浅野長勲《ながこと》　参与助役・西四辻公業《にしよつつじきんなり》　掛：参与・三岡《みつおか》八郎（由利公正《きみまさ》）、小原《おはら》鉄心

【内国事務科】総督：議定・正親町三条実愛《おおぎまちさんじょうさねなる》、徳大寺実則《さねつね》、松平春嶽《しゅんがく》、山内容堂《ようどう》　掛：参与・辻将曹《しょうそう》（維岳《いがく》）、大久保一蔵、田宮如雲

【外国事務科】総督：議定・三条実美、山階宮晃《やましなのみやあきら》親王、伊達宗城《むねなり》、参与・東久世通禧《みちとみ》　掛：参与・後藤象二《しょうじ》郎《ろう》、岩下左次右衛門（方平《みちひら》）

【海陸軍事務科】総督：議定・仁和寺宮嘉彰《にんなじのみやよしあきら》親王（小松宮彰仁《あきひと》）、岩倉具視、島津忠義　掛：参与・広沢真臣《さねおみ》、西郷吉之助

【刑法事務科】総督：議定・長谷《ながたに》信篤、細川喜廷《のぶたか》（護久《もりひさ》）　掛：参与・十時《ととき》摂津、津田信弘

【制度事務科】総督：参与・万里小路博房《までのこうじひろふさ》　掛：参与・田中不二麿《ふじまろ》、三岡《みつおか》八郎、福岡藤次（孝弟《たかちか》）

ここで国家の役所のようになってきたが、内国事務科や外国事務科が幕府の内国事務総裁や外国事務総裁の丸写しのようで、幕政に通じていた松平春嶽などのアドバイスがあったのだろうか。

そうしていると、大久保一蔵が二月一六日（一月二三日）に、総裁局総裁の有栖川宮に明治天皇の大坂行幸《ぎょうこう》を進言した。これは、薩摩藩士・伊地知《いじち》正治の大坂遷都を受けてのことで、これを察知した公家《くげ》たちが騒ぎ始めた。京都人にとって都は京都なのである。

江戸に話を移すと、フランス公使レオン・ロッシュが二月一二日（一月一九日）に、江戸城で徳川慶喜と会見し、再度の挙兵を促《うなが》した。徳川慶喜は、この時点ではまだ交戦もあると考えていたためフランスの後援を要請するも、フランスへの借金返済の要求により決裂した。しかし、徳川慶喜は幕府の陸海軍を信頼してなかったのか、ここが最後のターニングポイントだったと考えられる。

すると、静寛院《せいかんいん》（和宮《かずのみや》）が伯父の橋本実麗《さねあきら》と従兄弟の橋本実梁《さねやな》に慶喜歎願《たんがん》の直書《じきしょ》を二月一三日（一月二〇日）に送付し、翌日には侍女の土御門《つちみかど》藤子に自筆の慶喜歎願書を託し使者として京都に派遣した。

幕府人事の一新と青松葉事件

ここで徳川慶喜は、在府藩主を集めて恭順、謹慎を公表し、二月一六日（一月二三日）に旧幕府人事を一新した。その概略が下記である。

大久保忠寛が会計総裁に就任した。会計総裁は現在でいえば総理大臣である。大久保忠寛は早くから大政奉還を訴《うった》えていて、徳川慶喜は後事の一切を託したのである。

外国奉行・成嶋惟弘《これひろ》が会計副総裁に異動した。成嶋惟弘は、一八五六年（安政三年）に将軍侍講となり一三代将軍・家定と一四代将軍・家茂《いえもち》に侍講するが、攘夷論が高まる中で態度が定まらない幕府首脳を批判した狂歌を作り、一八六三年（文久三年）に解任、閉門となっていた。

それが、謹慎中に英語を学ぶと共に洋学者と交わって西洋の知識に触れると、一八六五年（慶応元年）には幕府陸軍の歩兵頭並に登用され、騎兵頭並、騎兵頭となり、一二日前に外国奉行に就任したばかりの異色の存在だが、この臨戦態勢下では適任者である。

外国惣《そう》奉行並・山口直毅《なおき》が外国事務総裁に異動した。外国事務総裁は、現在でいえば外務大臣である。長崎奉行・河津祐邦《すけくに》が外国事務副総裁に異動した。

軍艦奉行・矢田堀景蔵が海軍総裁に異動し、軍艦頭・榎本武揚《たけあき》が海軍副総裁に異動した。榎本武揚だけは交戦派で恭順派ではないが、猫をかぶっていたのだろうか。

海軍奉行並・勝義邦が陸軍総裁に異動した。勝義邦は長崎海軍伝習所で卒業実績がないとはいえ海軍畑であり陸軍は素人で、この人事は納得がいかない。これは、大久保忠寛が薩長土などに意外と顔の広い口八丁手八丁の勝義邦を連絡係で推薦したと思われるが、どうであろう。

陸軍奉行並・藤沢次謙《つぐよし》が陸軍副総裁に異動した。こちらはバリバリの陸軍畑で、総裁が素人の勝義邦だけに、藤沢次謙が実質的には総裁と考えられる。

尾張に話を移すと、徳川慶勝《よしかつ》が二月一三日（一月二〇日）に名古屋城に入り、家老・渡辺新左衛門が出迎えたところを逮捕し、大番頭《おおばんがしら》・榊原勘解由《かげゆ》ら佐幕派の一四名を逮捕して、切腹ないし斬首したが、これに対する説明はせず、この家族の住居と食禄を取り上げた。これを青松葉《あおまつば》事件という。

徳川慶勝は、勅命があったことを内密にした上で、尾張藩の内紛として事件を収拾し藩士に口止めして、二月二二日（一月二九日）には遠江国、駿河国、美濃国、信濃国、甲斐国、上野国、下野国に向背《こうはい》確認の使者を送った。向背とは、従うか背《そむ》くかということで、朝廷側につくか幕府側につくかということだが、朝廷側につけと命じていたのだろう。

そんな中で、フランス公使レオン・ロッシュが二月一九日（一月二六日）にも江戸城で徳川慶喜《よしのぶ》に謁見し、再度の挙兵を促《うなが》したが、日本では天子に逆らうことはご法度《はっと》で、恭順することが常套《じょうとう》であるとして拒否された。恭順とは謹んで従うことだが、外国人たちは負けを認めて降伏することと解釈していた。

財政不足と第二次官制

京都に話を移すと、討幕新政府は二月一六日（一月二三日）に会計基立金三〇〇万両の御用金募集と金札発行を決定した。これは、尾張藩士・林左門と福井藩士・三岡《みつおか》八郎が徳川討伐の軍費を三〇〇万両と試算したからである。

これにより、九日前に発令した租税半減令は破棄し、二月二二日（一月二九日）には京都、大坂の富豪に御用金三〇〇万両の上納を命じた。これでは、勤皇の志士らがやっていた返済しない押し借りと一緒であり、無茶苦茶な朝令暮改である。

そんなところへ、イギリス、フランス、オランダ、アメリカ、プロイセン、イタリアの六か国が二月一八日（一月二五日）、日本の内戦に対する局外中立を宣言した。これは、旧幕府側のみならず討幕新政府にも協力しないということだが、イギリスはフランスの旧幕府軍支援を牽制《けんせい》して、その影響力の排除を画策《かくさく》していた。

二日後、佐賀藩主・鍋島茂実《もちざね》が上京し翌日に参内が許された。薩長土肥《さっちょうどひ》と言われるが、佐賀藩は朝廷にも幕府にもさほど協力しなかった。それに、勅命《ちょくめい》が出たにもかかわらずなかなか上洛せず、征討すべきとの意見も出たほどで、ここからスタートしたのである。

討幕新政府は二月二五日（二月三日）に第二次官制を公布した。その職掌は下記の通り。

【総裁局】総裁：有栖川宮熾仁親王《ありすがわのみやたるひと》　副総裁：議定・三条実美《さねとみ》、岩倉具視《ともみ》　輔弼《ほひつ》：議定・中山忠能《ただやす》、正親町《おおぎまち》三条実愛《さんじょうさねなる》　顧問：参与・小松帯刀《たてわき》、後藤象二郎《しょうじろう》、木戸準一郎
【神祇事務局】督：議定・有栖川宮幟仁親王《たかひと》　輔：参与・白川資訓《すけのり》　権輔：該当なし
【内国事務局】督：議定・徳大寺実則《さねのり》　輔：議定・松平春嶽《しゅんがく》　権輔：参与・岩倉具綱《ともつな》、秋月種樹《たねたつ》、大久保一蔵
【外国事務局】督：議定・山階宮晃親王《やましなのみやあきら》　輔：議定・伊達宗城《むねなり》、参与・東久世通禧《ひがしくぜみちとみ》　権輔：議定・鍋島茂実《もちざね》
【軍防事務局】督：議定・仁和寺宮嘉彰親王《にんなじのみやよしあきら》　輔：該当なし　権輔：参与・烏丸光徳
【会計事務局】督：議定・中御門経之《なかのみかどつねゆき》　輔：議定・浅野茂勲《もちこと》　権輔：該当なし
【刑法事務局】督：議定・近衛忠房　輔：議定・細川喜廷《のぶたか》　権輔：参与・五条為栄《ためしげ》
【制度事務局】督：議定・鷹司輔熙《すけひろ》　輔：該当なし　権輔：参与・万里小路博房《までのこうじひろふさ》

第二次官制は第一次官制を公布して一六日しか経《た》ってないのだが、国政において素人集団であり、政策など全く決まっていない表れである。当時、三権分立の実はなく、各奉行所などでは旧幕臣の行政官が国政の

決定と執行の中枢機関だったのである。

彰義隊結成と江戸の世情

予算不足で動けなかったが、やっとここで、討幕新政府は江戸総攻撃を計画し、三月二日（二月九日）に東征大総督府を設立した。有栖川宮熾仁を大総督に、正親町公董《おおぎまちきんただ》と西四辻公業《にしよつつじきんなり》を参謀に、薩摩藩士・西郷吉之助と長州藩士・広沢真臣《さねおみ》を下参謀に任命した。東山道先鋒総督府も同時に作り、岩倉具定《ともさだ》が総督に、土佐藩士・乾《いぬい》退助と薩摩藩士・伊地知正治《いちじまさはる》を下参謀に任命した。

奥羽鎮撫使《おううちんぶし》では、九条道孝を総督に、澤為量《さわためかず》を副総督に、醍醐忠敬《だいごただゆき》を参謀に、長州藩士・品川弥二郎と薩摩藩士・黒田了介を下参謀に任命した。その後、東海道軍、東山道軍、北陸道軍の三軍は江戸へ向けて進軍した。

いっぽうの徳川慶喜《よしのぶ》は、朝廷に恭順を示すため三月五日（二月一二日）に江戸城を退去し上野寛永寺に移った。随行者は、安房《あわ》船形藩主・平岡道弘、若年寄・浅野氏祐《うじすけ》、槍術教授頭取・高橋精一らである。江戸城は田安家前当主・徳川慶頼《よしより》と美作《みまさか》津山藩主・松平斉民《なりたみ》が委任され管理した。

寛永寺では、徳川慶喜が輪王寺宮《りんのうじのみや》と会談した。輪王寺宮は、一八六七年六月（慶応三年五月）に江戸に下って寛永寺に入り、慈性入道《じしょうにゅうどう》親王の隠退《いんたい》に伴って、寛永寺貫主、日光輪王寺門跡を継承していた。そもそも輪王寺宮は皇族で、江戸での薩摩御用盗の悪事は承知しており、江戸に来るまでに京都での長州を中心とした尊攘過激派の悪事も十分承知していた。非は薩長側にあり、幕府が悪いわけではないと把握していたため、戊辰戦争では仙台に渡り、奥羽越列藩同盟《おううえつれっぱんどうめい》の盟主の一人となった人物である。

輪王寺宮《りんのうじのみや》は僧侶の覚王院義観《ぎかん》らを伴って徳川家の救解のため三月一四日（二月二一日）に寛永寺を出発した。二日後、徳川慶喜《よしのぶ》の警護などのため幕臣たちが浅草東本願寺に集まり、大義を彰《あきら》かにするという意味の彰義隊と命名し血誓状を作成した。投票によって一橋家家臣・渋沢成一郎が頭取に、幕臣・天野八郎が副頭取に選出された。

しかし、旧幕府は彰義隊の存在が討幕新政府に対する軍事組織と受け取られることを恐れて、江戸の治安を兼ねて江戸市中取締に任じた。すると、町人並びに博徒や侠客も参加し、隊士が一〇〇〇名を超えていった。その後四月二五日（四月三日）に、拠点を上野寛永寺に移した。

そんな中で、開成所頭取・柳河春三《しゅんさん》が、三月一七日（二月二四日）に中外新聞を創刊した。これを皮切りに江戸や横浜で新聞が続々と発刊された。これらの新聞は佐幕派で、劣勢に立った旧幕府軍のために言論で討幕軍に抵抗した。これは、徳川贔屓《びいき》の江戸っ子の歓心《かんしん》を買うためで、同時に、悪列な薩長の専横《せんおう》に一矢《いちや》を報《むく》いんとした。討幕派の新聞もあったが、あまり売れなかった。庶民の多くは傍若無人な薩摩を嫌い、徳川の治世に戻して欲しかったからである。

小栗忠順《ただまさ》が三月二一日（二月二八日）に、知行地の上野《こうずけ》東善寺に向けて江戸を発《た》った。この時から、誰が噂したものか小栗忠順が、江戸城の御用金を持ち出したと言われるようになった。そもそもの発端は、勘定奉行だった小栗忠順は、江戸城の金蔵には空の千両箱が沢山余っていて、千両箱は頑丈で引っ越しにはもってこいで、許可を得て貰ったものを引っ越しで使ったのが噂の原因であるらしい。

京都に話を移すと、イギリス公使パークス一行が三月二三日（二月三〇日）、明治天皇に謁見するため御所《ごしょ》に向かう途上で、行列の先頭が三条大橋付近に差し掛かると二人の男に襲撃された。犯人の一人は斬殺し一人は捕縛して襲撃は失敗に終わったが、パークスは激怒し、新政府を相手にせず江戸の旧幕府と交渉を再開すると言った。

それは、日英合わせて三〇〇名とも五〇〇名とも言われていた護衛を付けての行列だったものが、たった二人に襲われて護衛の負傷者も一〇名を超える騒ぎとなり、パークスの経験上では幕府の護衛の方が優れていたのだろう。

討幕新政府には藩主もいたが、ほとんどが討幕運動で忙しかった公家《くげ》や下級藩士で、国政はおろか藩政すらも経験のない素人集団で、お粗末な出来事は調べればよく出てくる。

六―六　駿府交渉と江戸城無血開城

山岡鉄太郎が、薩摩藩士・益満《ますみつ》休之助を従えて三月二九日（三月六日）に江戸を出立した。山岡鉄太郎が選ばれたのは、徳川慶喜が警護責任者の槍術教授頭取・高橋精一に相談して決まったもので、山岡鉄太郎は高橋精一の義弟である。

益満休之助は薩摩御用盗のリーダー格だった輩《やから》で、色々な書籍では勝義邦が、処刑されるところの益満休之助を生かしておいたおかげで、この時に役に立ったなどと書かれているが、江戸の町などを荒らし回った大強盗団の実行部隊のボスをここで無罪放免にするわけで、私は納得がいかない。

それよりも早く輪王寺宮が駿府に到着し、三月三〇日（三月七日）に駿府城内で徳川家の救解、徳川慶喜の謝罪を要請し、徳川譜代大名二一名の詫書《わびがき》も提出したが、東征大総督・有栖川宮《ありすがわのみや》に助命は認められたもの東征の中止は拒否され、帰府を命じられて駿府を発った。ここで、徳川慶喜の死罪はないことを取り付けていた。

四月一日（三月九日）、山岡鉄太郎が駿府の東海道府中宿伝馬町（現在の静岡市葵区伝馬町）の旅籠《はたご》で西郷吉之助に会った。この駿府交渉での討幕新政府案について山岡鉄太郎は、他のことはいかようにも聞くことは出来るが、徳川慶喜を岡山藩へ預ける件については納得しなかった。西郷吉之助に対し、薩摩藩主の扱いについて考えてみれば理解できることで、幕臣としては将軍の処遇については妥協できないと訴《うった》えた。話はまとまらず保留となり、山岡鉄太郎は江戸に向けて駿府を発《た》った。

そこへ、東山道先鋒総督兼鎮撫使・岩倉具定《ともさだ》が四月四日（三月一二日）、蕨宿《わらびじゅく》（現在の埼玉県蕨市）に進軍してきた。そこへ、静寛院使者の老女・玉島が嘆願書を提出している。翌日、西郷吉之助が江戸高輪の薩摩藩下屋敷に入り、薩摩藩に顔の利く勝義邦が出向き、明日、田町の蔵屋敷で会談を行なうと決めた。そして、天璋院《てんしょういん》が御年寄の幾島《いくしま》に命じて薩摩藩に嘆願書を送っていた。

静寛院は元皇族で、天璋院は薩摩出身である。下手をすると実家を敵に回すような行動だが、それでも徳川家を救おうと思ったのは、薩長による悪行を知っていたからである。明治になっても、天璋院は薩摩に帰らず、薩摩からの資金援助も決して受け取らなかった。

そして、旧幕府側の会計総裁・大久保忠寛が四月六日（三月一四日）に田町の蔵屋敷に出向いて討幕軍の下参謀・西郷吉之助と会談した。旧幕府側は山岡鉄太郎と勝義邦らが、討幕新政府側は薩摩藩士・村田新八と中村半次郎らが同席した。会談の内容は駿府で山岡鉄太郎が主張したもので、討幕新政府側はとりあえず納得した。その降伏条件が下記である。

1. 徳川慶喜は故郷の水戸で謹慎する。
2. 慶喜を助けた諸侯は寛典に処して、命に関わる処分者は出さない。
3. 武器・軍艦はまとめておき、寛典の処分が下された後に差し渡す。
4. 城内居住の者は、城外に移って謹慎する。
5. 江戸城を明け渡しの手続きを終えた後は即刻田安家へ返却を願う。
6. 暴発の士民鎮定の件は可能な限り努力する。

西郷吉之助は大久保忠寛を信頼してこれを京都に持ち帰り、指示を仰ぐことを約束した。

勝と西郷の会談が二人のみで行なわれたと思われがちだが、現在の研究では少なくともここで記載した六名は出席していたし、旧幕府側の代表は大久保忠寛である。勝は無役の御家人だったが、大久保忠寛に認められて出世できたし、失脚しても復帰を助けられた。幕政内では大久保忠寛には頭が上がらない立場である。また、討幕新政府の代表も西郷ではなく、首脳は京都にいたのである。

そんな折、長州藩士・木梨精一郎が横浜でイギリス公使パークスに会い、江戸城総攻撃により横浜に影響があるかもしれないと忠告に来たが、パークスは江戸の町を無事に残すべきで、江戸城総攻撃はやるべきではないと批判した。この情報は翌日には西郷吉之助に届けられた。そして、西郷吉之助は京都に向けて江戸を発《た》った。

五箇条の御誓文と五榜の掲示と江戸城無血開城

討幕新政府は四月六日（三月一四日）、五箇条の御誓文を公布した。

第一条　広く会議を興《おこ》し、万機公論《ばんきこうろん》に決すべし
第二条　上下《しょうか》心を一つにして、盛《さかん》に経綸《けいりん》を行ふべし
第三条　官武一途《いっと》庶民に至《いた》る迄、各其志《おのおのそのこころざし》を遂《と》げ、人心をして倦《う》まざらしめん事を要す
第四条　旧来の陋習《ろうしゅう》を破り、天地の公道に基《もと》くべし
第五条　智識を世界に求め、大いに皇基《こうき》を振起《しんき》すべし

これは、福井藩士・三岡《みつおか》八郎と土佐藩士・福岡藤次が一日でまとめたとも伝わっているが、この時点で、日本に民主国家の憲法を作れる人が何人いたのか、いずれにしても、この二人がたった一日で作れるはずはないと断言する。

どうやら、福沢諭吉が刊行した『西洋事情』の内容から搾取したのではないかと言われている。そうであれば、信濃上田藩士・赤松小三郎が四候《しこう》会議のメンバーに提出した口上書《こうじょうしょ》を参考にしたのかもしれない。なぜなら、四候会議に前藩主が出席していた土佐藩と福井藩の中堅だった二人は、この口上書を目にすることが出来る立場だったと思われるからである。

それから討幕新政府は、四月七日（三月一五日）に五榜《ごぼう》の掲示を行なった。五榜の掲示とは、新政府の太政官が立てた五つの高札である。

第一札　五倫道徳遵守《ごりんどうとくじゅんしゅ》
第二札　徒党《ととう》、強訴《ごうそ》、逃散禁止《ちょうさんきんし》
第三札　切支丹《きりしたん》、邪宗門厳禁《じゅしゅうもんげんきん》
第四札　万国公法履行《ばんこくこうほうりこう》
第五札　郷村脱走禁止《ごうそんだっそうきんし》

これらは主に討幕新政府の支配下にある地域の高札場でのみ掲示された。

第一札は、君臣の義、父子の親《しん》、夫婦の別、長幼の序、朋友の信という朱子学に基づくもの。

第二札は、集団で謀議を図ることの禁止だが、新政府を造った連中の使った手段の禁止ともいえるものである。

第三札は、実質的には江戸時代より厳しいものとなった。

第四札は、特に外国人殺傷の禁止を言いたかったのだが、未《いま》だに攘夷を訴《うった》える者は多かった。

第五札は、古代律令制の復活を彷彿とさせる脱籍浮浪化に対する禁止である。

それにしても、王政復古はともかく、近代化とは逆行しているとしか思えない内容である。

そうしていると、西郷吉之助が四月一一日（三月一九日）に京都に到着し、徳川家処分案について朝議が開かれた。そこで、西郷吉之助が強硬派の三条実美《さねとみ》や岩倉具視《ともみ》らと激論した。木戸準一郎は、これにより西郷吉之助が武力討幕強硬論から寛典論《かんてんろん》に転身したことに驚いている。

ちなみに、大田垣蓮月《れんげつ》が西郷吉之助に渡した短冊にあったと言われる歌が「あだみかた勝つも負くるも哀れなり同じ御国《みこく》の人と思へば」というものである。大田垣蓮月は、勤皇の志士たちが数多く訪れて教えを乞《こ》うような人だったそうで、江戸の町を荒らし廻れと命じるような強盗団のボスでも、この歌に感銘したのかもしれない。

それよりも寛典論に転じた背景にあったのは、討幕新政府にとってイギリス公使パークスの反対意見を無視するわけにはいかなかったことである。その上、新政府の乏しい財政は深刻な問題で、軍費不足も中止の理由のようである。

西郷吉之助は四月一四日（三月二二日）に江戸に向けて京都を発《た》った。横浜に到着すると、四月二〇日（三月二八日）にパークスと会談した。これは、江戸城総攻撃についての意見の再確認だろう。イギリスの意向は重要だったのである。翌日、西郷吉之助が池上本門寺に到着し、江戸城総攻撃の中止を公表した。

結果的に、江戸を救ったのは多くの要因がある。山岡鉄太郎の駿府交渉における度胸、輪王寺宮《りんのうじのみや》、天璋院《てんしょういん》、静寛院《せいかんいん》などの正義感からの嘆願、大田垣蓮月の人間味溢《あふ》れる歌、それに、兵力が劣る討幕軍の勝算のなさ、そしてなんといっても一番は、軍費不足とパークスの意見であろう。

五月三日（四月一一日）、東海道先鋒総督・橋本実梁《さねやな》、副総督・柳原前光《やなぎわらさきみつ》らが江戸城に入城し、幕府側から田安家当主・徳川慶頼《よしより》、会計総裁・大久保忠寛、若年寄・浅野氏祐《うじすけ》らが応接して、江戸城は無血開城した。

この日、徳川慶喜《よしのぶ》は水戸へ向けて寛永寺を出発した。大久保忠寛らが千住大橋まで見送り、平岡道弘や浅野氏祐ら二〇〇名余りが水戸へ同行した。これで、徳川幕府が名実ともに消滅した。

「勤皇の志士」という虚像

　ここまで幕末の動きを史実に基づき詳細に追ってきた。時代小説やテレビドラマにより形成された通説的なイメージを覆《くつがえ》す歴史の事実は、近年になってようやく日の目を見るようになってきたのだ。

　ペリー来航で日本は開国したのではない。一八世紀末頃から外国船が日本近海に頻繁《ひんぱん》に現れるようになり、中には上陸する者や通商を望む者も来日するようになったことで、幕府は熟慮の末に開国して近代化を進めていくと決めたのである。

　しかし、これに反対する尊皇攘夷運動が起こった。尊皇攘夷運動は、いきなり討幕に行き着いたのではない。開国政策を考え直すべく幕政改革を目指していたが、国政を朝廷に一本化すべきと考えを変えて朝廷への政権返上を考えるようになり、ついに討幕運動に行き着いたのである。

　その尊皇攘夷派は、中国のアヘン戦争を知れば攘夷などやるべきではないことは火を見るより明らかだったが、国際情勢を知らない井の中の蛙《かわず》の集まりだった。それでも、各藩との連絡は取りあって尊皇攘夷運動は広まっていくのである。それが、尊皇攘夷派は幕政どころか藩政も行なったこともない下級武士や浪人が多く、情報網が発達していない時代では自分たちで収集するしかないが、その情報が不正確で勘違いによる暗殺も多かった。勘違いで済まされる話ではない。

　さらに、尊皇攘夷運動にかこつけた酒と女と殺人テロだけの連中もいたし、そこにも溢《あふ》れて、強盗を生業としているような連中もいた。こんな不埒《ふらち》な浪人を集めて薩摩御用盗が成り立っていたのである。

　江戸時代は天下太平の世で物質的には貧しくとも精神的には豊かであり、来日した外国人たちも、そんな日本や日本人を見て絶賛し日記や書籍などに書き残している。それならば討幕はやるべきではないと思うが、何のための討幕だったのだろうか。そこには下級武士の窮状《きゅうじょう》がある。

そもそも士農工商は儒学をもとにした中国での身分制度を参考にして取り入れたにすぎず、実際には、武士は国を治める立場で上位だが、農工商の身分には上下はなく真面目に働けば人並みの生活ができたし、更に頑張れば少しは裕福な生活もできた。それに比べて下級武士は、よほどのことがない限り出世も望めず、生活費である禄《ろく》も代々変わることがないため、副業をしないと生活がままならなかった。討幕運動は、こうした窮状を反映した、郷士《ごうし》や下士《かし》など下級武士の不満解消だったとしか思えない。

ここに端を発して尊皇攘夷運動が始まり、朝廷と接したことで、狡賢《ずるがしこ》い連中が朝廷を動かして天皇を牛耳《ぎゅうじ》れば政権を握れると気付いたのである。

しかし、彼らの行動は政権を握りたいだけで、民主化や近代化を目指した革命ではなかった。手段を択ばず、武士の風上にも置けない暗殺などのテロを繰り返した極悪非道な連中の形振《なりふ》り構わない活動を上手《うま》く脚色して、「勤皇の志士」の武勇伝として語られているのである。

おわりに

私は、江戸時代は太平の世で庶民は物質的には貧しくとも心は豊かで幸福感に満ち溢《あふ》れており、日本の歴史の中で最良の時代だったと断言する人もいらっしゃるのに、幕末になると幕府が悪者で、対抗した勤皇の志士が正義の味方と言われていることに疑問を感じていました。

その矛盾を解く鍵として、鎌倉幕府が『吾妻鏡《あずまかがみ》』を作り、徳川幕府が『徳川実紀』を作ったように、明治政府も歴史書を制作していました。政府の担当者には薩長の出身者がいました。その一方で、幕臣たちや会津藩士たちなども歴史書を制作しようとしました。しかし、明治政府から必要以上の邪魔が入って中止させられています。

その上に、明治政府は新聞ばかりか出版物には規制を設《もう》けて厳しい取り締まりをしていました。自由民権運動など反政府の内容の記事を記載しようものなら発売禁止の処分を受け、責任者は投獄されて、倒産に追い込まれました。

このような情報統制をやられると、国民は明治政府の重臣となった面々の悪事を知らず、開国して近代化を推し進めてきた開明的な旧幕臣たちの業績も知らず、明治政府の面々を正義、旧幕臣を悪と認識することになります。

そのようなことで、国民は明治政府によって捏造《ねつぞう》された歴史書をもとに創作された小説や演劇などを見て、旧幕臣が悪人で勤皇の志士が英雄だと知ることとなりました。その上に、明治政府の面々は亡くなった仲間の悪事も正当化し、おまけに自分たちを良く見せるために、この仲間を英雄の如く語ったことも事実として広まりました。

一部の研究者の間では、討幕運動において広島藩が中心的な活動をしたと断言されています。広島藩の史料は原爆投下により失われたと思われていましたが、戦時中にこの史料を別の場所に移していたことが判りました。この史料による研究が進めば、広島藩士らの悪行が暴露され、追加されることと思います。

いずれにせよ、名もなき下級藩士たちが力を合わせて強大な権力を持つ徳川幕府を倒したとなると、日本人の判官贔屓《ほうがんびいき》は講談や浪花節《なにわぶし》にもこの手の話が多くみられるように、実際は暗殺テロなどを繰り返していた勤皇の志士が、討幕を成し遂げた英雄と持て囃《はや》されていったのです。

こういったことを踏まえて、敗者側から研究する人もいます。これは勝者が作った歴史書とはまったく違った側面も多いのでしょうが、これも真実とは言えないものでしょう。良い例えではないかもしれませんが、裁判において検事と弁護士がいるように、勝者と敗者の双方から研究すれば、より真実に近づけると思います。

歴史とは人類の軌跡を知るための学問ですが、自分の人生の軌跡でさえ判明しないことが多いもので、ましてや他人の、それも昔の出来事となると分らないことだらけです。そのため、日記や書簡などから想像力を豊かにして探っていかなければなりません。それ故に、真実は一つですが、人それぞれの論説が存在します。要するに、歴史は考える学問なのです。

私が学校で学んでいた頃には、歴史は記憶の学問と言われていて、いい国《1192》つくろう鎌倉幕府で、一一九二年に鎌倉幕府創設と覚えることが大事でした。ところが、現在の教科書では一一八五年と変更されています。現在では年号を丸暗記するのではなく、既成事実より鎌倉幕府の成り立ちを考えるようになっています。

愚者は経験に学び、賢者は歴史に学ぶという格言《かくげん》がありますが、間違った歴史を学んだのでは、愚者にも劣ることになるのではないでしょうか。この本は、幕末の書籍より信憑性《しんぴょうせい》の高い事実を並べ、著者なりに腑に落ちた歴史をまとめたもので、真実に近いものになっていると自負しています。とはいえこれは私なりの歴史書ですから、読まれた後で大いに考えて頂ければ幸いです。

そして、徳川幕府が倒れた続きは、上野戦争、戊辰《ぼしん》戦争、箱館戦争が勃発し、また江戸時代では考えられない重税により反政府一揆が全国で多発し、極《きわ》めつけが佐賀の乱、萩の乱、西南戦争などの内戦ですが、機会があればお目にかけたいと思っています。

最後に、本書の編集に関しまして、花伝社の佐藤恭介編集部長にはたいへんお世話になりました。佐藤部長には原稿を丁寧に何度も読んでいただき、その都度貴重なアドバイスを頂戴しました。ここに厚くお礼を申し上げます。

二〇二三年三月

木葉　久寿雄

〈主要参考文献〉

『一外交官の見た明治維新　上』アーネスト・サトウ、坂田精一訳、岩波文庫、一九六〇
『一外交官の見た明治維新　下』アーネスト・サトウ、坂田精一訳、岩波文庫、一九六〇
『大君の都――幕末日本滞在記　上』オールコック、山口光朔訳、岩波文庫、一九六二
『大君の都――幕末日本滞在記　中』オールコック、山口光朔訳、岩波文庫、一九六二
『大君の都――幕末日本滞在記　下』オールコック、山口光朔訳、岩波文庫、一九六二
『名ごりの夢――蘭医桂川家に生れて』今泉みね、金子光晴解説、東洋文庫・平凡社、一九六三
『和宮』武部敏夫、吉川弘文館、一九八七
『京都守護職始末1』山川浩、遠山茂樹校注、金子光晴訳、東洋文庫・平凡社、一九六五
『京都守護職始末2』山川浩、遠山茂樹校注、金子光晴訳、東洋文庫・平凡社、一九六六
『幕末外交談1』田辺太一、坂田精一訳・校注、東洋文庫・平凡社、一九六六
『幕末外交談2』田辺太一、坂田精一訳・校注、東洋文庫・平凡社、一九六六
『長崎日記・下田日記』川路聖謨、藤井貞文・川田貞夫校注、東洋文庫・平凡社、一九六八
『真木和泉』山口宗之、吉川弘文館、一九七三
『吉田松陰　留魂録（現代人の古典シリーズ33）』古川薫、徳間書店、一九九〇
『シュリーマン旅行記――清国・日本』H・シュリーマン、石井和子訳、講談社学術文庫、一九九八
『英国外交官の見た幕末維新』A・B・ミッドフォード、長岡祥三訳、講談社学術文庫、一九九八
『遠い崖――旅立ち　アーネスト・サトウ日記抄1』萩原延壽、朝日新聞社、一九九八
『遠い崖――薩英戦争　アーネスト・サトウ日記抄2』萩原延壽、朝日新聞社、一九九八

『遠い崖――英国策論　アーネスト・サトウ日記抄3』萩原延壽、朝日新聞社、一九九九
『遠い崖――慶喜登場　アーネスト・サトウ日記抄4』萩原延壽、朝日新聞社、一九九九
『遠い崖――外国交際　アーネスト・サトウ日記抄5』萩原延壽、朝日新聞社、一九九九
『遠い崖――大政奉還　アーネスト・サトウ日記抄6』萩原延壽、朝日新聞社、一九九九
『遠い崖――江戸開城　アーネスト・サトウ日記抄7』萩原延壽、朝日新聞社、二〇〇〇
『遠い崖――帰国　アーネスト・サトウ日記抄8』萩原延壽、朝日新聞社、二〇〇〇
『遠い崖――岩倉使節団　アーネスト・サトウ日記抄9』萩原延壽、朝日新聞社、二〇〇〇
『遠い崖――大分裂　アーネスト・サトウ日記抄10』萩原延壽、朝日新聞社、二〇〇〇
『遠い崖――北京交渉　アーネスト・サトウ日記抄11』萩原延壽、朝日新聞社、二〇〇一
『遠い崖――賜暇　アーネスト・サトウ日記抄12』萩原延壽、朝日新聞社、二〇〇一
『遠い崖――西南戦争　アーネスト・サトウ日記抄13』萩原延壽、朝日新聞社、二〇〇一
『遠い崖――離日　アーネスト・サトウ日記抄14』萩原延壽、朝日新聞社、二〇〇一
『アーネスト・サトウ伝』B・M・アレン、庄田元男訳、東洋文庫・平凡社、一九九九
『海国日本の夜明け――オランダ海軍ファビウス駐留日誌』ヘルハルドゥス・ファビウス、フォス美弥子訳、思文閣出版、二〇〇〇
『氷川清話』勝海舟、江藤淳・松浦玲編、講談社学術文庫、二〇〇〇
『オールコックの江戸』佐野真由子、中公新書、二〇〇三
『江戸幕末滞在記』E・スエンソン、長島要一訳、講談社学術文庫、二〇〇三
『龍馬の手紙』宮地佐一郎、講談社学術文庫、二〇〇三
『あやつられた龍馬――明治維新と英国諜報部、そしてフリーメーソン』加治将一、祥伝社、二〇〇六
『幕臣たちと技術立国』佐々木譲、集英社新書、二〇〇六

『薩摩スチューデント、西へ』林望、光文社、二〇〇七
『ヒコの幕末――漂流民ジョセフ・ヒコの生涯』山下昌也、水曜社、二〇〇七
『評伝　大鳥圭介――威ありて、猛からず』高崎哲郎、鹿島出版会、二〇〇八
『幕末の外交官　森山栄之助』江越弘人、弦書房、二〇〇八
『新潟県人物小伝　河井継之助』稲川明雄、新潟日報事業社、二〇〇八
『浦賀与力　中島三郎助伝』木村紀八郎、鳥影社、二〇〇八
『大江戸八百八町と町名主』片倉比佐子、吉川弘文館、二〇〇九
『「公」の思想家　横井小楠』堤克彦、熊本出版文化会館、二〇〇九
『大久保利通――明治維新と志の政治家（日本史リブレット人０７２）』佐々木克、山川出版社、二〇〇九
『偽金づくりと明治維新』徳永和喜、新人物往来社、二〇一〇
『オランダ風説書』松方冬子、中公新書、二〇一〇
『栗本鋤雲――大節を堅持した亡国の遺臣（ミネルヴァ日本評伝選）』小野寺龍太、ミネルヴァ書房、二〇一〇
『西周――兵馬の権はいずこにありや（ミネルヴァ日本評伝選）』清水多吉、ミネルヴァ書房、二〇一〇
『明治維新を突き動かした　坂本龍馬の「贋金」製造計画』竹下倫一、青春新書、二〇一〇
『〈通訳〉たちの幕末維新』木村直樹、吉川弘文館、二〇一二
『勝海舟『氷川清話』の知恵――大事は小事の積み重ねで成る』加来耕三、ＰＨＰ研究所、二〇一二
『高邁なる幕臣――高橋泥舟』岩下哲典、教育評論社、二〇一二
『小栗上野介忠順と幕末維新――『小栗日記』を読む』高橋敏、岩波書店、二〇一三
『殿様は「明治」をどう生きたか』河合敦、洋泉社、二〇一四
『咸臨丸の絆――軍艦奉行木村摂津守と福沢諭吉』宗像善樹、海文堂、二〇一四

『ジョン万次郎』中濱京、冨山房インターナショナル、二〇一四
『お雇い外国人調査記録』梅渓昇、青史出版、二〇一四
『明治維新という過ち【改訂増補版】日本を滅ぼした吉田松陰と長州テロリスト』原田伊織、毎日ワンズ、二〇一五
『浦賀奉行所』西川武臣、有隣新書、二〇一五
『永井尚志──皇国のため徳川のため（ミネルヴァ日本評伝選）』高村直助、ミネルヴァ書房、二〇一五
『旗本・御家人の就職事情』山本英貴、吉川弘文館、二〇一五
『一揆の原理』呉座勇一、中央新書、二〇一五
『江戸の平和力──戦争をしなかった江戸の250年（日本歴史　私の最新講義）』高橋敏、敬文舎、二〇一五
『官賊と幕臣たち──列強の日本侵略を防いだ徳川テクノクラート』原田伊織、毎日ワンズ、二〇一六
『外国人が記録した幕末テロ事件』北影雄幸、勉誠出版、二〇一六
『幕臣たちは明治維新をどう生きたのか』樋口雄彦、洋泉社、二〇一六
『五代友厚──明治産業維新を始めた志士（鹿児島人物叢書⑦）』桑畑正樹、高城書房、二〇一六
『幕末の円高仕掛人──水野忠徳の生涯』野田秀行、東京図書出版、二〇一六
『三条実美──孤独の宰相とその一族』刑部芳則、吉川弘文館、二〇一六
『大西郷という虚像　「明治維新という過ち」完結篇』原田伊織、悟空出版、二〇一六
『長崎奉行の歴史』木村直樹、角川選書、二〇一六
『明治を創った幕府の天才たち──蕃書調所の研究』副島隆彦、成甲書房、二〇一六
『赤松小三郎ともう一つの明治維新──テロに葬られた立憲主義の夢』関良基、作品社、二〇一六
『明治維新という幻想──暴虐の限りを尽くした新政府軍の実像』森田健司、洋泉社、二〇一六
『明治維新というクーデター』星亮一、イースト・プレス、二〇一七

『明治維新の正体――徳川慶喜の魁、西郷隆盛のテロ』鈴木壮一、毎日ワンズ、二〇一七
『武市半平太（シリーズ・実像に迫る8）』松岡司、戎光祥出版、二〇一七
『官賊に恭順せず――新撰組土方歳三という生き方』原田伊織、角川書店、二〇一七
『島津斉彬（シリーズ・実像に迫る11）』松尾千歳、戎光祥出版、二〇一七
『世界を見た幕臣たち』榎本秋、洋泉社、二〇一七
『薩長史観の正体――歴史の偽装を暴き、真実を取り戻す』武田鏡村、東洋経済新報社、二〇一七
『島津久光の明治維新――西郷隆盛の「敵」であり続けた男の真実』安藤優一郎、イースト・プレス、二〇一七
『岩瀬忠震――五州何ぞ遠しと謂わん（ミネルヴァ日本評伝選）』小野寺龍太、ミネルヴァ書房、二〇一八
『広島藩の志士――二十歳の英雄　高間省三物語』穂高健一、南々社、二〇一八
『さが維新前夜』佐賀新聞社編、佐賀新聞社、二〇一八
『岩倉具視（日本史リブレット人074）』坂本一登、山川出版社、二〇一八
『幕末維新のリアル――変革の時代を読み解く7章』上田純子・僧月性顕彰会、吉川弘文館、二〇一八
『由利公正――万機公論に決し、私に論ずるなかれ（ミネルヴァ日本評伝選）』角鹿尚計、ミネルヴァ書房、二〇一八
『江藤新平――尊王攘夷でめざした近代国家の樹立』大庭祐介、戎光祥選書ソレイユ、二〇一八
『幕末維新像の新展開――明治維新とは何であったか』宮地正人、花伝社、二〇一八
『明治維新――隠された真実』安藤優一郎、日本経済新聞出版社、二〇一九
『不平等ではなかった　幕末の安政条約』鈴木壮一・関良基・村上文樹、勉誠出版、二〇一九
『暗殺の幕末維新史』一坂太郎、中央新書、二〇二〇

木葉久寿雄（このは・くすお）
一級建築士、一級建築施工管理技士。都内の設計事務所に勤務していた。若い頃より休日には歴史書を読むのが趣味で、読み重ねていくうちに歴史の矛盾を感じていった。退職後は歴史の矛盾をひも解くための歴史研究を行っている。

カバー図版：『新刻日本輿地路程全図』［茨城県立図書館蔵（茨城県立歴史館保管）］

勤皇の志士たちの虚像と幕臣たちの実像――遥《はる》かなる日本《にっぽん》の真実　幕末編

2023年4月25日　初版第1刷発行

著者 ――木葉久寿雄
発行者 ――平田　勝
発行 ――花伝社
発売 ――共栄書房
〒101-0065　東京都千代田区西神田2-5-11出版輸送ビル2F
電話　03-3263-3813
FAX　03-3239-8272
E-mail　info@kadensha.net
URL　https://www.kadensha.net
振替 ――00140-6-59661
装幀 ――佐々木正見
印刷・製本―中央精版印刷株式会社

ISBN978-4-7634-2060-2 C0021